나는 아이디어 하나로
사업을 시작했다

세상을 놀라게 한 스타트업 40

나는 아이디어 하나로 사업을 시작했다

박유연 지음

스타트업 인사이트 노트
그들은 어떻게 아이디어로 사업가가 되었나!

일에일북스

달의 뒷면이
궁금하지 않아?

기자에게는 평생 한 번 해외 연수 기회가 주어집니다. 회사의 배려로 외국에 나가 1년간 원하는 공부를 하면서 가족과 뜻깊은 시간을 보내는 건데요. 2018년 여름, 저에게 그 차례가 돌아왔습니다.

'어딜 가서 뭘 해야 하나' 고민하던 차에 김홍일 디캠프(은행권청년창업재단) 센터장님이 뜻밖의 제안을 해왔습니다. "남들 다 가는 연수 말고, 여기 와서 스타트업 세상을 한번 경험해보는 게 어때?"

처음 무슨 도움이 될까 의심이 들었습니다. 경제부처와 금융계를 오래 취재했고, 연수를 다녀와서도 같은 분야를 맡을 거란 생각에 추호의 의심도 없던 상태였기 때문입니다. 더군다나 해외 연수 기회를 날려가면서까지 간다는 게 말이 되는 얘기인가 생각이 들었습니다.

그런 제 맘을 고쳐먹게 한 건 이 한 마디였습니다. "동전의 뒷면, 달의 뒷면이 궁금하지 않아? 평생 앞면이 전부라고 생각하고 살 거야?" 기자의 호기심과 자존심을 묘하게 자극하던 말이더군요.

그렇게 회사의 양해를 얻어 서울 선릉에 있는 디캠프에서 1년짜리 시한부 '대외협력 프로젝트 매니저' 생활을 시작했습니다.

디캠프는 은행권이 8천억 원을 출연해 스타트업을 지원하기 위해 만든 재단입니다. 좋은 스타트업에 투자하고, 사무실 입주 기회 등을 제공하죠. 코워킹 스페이스가 있고, 다양한 행사도 열려 수많은 스타트업과 관계자들이 수시로 오가는 곳이기도 합니다.

창업자를 수백 명은 만난 것 같습니다. 함께 얘기하고 생활하면서 다양한 고민을 같이 했습니다. 센터장님 말 그대로더군요. 스타트업계는 제가 알던 곳들과는 완전히 다른 세상이었습니다. 본인만의 아이디어와 기술, 생존을 위한 치열한 고민 속에서 오로지 앞만 보고 달려가는 세상이었고, 창업자와 투자자를 중심으로 한 생태계 속에서 끊임없이 혁신과 진보가 이뤄지는 세상이었습니다.

디캠프에서의 1년은 제 인생 경로를 바꿔놨습니다. 복직해서 경제부 대신 회사의 새로운 콘텐츠를 실험하는 조직인 'C-플랜트팀'으로 자리를 옮겼습니다. 이곳에서 다양한 시도를 하다가, 지난 6월 사내벤처 창업까지 했습니다. 2년 사이 경제부 기자에서 사내벤처 대표로, 저로선 드라마틱한 변화를 겪고 있는 중이죠. 그 덕에 계속 창업자들을 만나고 그들의 얘기를 듣고 있습니다.

이 책은 지난 2년 동안 만난 창업자들과의 대화록이면서, 뒤늦은 연수 보고서이기도 합니다. 제가 만난 수백 명의 창업자 중에서 최고만 뽑았습니다. 많게는 띠동갑 이상 어린 창업자들과 교류하며 들은 그들의 인생과 사업 이야기를 모았습니다.

책에 나오는 기업들은 모두 다릅니다. 이제 막 생겨난 곳도 있고,

유니콘(기업 가치 1조 원 이상의 스타트업) 반열에 올라서고 있는 기업도 있습니다. 좋은 대학과 대기업 출신 창업자가 있는가 하면, 고등학교만 나온 창업자도 있습니다. 사업 아이템도 모두 다르죠.

딱 하나 공통점이 있다면, '생존과 혁신에 대한 치열한 고민'입니다. 작은 기업이지만 고민은 태산처럼 크게 느껴질 때도 있었습니다.

각 인터뷰마다 그들이 얘기하는 창업과 성공의 비결을 담았습니다. 창업을 고민하는 분이라면 큰 도움이 될 것 같습니다. 다만 꼭 뭘 배워야겠다고 생각할 필요는 없을 듯합니다. 각자 인생을 살아가는 데 자극을 받는 기회로만 활용해도 충분합니다. 특히 진로를 탐색하는 청소년들에게도 좋은 교본이 될 것 같습니다. 단숨에 읽기보다는 매일 한 편씩 읽고 음미할 것을 추천합니다. 한 번에 읽어버리기에 그들의 인생 하나하나가 너무나 깊습니다. 하루 하나씩 꺼내 읽으며 각자 마음속의 뜨거운 불을 지피는 계기가 되면 좋겠습니다. 그들의 인생으로 들어가 고민을 함께해보십시오.

신문 기사 등을 통해 책에 나오는 기업들의 발전을 계속 추적해보시길 권합니다. 대한민국 경제의 현재와 미래가 보일 겁니다. 물론 버티지 못하고 사라지는 곳이 나올 수도 있습니다. 이 엄혹한 세상에서 살아남는다는 게 말처럼 쉬운 일이 아니니까요. 하지만 그렇다고 해서 그들이 무가치한 것은 아닙니다. 그 기업들이 했던 노력이 자양분이 되어 또 다른 시도가 계속해서 나올 겁니다. 그렇게 경제는 유지되고 성장합니다.

그래도 가급적 소개해드리는 창업자들 모두가 오래도록 무사히 살아남았으면 하는 바람입니다. 저 역시 마찬가지고요.

소중한 기회를 주신 김홍일 센터장님 이하 디캠프 모든 매니저들께 진심으로 감사를 전합니다. 최고의 분들과 함께할 수 있어서 정말 영광이었습니다. 더불어 좋은 책을 위해 조언을 아끼지 않은 출판사 관계자들과, 숱한 고민을 함께해준 사랑하는 아내에게도 감사를 전합니다.

2020년 7월
박유연

그들은 왜
대기업을 나왔나

구글 뛰쳐 나와 만든
공개 오디션 시스템

어라운드어스, 김성진 대표

페이스북, 유튜브, 사람인을 하나로 통합한 시스템
미국 시장 겨냥해 글로벌 기업 꿈꾼다

사상 최악의 청년실업난. 그 피해가 가장 큰 곳 중 하나가 연예, 미술, 음악 같은 미디어 엔터테인먼트 분야다. 일부 유명인을 제외한 대부분의 업계 종사자들은 제대로 일감을 잡기 어렵고, 운 좋게 일거리를 구하더라도 매우 낮은 임금에 시달려야 한다. '어라운드어스' 김성진 대표는 구글을 박차고 나와 예능인과 프리랜서를 위한 소셜 구인구직 플랫폼을 만들었다.

| 기존 서비스의 한계에서 출발 |

어라운드어스는 개인 소개 프로필, SNS, 구인구직 플랫폼을 하나로 융합한 사이트다. 구직자는 자신의 프로필을 등록하고 관리할 수 있다. 구인 기업은 구인공고를 하거나 구직자 프로필을 검색해 사람을 뽑을 수 있다. 사이트에 등록된 구직자와 구인 기업들은 서로 친구를 맺어 인맥을 관리할 수 있다. 페이스북, 유튜브, 사람인을 하나로 합친 셈이다. 김성진 대표는 "기존 프로필 및 구인구직 사이트의 한계에서 출발해 지금의 사업모델을 만들었다."라고 했다.

Q | 기존 사이트는 어떤 한계가 있나요?

A | 어떤 단역 배우가 본인 프로필에 '2017년 연극 〈햄릿〉 출연'이라고 경력을 등록했다고 하죠. 그런데 〈햄릿〉은 지금도 어딘가에서 공연되고 있을 정도로 무수히 많이 연출되는 작품입니다. 그중에는 대형 작품도 있고, 조그마한 동네 작품도 있습니다. 그래서 '어떤' 〈햄릿〉에 출연했는지가 중요합니다. 하지만 한 줄 경력만 보면 도대체 어떤 〈햄릿〉에 출연한 건지 알기 어렵습니다. 또 거기서 어떤 역할을 했는지 확인할 수도 없습니다. 결국 이 배우의 연기력이 어떤지 보려면 오디션에서 직접 확인하는 방법밖에 없습니다. 그러면 본인 프로필에 아무리 많은 경력을 등록해놔도 모두 쓸모없어집니다. 여러 작품에 출연하며 쌓은 경력이 경쟁력으로 연결되지 못하는 거죠. 어쩔 수 없이 오디션을 보는 과정을 처음부터 반복해야 합니다.

Q | 경력을 자세히 기록하면 되는 것 아닌가요?

A | 그 경력이 과연 믿을 만할까요? 경력을 허위로 작성하거나 과장하는 사람이 많으면 사실대로 기록한 사람만 피해를 봅니다. 또 기존 사이트에서는 정보가 상세할수록 접근하기 어려운 경우가 많습니

다. 예를 들어 구직자의 정보를 확인하려면 구인자가 추가로 돈을 내야 하는 식이죠. 그런데 입증되고 인증받은 경력을 자유롭게 볼 수 있는 플랫폼이 있으면 어떨까요? 거기서 출발했습니다.

| 사용자끼리 상호작용으로 경력 인증 |

어라운드어스에 가입하면 개인 프로필 페이지가 생성된다. 여기에 자유롭게 본인의 경력과 일하고자 하는 분야를 등록하면 된다. 여기까지는 링크드인 같은 기존 프로필 사이트와 같다. 차별성은 이후에 나온다. 경력을 스스로 입증하고 남에게서 인증받는 것이다. 입증은 동영상으로 할 수 있다.

Q | 동영상 경력은 뭘 의미하죠?

A | 광고, 영화, 드라마, 연극, 콘서트, 패션쇼 등 본인이 출연한 영상을 편집해 등록하는 겁니다. 프로필에 해당 코너를 마련했습니다. 사진 형태로도 등록할 수 있습니다. 이를 통해 실제로 어떤 작품에서 어떤 역할을 했는지 눈으로 확인할 수 있습니다. 가수라면 본인이 노래 부르는 영상을 등록하면 됩니다. 사람을 뽑는 입장에선 무척 간편하게 지원자의 재능을 확인할 수 있죠.

Q | 프로필 작성자 입장에서의 이점이 뭔가요?

A | 자신의 모든 경력을 프로필로 활용할 수 있습니다. 예를 들어 텍스

트 형태로는 고등학생 때 출연했던 교내 작품을 경력으로 나열하기 어렵습니다. '얼마나 쓸 게 없으면 이런 걸 등록했을까?' 같은 소리나 듣겠죠. 하지만 동영상 형태라면 얘기가 달라집니다. 교내 작품에 불과하더라도 동영상이 있다면, 그걸 올려 본인의 연기력을 입증하는 수단으로 활용할 수 있습니다. 경력이 적은 사람일수록 유용합니다. 부족한 경력을 동영상으로 어필하는 거죠.

또 지금 예능계는 좋은 회사에 소속될수록 기회가 많은 편인데요. 동영상으로 자기 능력을 어필할 수 있다면, 좋은 회사에 소속되지 않은 사람도 기회를 가질 수 있습니다. 그래서 우리 사이트에 한 번 등록하면 열심히 경력 관리를 할 수밖에 없습니다. 인스타그램에 수시로 사진을 올리는 것처럼, 새로운 경력이 생길 때마다 개인 프로필을 갱신하고 입증해나가는 거죠. 기존 서비스가 비생산적인 소셜 활동에 그친다면, 어라운드어스는 생산적인 소셜 활동으로 진화한 것입니다.

Q | 남에게서 인증은 어떻게 받나요?

A | 사용자끼리요. 단 서로 알아야 해요. 고용해봤거나, 동료로 함께 일한 경험이 있는 사람만 경력을 인증할 수 있어요. 알고리즘상으론 같은 경력을 가진 사람만 인증할 수 있도록 구현했습니다. 예를 들어 단역배우 A가 드라마 〈태양의 후예〉에 출연했다는 경력을 올렸다면, 같은 경력을 가진 배우나 스텝만 A의 〈태양의 후예〉 출연 경력에 인증 버튼을 누를 수 있어요. 그래야 인증이 진실성을 얻을 수 있습니다. 신뢰성 낮은 인증은 쓰레기 데이터에 불과하죠. 경력

인증 외에 '좋아요'를 누르고 평점을 남기거나, 추천 글을 남길 수도 있습니다. 일을 열심히 잘해왔던 사람일수록 '좋아요'와 '경력 인증'을 많이 받을 수 있겠죠? 말로 전해지던 평판이 사용자끼리의 상호작용을 통해 가치 있는 정보로 계량화되는 겁니다. '상호작용 정보'가 생성되는 거죠. 반대로 일을 게을리한 사람은 나쁜 평점이 달릴 텐데요. 평점 때문에 얼굴 붉히는 일이 없도록 누가 어떤 평점을 줬는지 확인할 수 없도록 했습니다.

개인 페이지마다 바로 연결할 수 있는 URL이 생성되며, 이를 메신저로 손쉽게 공유할 수 있다. 내 경력을 알리기 위해 내 페이지의 URL을 오디션 담당자에게 카카오톡 메신저로 보내 확인하도록 하는 식이다. "일반 직장인들에게 우리 사업에 대해 설명하면, 페이스북이나 인스타그램에서도 개인 경력을 충분히 관리할 수 있지 않느냐는 얘기가 나오곤 합니다. 하지만 그런 사이트는 경력 정보 외에도 일상 얘기가 뒤섞여 있고, 허위나 과장 정보도 많습니다. 우리는 인증된 정보를 구획화해서 보여줍니다. 분명한 차별점이죠."

| 스쳐 지난 사람도 검색 |

개인 페이지 관리로 끝나선 안 된다. 구인 기업이 이를 확인해 채용으로 연결될 수 있어야 한다. 연결이 쉽도록 다양한 편의 기능을 탑재했다. 첫째가 검색 정렬 기능이다. "인터넷 쇼핑몰에선 내가 원하는 방식으로 상품을 정렬해서 볼 수 있습니다. 의자를 검색하면 구매 평 많은 순, 평점 높은 순, 가격 낮은 순 등으로 정렬해 순위대로 볼 수 있는 거죠. 그런데 기존 구인구직 사이트는 이런 서비스를 제공하지 않고 있습니다." 예를 들어 링크드인에서 '배우'를 검색하면 23만 명 이상이 뜬다. 내가 배우를 채용하고 싶은 사람이라면 누구부터 어떻게 봐야 할지 감을 잡기 어렵다. "우리 사이트에선 '좋아요' 수나 경력 수, 인증 경력, 추천 평점 순으로 배우를 나열할 수 있습니다. 좋은 평가를 얻고 있는 순서대로 배우를 정렬해 볼 수 있는 거죠."

얼핏 본 사람도 검색이 가능하도록 다양한 검색 알고리즘을 넣었다. "프로필 페이지에 경력 외에 특기를 등록하고, 원하는 검색 키워드를 달 수 있도록 했어요. 그러면 검색하기 무척 쉬워져요. 예를 들어 TV에서 우연히 롤러블레이드를 잘 타는 배우를 봤다고 하죠. 그 배우가 누군지 무척 궁금해요. 그럼 우리 사이트에서 찾아보면 됩니다. 아무래도 그 배우는 프로필을 등록할 때 특기로 롤러블레이드를 등록했을 가능성이 크겠죠? 롤러블레이드로 검색하면 그 배우를 찾아낼 수 있습니다. 또 어떤 광고 속 배우가 궁금하다면 우리 사이트에서 그 광고를 검색하면 됩니다. 해당 배우가 경력에 광고를 올려뒀다면 찾을 수 있죠."

키워드 검색도 유용하다. 귀여운 이미지의 배우를 찾고 싶다면 '귀여움'으로 검색하면 된다. 키워드를 귀여움으로 설정해둔 배우가 검색창에 주르륵 뜬다. 이후 연령대, 국가 등으로 인물을 필터링해서 후보를 좁혀나가면 된다. 일본어를 하는 배우를 찾으려면 일본어를 검색하면 되고, 무술 유단자가 필요하면 무술을 검색하면 된다. 필터링

검색 기능도 있다. 성별, 연령대 등으로 필터링하거나 원하는 직업군
의 사람들을 찾을 수도 있다.

| 처음부터 미국 시장 겨냥한 플랫폼 |

Q | 성장 경로를 업그레이드할 방안은 뭔가요?

A | 미국에서 기회를 찾고 있습니다. 저희 서비스는 사실 처음부터 미
국을 겨냥한 것입니다. 우리나라는 주연이 결정되면 해당 소속사
에서 조연, 단역까지 한꺼번에 캐스팅되는 경우가 많아요. 또 감독
이 결정되면 촬영, 조명 등 다른 스태프도 그 감독과 평소 호흡을
맞추던 사람들로 팀을 짜는 경우가 많습니다. 반면 미국은 확실한
오디션 문화가 자리 잡혀 있습니다. 그런데 이 오디션이란 게 보통
번거로운 일이 아닙니다. 서류로 오디션 볼 사람을 걸러내기 어려
우니, 어쩔 수 없이 1만 명이건 2만 명이건 지원한 모든 사람을 오
디션에 참가시키고 있죠. 엄청난 비용과 시간이 소요되는 일입니
다. 반면 저희 사이트를 이용하면 동영상과 사진, 인증된 경력으로
연기를 실제로 얼마나 잘하는지 확인할 수 있어서 오디션 부담을
크게 줄일 수 있습니다. 확실한 사전 심사를 통해 기존에는 1만 명
모두 오디션을 봤다면 이제는 2천 명으로 줄여서 보는 식이죠.

Q | 어떤 방식으로 진행할 수 있죠?

A | 예를 들면 영화 제작사가 우리 사이트에 영화 제작 공고를 올리는

어라운드어스 김성진 대표

겁니다. 공고에는 '지원하기' 버튼이 달려 있고요. 연기자들이 이를 클릭해 지원하는 겁니다. 지원자들은 반드시 저희 사이트에서 본인 경력을 담은 페이지를 만들어야 하고요. 이후 지원이 완료되면 오디션 담당자는 프로필 동영상과 경력 내용을 통해 오디션 참가자를 1차로 걸러낼 수 있습니다.

Q | 해외 서비스는 얼마나 진척됐나요?

A | 영문 서비스가 벌써 제공되고 있습니다. 영어로 프로필을 올리고 확인할 수 있습니다. 중국어, 일본어, 스페인어 등 다른 언어도 가능합니다. 마케팅만 남아 있는 단계입니다. 미국 제작사들과 접촉해서, 이들이 우리 사이트에서 오디션을 접수받도록 하는 거죠. 국

내에서는 이미 B2B(Business to Business) 서비스가 시작됐습니다. TV조선 〈미스터트롯〉 등 예능프로 1차 오디션을 저희 플랫폼에서 진행해서 호평을 받았습니다.

| 글로벌 기업 후광 버리고 우여곡절 끝 서비스 출시 |

어려서 부모님을 따라 외국에서 5년간 생활한 경험이 있다. 대학에선 신문방송학을 전공했다. "대학을 졸업하고 얼마 안 돼 우연히 창업하겠다는 선배들을 만났어요. 스타트업에서 1년간 마케팅 일을 하며 경험을 쌓았습니다." 이후 영자신문 〈코리아타임스〉에서 5년간 기자 생활을 했다. 그러다 공부가 더 필요하다고 생각해 MIT 슬론 경영대학원으로 유학을 떠났다.

Q | 창업을 위해 공부하러 간 건가요?

A | 네. 이미 성공한 아이템을 따라하는 '카피캣(copycat)'이 되기는 싫었어요. 글로벌 기업을 꿈꾼다면 세상에 없던 것을 해야 합니다. 원래 없던 것을 처음부터 만드는 오리진 창업을 하고 싶었습니다. 그러려면 공부가 필요하다는 생각이 들어 유학을 갔습니다.

MBA(경영학 석사과정)를 마치고 바로 창업에 뛰어들지는 않았다. 일단 취업을 하기로 해서 LG디스플레이를 거쳐 구글에 들어갔다. 아태 지역 파트너십 총괄 파트 리더를 맡았다. 그러다 지금 아이템을 떠올렸다. "인물 데이터에 많은 한계를 느꼈어요. 구글이라면 세상의 모든 걸 검색해 보여줘야 하는데, 구인구직 데이터 측면에서 부족함이 많았던 거죠. 정보의 양은 물론 정확도 측면에서도요. '이걸 해봐야겠다!' 생각이 들더군요. 바로 시장조사부터 했습니다. 비슷한 업체가 없더라고요. 승부를 걸 만하겠다 판단이 섰습니다."

시작이 순조롭지는 않았다. 시스템을 개발했다가 폐기하고, 다시 개발하는 일을 반복했다. 팀원을 몇 차례 새로 구성하는 등 우여곡절도 많았다. "쉬운 일이 없더군요." 하지만 포기하지 않고 결국 서비스를 출시했다.

Q | 사업에 대한 확신이 흔들린 적은 없나요?

A | 네. 실패할 거란 생각은 단 한 번도 하지 않았습니다. 구인구직 시장이 전 세계적으로 4,300억 달러 정도 되는데, 시장 포커스가 주로 숙련 경력직에 맞춰져 있습니다. 온라인, 그중에서 프리랜서 시장은 거의 개척되지 않았죠. 일단 미디어 엔터테인먼트 시장에 특화해 규모를 키운 다음 다른 분야로 외연을 넓혀갈 계획입니다. 가까운 미래에 곧 노동력을 상품처럼 거래할 수 있는 시대가 올 것입니다. 전 세계적인 현상이죠. 거의 모든 사람이 어쩔 수 없이 비정규직이 될 수밖에 없을 겁니다. 어라운드어스는 이에 대비하는 플랫폼입니다. 구직자는 안전하고 신뢰할 수 있는 직장을 찾고, 기업은 재능, 기술, 숙련도를 눈으로 확인하고 채용할 수 있는 플랫폼입니다. 반드시 성공시키겠습니다.

Q | 사업 시작 전에 좀 더 준비했으면 좋았겠다 싶은 게 있나요?

A | 팀 셋업(set-up)이요. 지금 팀을 만드는 데 2년 가까이 걸렸습니다. 팀 셋업을 미리 해놓고 나왔다면 무척 좋았겠다는 생각이 많이 들어요. IT 기반 기업을 꿈꾼다면 코파운더(공동창업자)에 개발자를 반드시 포함시킬 것을 추천합니다. 개발 업무를 외주 맡기거나 단순 고용으로 해결할 수 있다고 생각하는 분들이 많은데요. UI를 개발하고 품질 높은 사후관리까지 하려면 반드시 책임감 있는 개발자가 있어야 합니다. 저는 초반에 그렇지 못해 시행착오를 많이 겪었어요. 외주를 맡겼더니 허술하게 만들어와서 엎고, 관리가 안 돼서 또 엎고 했죠. 이런 일을 피하려면 반드시 정규팀을 만들어 승부해야 합니다.

Q | 사업하려는 분들에게 조언 부탁드립니다.

A | 회사 뛰쳐나갈 때 사업성 조사, 시장조사, 서비스 기획이 완료돼 있어야 합니다. 저는 사업성과 시장조사는 웬만큼 됐지만, 서비스 기획은 안 된 상태에서 회사를 나왔어요. 세 가지 중 하나라도 완벽하게 되어 있지 않으면, 혼자만의 착각에 빠졌다가 실패할 가능성이 있습니다. 반드시 이 세 가지에 대한 확신이 있어야 합니다. 또 사업 과정에선 여러 사람에게서 피드백을 받는 것이 중요합니다. 모델을 완성하는 데 큰 도움을 받을 수 있습니다. 마지막으로 사업을 시작하면 외롭습니다. 그렇다고 신념과 확신이 흔들려선 안 됩니다. 끝까지 페이스를 유지해야 합니다.

삼성전자 연구원의
다국적 스타트업 도전기

위즈페이스, 조민규·존팅 리 대표

정말 잘할 수 있는 일을 찾아 창업
프리랜서 매칭에서 블록체인 교환 플랫폼까지

위즈페이스는 한국, 홍콩·스웨덴, 탄자니아 국적의 20대 청년 3명이 의기투합해 만든 글로벌 스타트업이다. 서비스도 글로벌하다. 전 세계 고객들이 24시간 쏟아내는 질문에 응대하느라 위즈페이스 사무실은 불 꺼질 틈이 없다.

| 운명 같은 3인방의 만남 |

위즈페이스 창업자 3인방은 한국 국적의 조민규, 홍콩·스웨덴 국적의 존팅 리(John-Ting Li), 탄자니아 출신의 바라카 앤드류(Baraka Andrew)로 구성되었다. 조민규 대표와 존팅 리의 만남이 시작이었다. 서울대 산업공학과 4학년에 재학 중이던 조 대표는 2013년 국립대만대로 교환학생을 떠나, 그곳에서 교환학생으로 있던 존팅 리를 만났다. 홍콩과 스웨덴 이중국적의 존팅 리는 스웨덴 왕립공과대학에 재학 중이었다. 우리나라로 치면 카이스트에 해당하는 스웨덴 최고 권위의 공과대학이다. 둘 다 창업에 관심이 있어 친하게 지냈다.

교환학생을 마친 후 진로는 갈렸다. 조 대표는 한국으로 돌아와 삼성전자 생산기술연구소에 연구원으로 들어갔다. 존은 스웨덴으로 돌아가 창업을 했다. 기업과 프리랜서를 이어주는 매칭 사이트였다. 디자이너 등의 프리랜서가 본인 이력과 작품을 사이트에 등록하면 기업이 채용하는 방식이다. 조 대표는 멀리서 응원했다. "각자 다른 선택을 했지만 연락은 꾸준히 했어요."

2016년 존이 스웨덴 대신 한국에서 사업을 하고 싶다며 조 대표에게 연락해왔다. "스웨덴의 시장 규모에 한계를 느꼈나 봐요. 다음 창업지로 홍콩과 한국을 저울질하다가, 이왕이면 제가 있는 한국에서 프리랜서 매칭 사이트를 열겠다면서 덜컥 들어왔어요."

Q| 그때 조 대표도 합류한 건가요?

A| 아뇨. 초반엔 짬짬이 시간 내 돕는 정도였어요. 정착을 돕고, 거래처와 미팅이 생기면 통역도 도왔어요. 그러다 서서히 '존과 함께라면 내 일을 할 수 있겠다'는 생각이 들더라고요.

그렇게 조 대표는 2017년 1월 존과 함께 프리랜서 매칭 사이트를 공동창업했다. 탄자니아 출신 바라카 앤드류가 그다음으로 합류했다. 한국으로 유학 와 서울대 컴퓨터공학과를 졸업한 인재다. "창업 후 처음 사무실을 낸 용산의 서울 글로벌창업센터에서 만났어요. 스타트업에서 일하고 싶다며 포스트잇에 자기 이력을 적어 게시판에 붙였더라고요. 바로 연락해 그때부터 함께 일했습니다. 비록 지금은 회사를 떠나 있지만 초반 안착에 큰 도움이 됐습니다."

| 안되면 빨리 전환하는 것도 방법이다 |

셋이 뭉치고 곧 사업 아이템을 변경했다. "프리랜서 매칭 사이트가 관련 업계에 필요한 플랫폼인 것은 맞아요. 하지만 시장 크기에 한계가 있어요. 스웨덴에서 안된 건 한국에서도 안되겠더라고요."

일회용 종이 컵홀더에 광고를 넣는 사업으로 피벗(pivot, 사업 전환)했다. "광고가 들어간 컵홀더를 카페 점주들에게 무료로 제공하는 방식이에요. 점주는 컵홀더 제작비를 아끼고, 우리는 광고비에서 컵홀더 제작비를 뺀 만큼 수익을 낼 수 있죠." H&M 같은 대형 광고주 섭외에 성공하면서 꽤 돈을 벌었다. 하지만 이내 회의감이 들었다. "확장성에 의심이 생겼어요. 우리가 지향하는 IT 기술 기반 사업도 아니었고요."

'정말 잘할 수 있는 일'을 하기로 했다. "IT 기술을 활용해 누군가에게 도움이 되는 일을 찾기로 했어요." 그렇게 시작한 아이템이 2017년 10월에 개발한 광고 효과 분석 플랫폼 '다이아나'다. "인터넷 광고를 하는 기업들은 여러 사이트에 광고를 냅니다. 이후 광고 효과를 확인하죠. 그런데 사이트마다 광고 클릭이 얼마나 됐는지 일일이 확인하기가 무척 번거롭습니다. 다이아나에 가입하면 그 정보를 한

다이아나의 서비스 시연 화면

번에 확인할 수 있습니다."

정보를 취합하는 데 그치지 않는다. 다이아나의 진정한 가치는 사이트별로 어떻게 광고를 하는 게 효율적인지 컨설팅하는 데 있다. "포털에 검색어를 입력하면 상단에 광고 업체들이 쭉 뜨잖아요? 아무래도 위로 올라갈수록 광고비가 비싸져요. 그런데 비용과 클릭 수가 꼭 비례하는 게 아니에요. 때로는 맨 위가 아니라, 적당하게 낮은 위치에 광고를 하는 게 비용 대비 효과가 훨씬 큽니다. 그런 컨설팅을 해주는 거죠."

검색 키워드마다 효율적인 광고 위치가 모두 다르다는 게 조 대표의 설명이다. 어떤 키워드는 첫째, 또 어떤 키워드는 다섯째 혹은 여덟째 등으로 효율적인 광고 위치에 차이가 있다. "예를 들면 운동기구를 주로 검색하는 사람들과, 뮤지컬 티켓을 주로 검색하는 사람들을 각각 하나의 집단으로 묶으면 성향의 차이가 있어요. 어떤 집단은 맨 위 광고를 주로 클릭하는 반면, 또 어떤 집단은 중간 광고를 주로 클릭하는 식이죠. 여기에 맞춰 광고를 해야 효과를 극대화할 수 있습니다. 관련 빅데이터를 분석하면 가장 효율적인 위치를 뽑을 수 있습니다." 광고 효과가 입소문을 타면서 고객사가 속속 유치되고 있다.

| 끊임없이 새로운 것을 추구한다 |

위즈페이스는 2018년 네 번째 아이템을 런칭했다. 블록체인 토큰(가상화폐)을 교환하는 플랫폼이다. "아이디어의 시작은 '기업이 제공하는 모든 포인트를 교환해 쓰는 방법은 없을까'였어요. 이곳저곳 알아봤습니다. 그런데 여러 기업을 묶는 건 이해관계가 복잡해서, 삼성도 못 할 거라고 하더라고요. 기술적으론 가능하지만, 연결고리를 만드는 게 어렵다는 거죠."

이왕 고민을 시작했으니 다른 교환 플랫폼에도 도전해보기로 했다. 그렇게 출시한 게 블록체인 토큰 교환 플랫폼 '덱시오스(DEXEOS)'다. 덱시오스는 여러 토큰 중에서도 이오스(EOS)를 기반으로 파생된 부가 통화끼리 교환하는 P2P 플랫폼이다. 기존 거래소는 돈으로 토큰을 사고파는데, 덱시오스는 참가자들이 갖고 있는 토큰을 서로 바꾸는 시스템이다. 교환 기준은 각 토큰의 시장가격이다. "토큰을 굳이 팔지 않더라도, 다른 화폐와 교환해 유동성을 확보할 수 있어요. 그런 니즈를 담고 있죠."

한국뿐 아니라 외국에서도 사용자가 속속 유입되었다. 단순 교환
플랫폼이 아니라, 프로그램 개발자들 사이의 네트워크를 추구했기
때문이다. "현재 저희 사이트를 찾는 분들을 보면, 대부분 프로그램
개발자예요. 새로운 트렌드에 민감한 사람들이죠. 이런 사람들이 주
로 모이면서, 사이트가 개발자들의 커뮤니티 역할을 하게 됐어요. 프
로그램 개발 정보를 나누며 교류하는 장이 되고 있는 거죠. 저희 사
이트에서 데뷔하는 토큰도 나올 겁니다."

| 스타트업의 관점을 가져라 |

조 대표는 창업 전 다양한 경험을 했다. "대학 다닐 때 방학을 이용해
물류 스타트업 '메쉬코리아'에서 영업사원으로 일했어요. 꼭 돈을 벌
고자 했던 건 아니었고요. 스타트업 운영과 영업 방식이 궁금했어요.
오토바이 배송 서비스 영업을 맡아 사장님들을 무작정 쫓아다니며
저희 애플리케이션을 깔게 했습니다. 열심히 하면 결과가 나오는 게
무척 재밌었어요. 스타트업이 제로부터 시작해 유니콘까지 커나가는
것을 목격하는 것도 재밌었고요."

이후 삼성전자 생산기술연구소에서 4년을 일했다. 반도체 제조 공
정을 분석해 효율화하는 작업을 맡았다. "삼성에서 체계적으로 일하
는 기틀을 잡을 수 있었어요. 연구소 특성상 선행 기술을 주로 다뤘
는데, 이때 각종 데이터를 분석하는 역량을 갖추는 기회가 됐던 것
같아요. 다만 답답함이 있었어요. 대기업이라 저 혼자 열심히 한다고

해서 좋은 결과가 나오는 게 아니었거든요. 이게 창업의 동기 중 하나가 된 것 같습니다."

Q | 창업 전 어떤 경험을 가장 추천하나요?

A | 스타트업으로 성공하려면 스타트업만의 '관점'이란 것을 체득하고 있어야 한다고 생각해요. 같은 사안을 접하더라도 대기업이 아닌 스타트업의 눈으로 분석할 수 있어야 하거든요. 그 눈을 갖추려면 창업 전 스타트업 경험을 반드시 해봐야 합니다. 막상 바깥으로 나오면 생각처럼 되는 일이 거의 없습니다. '리스크 테이킹(risk taking)', 말은 좋습니다. 하지만 할 수만 있다면 리스크는 줄일수록 좋아요. 창업 전 많은 경험을 하고, 반드시 사업 아이템을 검증해서 리스크를 최소화하라고 조언하고 싶습니다.

Q | 창업에 참고할 만한 팁이 있을까요?

A | 팀이 중요합니다. 사업을 시작하기 전에 뜻을 같이 할 수 있는 사람이 몇 명 있는지 반드시 자문해보세요. 저희 회사는 창업자들 외에, 대학 때 저와 함께 자취했던 마케터 출신 친구와 LG화학 연구원 출신이 합류했고, 우아한형제들 출신 개발자도 곧 들어왔어요. 창업자들이나 직원들 모두 여러 곳에서 스카우트 제의를 받고 있지만 흔들림 없이 함께하고 있습니다. 제가 운이 좋다고도 할 수 있겠지만, 어쨌든 사업은 혼자 못 합니다. 꼭 뜻이 맞는 사람을 몇 명 구해놓고 시작하세요.

바둑으로 실패한 미생,
길잡이 애플리케이션으로 완생

와간다, 박경규 대표

삼성전자 개발자가 만든 AR 지도
글로벌 서비스 추진해 디즈니 노린다

구글지도 같은 휴대폰 지도가 있어도 낯선 곳을 찾아가는 건 쉽지 않다. 길치에겐 공포스러운 일이기까지 하다. '와간다'는 증강현실을 활용한 애플리케이션으로 손쉽게 길을 찾아주고, 맛집 같은 주변 정보도 알려주는 스타트업이다.

| AR화면에 맛집·관광지 정보가 둥둥 |

스마트폰에서 와간다 애플리케이션을 켜면 지금 내 앞의 풍경이 그대로 화면에 나타난다. 어디서 많이 보던 모습. '포켓몬 고' 게임으로 익숙한 AR(증강현실)이다. 화면 하단에는 지금 내 위치를 중심으로 지도가 표시된다. AR화면에 뜨는 화살표를 따라 길을 찾아가면서, 지도로는 내가 이 지역의 어디쯤에 있는지 알 수 있다.

AR 화면에 뜬 지도와
맛집 정보

　길을 알려주는 것으로 끝나지 않는다. AR화면과 지도에는 관광지,
맛집, 숙박업소 등 다양한 주변 정보가 표시된다. 포켓몬 고 게임 화
면에 캐릭터가 나타나는 것처럼, 와간다 화면에는 주변 식당이나 카
페 등의 정보가 떠다니는 것이다. 원하는 곳을 클릭해 길 찾기를 선
택하면, AR화면에 길을 알려주는 화살표가 표시된다. 화살표를 그대
로 따라가다 보면 어느새 목적지에 도착해 있다.

　국내뿐 아니라 외국에서도 사용할 수 있다. 특히 해외여행 때 유용
하게 활용할 수 있다. "자유여행을 하며 맛집이나 관광지를 찾는 사
람에게 최적화된 애플리케이션입니다. 화면에 뜨는 정보만 따라가도
하나의 관광 코스가 됩니다." 시간대와 상황에 따라 화면과 정보가
달라진다. 저녁이 되면 지도 화면도 저녁 풍경으로 바뀐다. 늦은 밤이
되면 재즈바 같은 술집 위주의 정보를 제공해주는 식이다.

화면에 나타나는 관광지, 맛집, 숙박업소 등의 정보 중에는 사용자들이 올린 것이 많다. "사용자들이 가봤더니 좋아서 직접 추천한 곳들이죠. 사용자가 정보를 등록하면 자동으로 지도와 화면에 표시됩니다." 솔직한 리뷰도 달려 있다. 읽어보고 마음에 들면 찾아가면 된다. 그렇게 사용자들이 올린 정보가 모여 세상에서 가장 공정한 추천 솔루션으로 진화하고 있다.

Q | 와간다에서 직접 등록하지는 않나요?

A | 직원들도 정보를 등록하는 경우가 있긴 한데요. 이 역시 사용자 입장에서 올리는 겁니다. 기본적으로 사용자들이 직접 만드는 애플리케이션을 지향합니다. 그래야 올라온 정보를 신뢰할 수 있으니까요. 평이 좋아 실제로 가봤더니 재밌고, 편안하고, 맛있는 곳들이요. 정보를 많이 게시한 사용자에게는 제휴 업소가 주는 사은품 등을 인센티브로 드리고 있습니다.

| 좋은 정보 올리는 사람과 친구 맺기 |

SNS 성격도 가미했다. 애플리케이션에 가입하면 '내 페이지'가 생성되어 추천과 리뷰를 관리할 수 있다. 마음에 드는 리뷰를 올리는 사람이 있으면, '팔로잉' 버튼을 눌러 친구를 맺을 수 있다. 팔로잉한 친구들과 소통할 수도 있다. 부산에 놀러 갈 땐 부산에 사는 친구에게 맛집과 관광지 정보를 받는 식이다. 커뮤니티를 개설해 교류하는 것도 가능하다. 인스타그램과 비슷한 점이 많다.

화면에 너무 많은 정보기 뜨면 혼란스러울 수 있으므로 필터링을 설정해 내 친구가 올린 정보만 뜨게 할 수 있다. 믿을 수 있는 사람이 올린 맛집과 관광지 정보만 골라 보는 것이다. 내가 방문한 지역에 친구가 없다고 불안해할 필요는 없다. "제주도에 놀러 갔다고 해보죠. 애플리케이션을 켜서 리뷰를 몇 개 읽어봅니다. 그중 맘에 드는 사람이 있으면 바로 팔로잉해서 친구를 맺습니다. 이후 그 친구가 게시한 정보만 띄워서 볼 수 있습니다."

다른 필터링도 할 수 있다. 당장 갈 만한 카페를 찾고 있다면, 업종을 '카페'로 지정해 화면에 지도를 띄우면 된다.

| 박물관 등 실내에서도 활용 가능 |

실외뿐 아니라 실내에서도 사용할 수 있다. "이를테면 박물관과 제휴하면 AR화면을 통해 입구부터 시작해 관람하는 동안 최적의 동선으로 안내하는 게 가능합니다. 화면의 화살표를 따라가며 전시를 보는 거죠. 화면에 전시물 정보를 띄우고 이를 클릭해서 설명을 들을 수도 있습니다."

놀이공원에서도 유용하게 활용할 수 있다. AR화면에 놀이기구를 띄워서 내가 원하는 것을 클릭하면, 화살표를 통해 그곳까지 안내해주는 것이다. 서점에서도 가능하다. 애플리케이션에서 내가 원하는 책을 검색하면, 내가 있는 곳에서 책이 있는 곳까지 안내하는 것이다. "확장성이 좋습니다. 스포츠 경기장에서 자기 자리, 화장실, 매점 등으로 안내하는 식으로 응용할 수 있고요. 여러 사람이 단체로 모일 때 활용할 수도 있습니다. 모임을 주최하는 사람이 집합 장소에서 본인 위치를 회원들에게 공유하면, 모두에게 위치 정보가 전송되고, 회원들은 각자의 애플리케이션에서 길 안내를 받아 한 장소로 모이는 거죠. 위치를 말로 설명하기 어려운 한적한 야외에서 유용하게 활용할 수 있습니다."

Q | 어떻게 수익화할 수 있을까요?

A | 박물관, 대형 서점, 놀이공원 등과 계약을 맺어나가고 있습니다. 방문객이 이용할 수 있도록 홈페이지나 애플리케이션에 저희 시스템을 넣는 거죠. 고객은 해당 페이지에 깔린 저희 시스템을 통해 길 안내나 각종 정보를 받아볼 수 있습니다.

| 지역단체와 지도 표시 제휴 추진 |

광고비를 받고 장소를 노출하는 수익 사업도 가능하다. 다만 기본적으로 사용자 추천으로 정보를 올리는 특성을 감안해, 개별 사업자가 아닌 지자체나 공공기관 등 단체 위주로 접촉하고 있다. "지역별로 청년 사업가를 유치해 상권을 살리는 작업을 진행 중인 곳이 많습니다. 양양 서핑비치 같은 곳이 대표적인데요. 사업을 주도하는 지자체, 공공기관 들과 공동으로 홍보 프로젝트를 추진하고 있습니다. 지도에 관광 정보, 장소 정보 등을 띄워서 사람들이 찾게 만드는 거죠. 전시회나 페스티벌 등도 주요 공략 대상입니다."

식당, 상점 등의 업주들과는 할인 혜택을 제공하는 제휴를 하고 있다. 화면에 뜬 할인 정보를 눌러서 쿠폰을 내려받은 뒤 해당 가게를 찾아가 이용하는 방식이다. 관광지 입장료 할인도 가능하다. 사용자들은 혜택을 받을 수 있고 업주들은 홍보 효과를 낼 수 있다. "보다 많은 손님을 유치하려는 관광지나 식당 등에서 관심을 보이고 있습니다. 회사 입장에선 광고비로 수익을 낼 수 있게 됩니다."

콘텐츠 업체와 제휴도 가능하다. 장소마다 어울리는 노래나 영화 같은 콘텐츠 정보가 뜨게 해서, 콘텐츠 판매 등의 수익을 올리는 것이다.

Q | 확장성이 무궁무진하네요.

A | 포켓몬 고로 AR이 많이 알려지긴 했지만, 게임 위주에 그치면서 아직 활용성이 높지는 않습니다. 다양한 서비스를 통해 AR이 실생활에 좀 더 자리 잡게 하고 싶습니다.

| 줄줄이 실패했지만 계속 도전 |

어려서 바둑을 했다. 공인 5단까지 올랐지만 프로의 벽은 높았다. 프로 데뷔조차 못 했다. 고등학교에 올라가면서 프로기사의 꿈을 접고 공부를 시작해 대학 진학에 성공했다. 정보통신전자학을 전공했다.

군대를 장교로 마치고 삼성전자에 입사해 4년간 반도체 소프트웨어 개발 부서에서 일했다. 삼성 스마트폰 노트 시리즈에 들어가는 반도체 개발에 참여했다.

회사 생활에 큰 흥미를 느끼지 못했다. 주어진 일만 하다 보니 동기 부여가 되지 않았다. "제 모토가 행복인데, 회사 일로는 행복을 느끼지 못했어요." 바둑이 탈출구였다. 직장인 바둑 대표 선수로 활동했다. "계열사인 삼성생명과 삼성증권에 함께 프로를 지망했던 동료들이 근무하고 있었어요. 연합팀을 구성해서 3년 정도 활동했어요. 직장인 바둑 대회에 나가 4위까지 올랐죠."

바둑을 하면서 예전에 느꼈던 열정이 되살아났다. '일에서도 열정을 느끼고 싶다'는 생각이 들었다. '사업을 해야겠다'고 결심했다. 승진에 유리한 인사과에서 함께 일해보자는 제의가 있었지만 거절했다. 더 이상 도전을 늦춰선 안 된다고 생각했다.

'미아 방지 스트랩'으로 씨랩(삼성전자 사내벤처 지원 프로그램)에 지원했다. 블루투스와 NFC 기술을 활용해 아이가 일정 거리 이상을 벗어나면 경보를 울려주는 것이다. 최종 심사까지 갔지만 아쉽게 탈락했다. 그래도 사업을 할 수 있을 거란 가능성은 보았다. 2015년 5월 삼성전자를 나와 회사를 차렸다. 코파운더로 독일인과 미국인이 합류했다. 같은 대학을 다녔거나 친구에게서 소개받은 인연으로 뭉친 것이었다.

많은 시도를 했다. 그중 첫 번째가 커뮤니티형 소셜 네트워크다. 관심사가 비슷한 사람끼리 이어주는 것이다. 예를 들어 마블 팬끼리 연결해 정보를 교류하고 공동구매 등을 할 수 있게 해주는 식이다. 박 대표 본인이 키덜트(kidult)라 개인적인 관심이 있어 시작한 사업이다. 시울에 사는 외국인의 정착을 돕는 시울글로벌센터가 주최한 창업경진대회에서 이 사업으로 1등을 했다. 사용자가 5천 명까지 갔고 투자도 받았다. 하지만 확장성과 사업화에 한계를 느껴 접었다.

미술품 등의 온라인 경매 사업도 구상했다. 그러나 기존 업체와 경쟁하기 어렵다고 판단해 3주 만에 접었다. 이어 스타트업 제품만 모아서 파는 쇼핑몰을 만들었지만 두각을 나타내지 못했다.

Q | 왜 계속 실패했을까요?

A | 저와 코파운더들이 개발자 출신이라 그런지 기술에 너무 집착했던 것 같아요. 그러다 의외의 경험에서 깨달은 사실이 있어요. 사업하면서 아르바이트로 전통시장 상인들의 물건을 온라인으로 팔아주는 프로젝트를 수주해 진행했는데 만족도가 무척 높았어요. 특별한 기술이 들어간 것도 아닌데 말이죠. 이때 꼭 개발이 메인이 아니어도 되겠다는 사실을 깨달았습니다. 기술창업이 아니더라도 많은 사람이 필요로 하는 서비스를 해야겠다는 걸 느낀 거죠.

| 부산에서 길 헤메다 사업 구상 |

박 대표 개인 경험에서 신사업의 힌트를 얻었다. "부산 사는 친구를 보러 놀러간 적이 있었어요. 그런데 만나기로 한 장소가 도저히 안 보이는 거예요. 한참을 헤매도 못 찾았어요. 최악의 경험이었죠. 어렇게 친구를 만나 송도 케이블카를 타러 갔더니 이번엔 줄이 너무 긴 거예요. 한참을 기다리는데 무척 힘들었습니다. 쉽게 길을 찾을 수 있고 관광지 정보도 미리 확인할 수 있는 애플리케이션이 있으면 좋겠는데, 마땅한 게 없네? 내가 해보자, 생각했죠."

그렇게 2018년 서비스 출시에 성공했다. 베타 버전부터 반응이 좋았다. 아이폰 애플리케이션스토어 소셜네트워킹 부문 2위까지 올랐다. 본격 서비스는 이제부터 시작이다. "뭔가 빠르게 만들고 접기를 반복해왔습니다. 어떻게 보면 사업을 진득하게 못 한 거죠. 이제는 여기에 올인하고 있습니다. 제대로 승부를 볼 겁니다."

| 바둑과 경영의 닮은 점 |

바둑을 접고 대학을 나와 삼성 개발자를 거쳐 기술 창업까지. 마치 드라마 〈미생〉의 주인공 '장그래'를 보는 것 같다.

Q | 바둑을 했던 게 경영에 도움이 되나요?

A | 바둑 스타일은 참 다양합니다. 어떤 기사는 감각적으로 두고, 또 어떤 기사는 신중하게 둡니다. 전 후자였습니다. 가급적 시간 여유를 갖고 충분히 계산해서 수를 뒀습니다. 남은 시간 카운트를 받는 경우가 많았죠. 그 흐르는 시간 속에서 앞을 내다보려는 노력을 많이 했습니다. 가능한 한 많은 수를 내다봐야 이길 수 있으니까요. 그런 습관이 경영에도 도움이 됩니다. 바둑이나 경영이나 정보를

수집해서 의사결정을 한다는 점에서 비슷한 것 같아요. 어떻게든 최대한 많은 정보를 수집해서 예측해보려고 노력합니다. 그러고 나서 의사결정을 하죠. 즉흥적으로 판단하는 것에 비해 실수를 크게 줄일 수 있습니다.

Q | 좀 더 갖추고 싶은 능력이 있나요?

A | 대표가 해야 하는 일이 이렇게 많은 줄 몰랐습니다. 조직을 만들고 리딩하는 방법을 체계적으로 배우고 싶습니다. 직원의 워라밸은 어떻게 지켜줘야 하는지도요. 직원이 3명일 때, 10명일 때, 100명일 때 요구되는 문화가 다 다른 것 같습니다. 사업의 큰 줄기는 변하지 않더라도 운영하는 방식은 조금씩 달라지는 거죠. 조직문화를 어떻게 만들어가야 하는지 계속 공부하고 있습니다.

Q | 사업 성공에 가장 중요한 요소가 뭐라고 생각하세요?

A | 개인적으로 피벗을 참 여러 번 했는데요. 일이 잘 안돼도 흔들리지 않는 신념이 가장 중요한 것 같습니다. 바둑에는 수많은 수가 있지만 기사마다 주로 쓰는 수는 열 가지 내외입니다. 축구선수도 주로 쓰는 패스는 몇 가지로 정해져 있죠. 어차피 낼 수 있는 승부수는 몇 가지로 정해져 있는 겁니다. 다만 유효 타격률이 중요합니다. 그걸 높이려면 어려울 때도 흔들리지 않는 신념이 있어야 합니다. 신념을 지켜나가는 게 가장 중요한 것 같습니다.

Q | 어떤 미래를 추구하나요?

A | 누군가 제 아이디어에 공감할 때 가장 행복합니다. 회사의 비전
도 '행복'입니다. 행복감을 주자는 게 회사의 모토죠. 인생을 '완생
(完生)을 추구하는 미생(未生)'이라 한다면, 저에게 완생은 행복이
에요. 기왕이면 모두가 행복하면 좋겠어요. 장애인도 편하게 쓸 수
있는 서비스를 내놓고 싶습니다. 그걸 목표로 하다 보면 비장애인
들은 더 편하게 쓸 수 있는 서비스가 되겠죠. 계속 성장하고 싶습
니다. 낯선 곳에 저를 계속 던져서라도 성장하겠습니다.

제일기획 박차고 나와
대학생 일자리 1만 개 만들다

자란다, 장서정 대표

에듀 베이비시터와 아이 연결
성격, 선호도 고려한 맞춤형 매칭

누구나 부러워할 만한 직장을 육아 때문에 박차고 나왔다가, 본인의 니즈를 해결하기 위해 창업해 1만 개 넘는 일자리를 만든 경단녀(경력단절여성)가 있다. 장서정 대표의 '자란다'는 맞벌이 부부의 자녀 육아와 교육 고민을 동시에 해결한 교육 스타트업이다.

| 베이비시터는 왜 중년의 아줌마여야 하나 |

'자란다'는 젊은 베이비시터를 중개해주는 서비스다. 한국의 베이비시터는 조선족 등 중년 여성이 대부분인데, 자란다의 '젊은' 베이비시터들은 아이를 봐주면서 특기를 살려 교육까지 해준다. 육아와 교육을 함께 하는 '에듀 베이비시터'인 셈이다. 그래서 자란다는 베이비시터를 '선생님'이라 부른다. 교육은 놀이부터 영어, 수학까지 다양

자란다 장서정 대표

한 장르를 망라한다. "일반 과외 선생님처럼 부모님이 계시는 시간에 교육하는 경우도 있긴 한데요. 부모가 없는 시간에 아이를 봐주면서 교육하는 경우가 대부분이에요."

한 사람당 하루 최대 8시간까지 봐준다. 요일, 과목별로 구분해 여러 선생님을 한꺼번에 고용하는 부모도 있다.

수업 내용은 기본적으로 선생님 자율에 맡기는데, 수업의 기본적인 질을 보장할 수 있도록 수업 커리큘럼을 갖추고 있다. "서비스 기획 전담 직원을 둬서 과목별 교안을 만들고 업데이트하고 있어요. 이걸 위주로 각 선생님들이 자율적으로 교육을 진행하죠." 선생님 시급은 1만~1만 5천 원 사이다. 자란다는 시급에서 일정 부분을 수수료로 떼서 수익으로 삼는다.

| 선생님과 아이 성격 분석해 매칭 |

선생님의 80% 이상이 대학생이다. 유아교육이나 초등교육 등 사범 관련 전공이 많고, 경영·컴퓨터공학 등 다른 전공도 있다. 처음 선생님 지원을 받을 때 놀이, 미술, 음악, 체육, 영어, 수학 등 분야별로 한 가지 이상 특기를 적어 내도록 하고 있다. 선생님과 아이를 매칭할 때 아이의 수요를 반영하기 위해서다.

　선생님들은 성격 분석도 한다. 정이 많은 편인지, 외향적인지, 자율성을 선호하는 성격인지, 상상력이 좋은지 등을 분석해 카테고리화하는 것이다. 성격 검사는 5분 안에 98문항을 풀게 한다. 정답은 없다. 빠른 시간 내 직관적으로 답을 쓰게 함으로써 성격을 파악하는 것이다. 기초 테스트에서 답변이 일관되지 않을 경우에는 15분 안에 445문항을 푸는 테스트를 다시 진행한다.

Q | 성격 검사를 꼭 해야 하는 이유가 있나요?

A | 선생님별로 어떤 성격은 3~5세 유아가 맞고, 또 어떤 성격은 고학년이 맞고, 그런 차이가 있어요. 정확한 매칭을 하려면 반드시 성격 검사를 해야 합니다.

Q | 예를 들어 어떤 성격 분류가 이뤄지나요?

A | 예를 들자면 영화 〈보헤미안 랩소디〉를 본 사람에게 "영화 어땠어?"라고 물어보는 겁니다. 그럼 어떤 분은 "너무 감동해서 울었어요."라고 답하고, 또 어떤 분은 "주인공 인생을 담담하게 그리다가

긴 공연 장면으로 마무리짓는 게 인상 깊었어요."라고 답할 수 있죠. 전자는 관념적인 성격일 확률이 높고, 후자는 팩트를 중시하는 논리적인 성격일 가능성이 커요. 성격 검사를 통해 이런 분류를 합니다.

교육을 받는 아이의 성향도 파악한다. "상담을 통해 아이의 성향과 기질을 정리해요. 여기에 아이와 부모가 원하는 활동을 고려해서, 저희가 갖고 있는 선생님 DB에서 적합한 분을 찾습니다. 맞는 사람끼리 매칭되도록 큐레이션을 하는 거죠."

정확한 매칭을 위해 데이터 전문가를 두고 있다. 기존 매칭 결과를 계량적으로 분석해, 최고의 적합도를 보이는 선생님과 아이가 연결되도록 한다. 아동심리 전문가도 있다. 아동 상담과 매칭을 돕는다. "관련 교육기관을 나왔거나, 관련 기업에서 상담 경험을 쌓은 아동심리 전문가가 근무하고 계세요."

| 활동일지 통해 검증 |

지속 가능한 돌봄과 교육을 위해 일상적인 밀착 관리를 한다. 모든 방문 기록을 관리해, 의도한 대로 매칭이 잘되고 있는지 확인하는 것이다. "가장 중요한 건 성실성이에요. 약속을 펑크 내지 않아야 하죠. 만일 문제가 생겼다면 누구에게 원인이 있는지를 보고 후속 조치를 합니다."

Q | 구체적으로 어떻게 관리하죠?

A | 선생님에게 활동일지를 쓰도록 합니다. 뭘 했는지, 아이가 어떻게 받아들였는지 기록하는 거죠. 기록을 통해 아이를 파악하면서, 선생님이 얼마나 아이에게 정성을 쏟고 있는지도 가늠합니다. 잘 알아야 충실히 쓸 수 있으니까요.

일지에 부모가 답변을 달 수 있다. 보통은 감사 표시가 많은데, 수업에 대한 의견을 남기기도 한다. 불만 사항은 '카카오톡 플러스친구'를 통해 자란다에 접수하면, 회사 측이 확인해 조치한다. 이렇게 쌓이는 데이터는 다음 매칭을 위한 참고자료로 활용된다.

Q | 고객 만족도가 어떤가요?

A | 좋아요. 부모님과 아이 모두 좋아해요. 모든 세대를 아울러 만족감을 끌어내는 게 뿌듯합니다.

선생님들 스스로도 배워가는 게 많다고 한다. 한 대학생 선생님은 "인류학을 전공하는 학생인데, 아이부터 어른까지 세대별로 가진 고민을 이해할 수 있게 됐어요. 피상적으로만 접근했던 결혼, 육아 등 사회문제에 대해 깊게 고민해보는 계기가 됐습니다."라고 했다.

자란다 경영 철학에 동의해 선생님을 하다가 직원이 된 경우도 있다고 한다. 장 대표는 "대학생이라고 해서 주어진 일만 하는 게 아닙니다. 주체적으로 커리큘럼 수정 제의를 해주시는 분들도 있고, 적극적으로 임하는 분도 많습니다."라고 말했다.

| 내가 필요해서 창업 |

시각디자인을 전공한 장서정 대표는 디자이너들이 가장 선망하는 직장 중 하나인 제일기획 출신이다. 일이 재밌었고, 인정도 받았지만, 2015년 퇴사했다. 순전히 육아 때문이다. "일하면서 아이 밥 먹이고 통학시키는데, 어느 순간 한계가 오더라고요. 시간이 꽉 짜여 돌아가는 대기업에서 계속 일하기 불가능한 상황에 봉착한 거죠."

퇴사하자 육아에 전념할 수 있게 되었다. 하지만 곧 일에 대한 갈증이 밀려왔다. 마침 AI 스타트업에서 일할 기회가 생겼다. 일과 육아의 병행이 가능한 환경이었다. "나간 지 얼마 안 돼 다른 대기업 입사 제의가 많았지만 모두 거절했어요. 스스로 육아 솔루션을 내놓지 못했으니까요. 재취업을 해도 이전의 상황이 반복될 게 뻔했죠. 그런 상황에서 스타트업은 훌륭한 대안이 됐습니다."

총괄이사를 맡아 경영전략을 담당했다. 잘할 자신이 있었다. 하지만 스스로 성공하지 못했다고 평가한다.

Q | 성공하지 못했다고 자평하는 이유가 뭔가요?

A | 모든 게 갖춰져 있는 시스템 속에 있다가, 체계가 전혀 없는 곳에 온 셈이었어요. 하나부터 열까지 새로 마련해야 할 것투성이었죠. 회의 방식, 인사 시스템 등 제일기획에서 배웠던 경영 시스템을 하나하나 접목해갔습니다. 없던 회의록 만들고, 의견 공유 시스템 만들고, 연월차 정책 만들고, 비품 구매 체계 만들고⋯. 그런데 이게 오히려 패착이 됐습니다. 제가 만든 프로세스에 일이 갇히고 만 거

예요. 그 프로세스들이 정작 중요한 사업을 진행하는 데 방해가 되고 말았습니다.

Q | 대기업에서 통했던 시스템이 스타트업에 뿌리내리지 못한 이유가 뭐였을까요?

A | 직원이 1만 명인 회사와 10명 있는 회사는 근본부터 다릅니다. 대기업은 체계적으로 돌아가는 게 중요하지만, 스타트업은 당장 일이 중요합니다. 서식이나 프로세스가 아니라 실행 그 자체가 중요하죠. 스타트업이 절차를 만들어보겠다면서 대기업 흉내 내다간, 성장하기도 전에 관료주의의 함정에 빠집니다. 일단은 일이 되도록 하는 게 중요합니다. 저는 그 사실을 뒤늦게 깨달은 셈입니다.

| 고민하기보다 실행하라 |

이때 깨달은 교훈을 살려 2016년 6월 창업했다. '육아 문제를 기업 차원에서 해결할 방법은 없을까?' 오랜 고민 끝에 스스로 내놓은 해답이었다. 서비스는 창업 후 1년이 지난 2017년 5월 시작했다. 대표가 누구보다 소비자의 니즈를 잘 알고 있다는 게 기업 성공의 가장 중요한 포인트였다. "제 필요를 스스로 해결한 셈입니다. 지금 자란다 최고의 충성고객이 바로 접니다. 제가 없을 때 큰아이와 작은아이 모두 자란다 선생님들이 봐주고 계세요."

3명으로 시작한 직원은 수십 명, 등록된 선생님 수는 1만여 명으로 성장했다. 사회적 가치도 인정받고 있다. 사회적 기업에 투자하는 '소풍'에서 초기 투자를 받았고, 은행권이 운영하는 '디캠프'에 잇따라 입주 기회를 가졌다. "운 좋게 도와주는 분을 많이 만났어요. 기대에 부응해야죠."

Q | 원래 창업에 관심이 있었나요?

A | 전혀 없었어요. 제 스스로의 문제를 해결하기 위해 고민하다 보니 여기까지 온 거예요.

Q | 지금까지 잘해온 비결이 뭔가요?

A | 시장을 잘 이해한 거요. 부모님, 아이, 선생님, 이들 각자의 니즈를 파악하려고 노력했습니다. AI 스타트업에서 일할 때 가졌던 시스템의 강박관념에서 벗어나, 고객의 목소리만 따라가보자. 모든 케이스를 검토하다 보면 길이 열릴 거다. 그 생각으로 도전한 게 주효했어요.

Q | 창업하시는 분들께 조언할 점이 있나요?

A | 보통 창업 후 서비스 내놓기 전까지를 사업 준비 기간으로 보는데, 이게 길어질수록 늘어지기가 쉽습니다. 같이할 팀이 완성됐다면 사업은 이미 시작된 겁니다. 생각하는 기간은 짧을수록 좋습니다. 우선 뭐라도 실행하세요. 시쳇말로 '지르는' 거죠. 저는 처음 사업하면서 제가 직접 돌잡이 아이도 가르쳐보고, 할 수 있는 건 다 했습니다. 그렇게 경험 쌓고 부모님들 의견 반영하면서 사업모델

을 수정해오다 보니, 지금의 자란다 체제가 만들어졌습니다. 제일
기획의 그것과는 완전히 다른 우리만의 체계죠. 이제 더 이상 시스
템에 대한 강박 따위는 없습니다. 반드시 실행부터 하세요. 그래야
좋은 결과에 가까워집니다.

인사 담당자 고민 한 방에 해결하는 인사관리 시스템

자버, 이동욱 대표

삼성전자 디자이너 출신
인사관리 플랫폼 개발

회사의 주요 업무를 아웃소싱하는 업체들이 많다. 삼성전자 디자이너
출신 '자버' 이동욱 대표는 기업들의 인사관리 플랫폼을 개발했다.

| 원스톱 인사관리 플랫폼 |

자버는 채용, 재직관리, 퇴사 등 모든 인사관리를 할 수 있는 플랫폼
이다. 은행 홈페이지에 접속해서 은행 업무를 처리하는 것처럼, 자버
플랫폼에 접속해 각종 인사관리를 처리할 수 있다. "자버를 쓰면 내
부에 별도 인사관리 시스템을 둘 필요가 없습니다."

자버에 가입하면 우선 우리 회사 채용 페이지가 생성된다. 페이지
는 별도 URL이 생성되어 원하는 곳에 넣을 수 있다. 회사 홈페이지
에 이 URL을 삽입해서 '채용 바로가기'를 누르면 채용 페이지로 연

결되게 하거나, 잡코리아 같은 곳에 올린 채용 공고에 삽입해서 지원하기 버튼을 통해 연결시킬 수도 있다.

지원자가 채용 페이지에서 지원서를 작성하면 해당 정보가 하나로 취합되어 인사 담당자는 한눈에 지원자 현황을 볼 수 있다. "지원자들의 지원 결과를 종합해 한 번에 리스트로 보여줍니다. 이름부터 간단한 경력까지 한눈에 들어오죠. 별도로 엑셀 정리를 할 필요가 없습니다." 이후 채용 절차를 진행해서 합격자를 뽑은 뒤 합격과 불합격 명단을 넣으면, 플랫폼이 알아서 합격자에게는 합격 메일을, 불합격자에게는 불합격 메일을 보낸다. "담당자 입장에서 관리가 무척 간편합니다."

합격자에 대해선 근로계약서 양식이 생성된다. 합격자에게 메일을 보내 전자서명을 받으면 체결된다. 근로계약 체결 후 정식 직원으로 등록하면 인사기록 카드가 생성된다. 이후 직원에 대한 모든 인사 정보를 카드에 관리할 수 있다. "연봉협상 결과, 포상, 징계, 인사이동 같은 모든 히스토리를 남길 수 있습니다." 각 직원의 인사기록 카드는 취합·정리되어 별도의 엑셀 정리를 할 필요가 없다. 일반 직원도 플랫폼에 접속해 자신의 정보를 확인하고 전체 조직도나 연락처를 볼 수 있다. 급여 내역과 재직증명서 발급도 가능하다.

보조금 신청도 할 수 있다. "기업이 새로 사람을 뽑으면 정부가 각종 보조금을 주고 있는데요. 일자리 안정자금, 청년 추가고용 장려금, 두루누리사회보험 등이 대표적입니다. 그런데 기업의 업종과 특성, 합격자 수에 따라 내용과 금액이 모두 다릅니다. 인사 담당자 입장에선 상당히 헷갈리는 부분인데요. 자버에 가입하면 플랫폼이 자동으로 어떤 지원금을 얼마나 받을 수 있는지 알려주고, 신청까지 알아서 해줍니다." 별도로 자버와 제휴한 노무사나 세무사를 통해 인사관리 관련 상담도 제공한다.

직원이 퇴사하면 관련 처리도 해준다. 인사기록 카드에서 퇴사했다고 입력하면, 그 정보가 자동으로 세무 대리나 노무 대리에 전달되어 각종 처리가 이뤄진다. "간편합니다. 인사 담당자 없이 누구라도 인사관리를 할 수 있도록 만들었습니다."

| 삼성전자 나와서 창업 |

이 대표는 대학에서 산업디자인과 철학을 복수전공했다. 졸업하고 삼성전자에 산업디자이너로 들어갔다. 모바일 클라우드 프린팅 사업부에서 4년 반을 일하고 2015년 회사를 나왔다. "신사업 진행에 참여했어요. 어린 나이에 임원들과 회의할 일도 많고 재밌었죠. 그런데 의사결정이 너무 느리고 복잡하더라고요. 답답해하던 차에 사업을 하자는 지인의 제안이 있었어요. 나가서 내 사업을 하면 재밌을 것 같아 합류했습니다."

'동기부여 카드뉴스' 콘텐츠를 만드는 회사였다. 영어와 스페인어 버전을 만들어 페이스북에 올렸다. 주로 외국인 유저를 대상으로 했다. 그런데 뚜렷한 비전이 보이지 않았다. 1년 정도 하다가 아는 선배가 하는 커머스 회사에 합류해 기획팀장을 맡았다. 조직에 체계가 없고 계통 없이 일이 배분되곤 했는데 이게 기회가 되었다. "작은 회사다 보니까 인사 담당자가 없는 거예요. 제가 맡게 됐죠. 간편하게 처리하려고 인사관리 솔루션을 알아봤습니다. 그런데 당연히 있을 줄 알았던 솔루션이 없는 거예요. 외국엔 있는데 말이죠. '우리는 왜 없지?' 궁금해하다 '내가 만들어볼까' 해서 창업하기로 결심했습니다." 그렇게 6개월 만에 커머스 회사를 나와 2017년 8월 사업자를 냈다.

Q | 한 번도 해보지 않은 분야잖아요.

A | 인사 전문가가 아니라서 오히려 자신 있었습니다. 비전문가도 쉽게 쓸 수 있는 솔루션을 내놓으면 인사 전문가는 얼마나 쉽겠어요. 제가 봐도 쉬운 솔루션을 개발하면 통할 수 있겠다고 확신했습니다. 비즈니스와 개발 로직이 모두 낯설었지만, 개발자와 함께 공부하면서 개발했습니다.

오래 걸리지 않았다. 창업 4개월 만인 2018년 1월 베타서비스를 내놨다. 최소 기능만 탑재한 상태였지만 일단 내놓고 업그레이드를 해나가기로 했다. 마침 비슷한 생각을 갖고 있던 투자사를 만나 투자를 받았다. "그 투자사도 괜찮은 인사관리 솔루션이 왜 없을까 고민하고 있었대요. 저희 솔루션을 보고는 투자를 결심해주셨습니다."

Q | 서비스가 처음부터 괜찮았나 보죠?

A | 아뇨. 아이디어만 보고 투자하신 거였어요. 처음엔 서비스가 무척 조악했습니다. 인사 담당자들 입력 수단을 구글폼으로 했을 정도예요. 구글폼으로 내용이 들어오면 저희 직원들이 일일이 취합해

자버의 근로계약서 서비스 화면

시스템에 입력했습니다. 잡일도 그런 잡일이 없었죠. 그 일 때문에 주말에 나오는 건 물론이고요. 저와 직원들의 뼈를 갈아 넣었습니다. 중간에 포기하고 싶을 정도로 힘들었죠. 채용과 인사관리 결과가 100% 자동으로 취합되는 지금과 비교하면 말도 안 되는 서비스였습니다.

| 비전문가 시각에서 서비스 업데이트 |

고객 피드백을 받아 솔루션을 계속 업데이트해나갔다. 인사 담당자들이 가장 귀찮아하는 근로계약서 작성 서비스로 시작해서, 고용지원금 자동 신청, 인사카드 생성, 채용 페이지 개설 등으로 서비스를 확장해나갔다.

철저하게 인사관리에 어려움을 겪는 담당자 입장에서 작업을 했다. 자동 임금 계산 기능이 대표적이다. 주휴수당이나 통상임금 등 복잡한 법정임금 체계 때문에 자신도 모르게 법규를 위반할 수 있다. 합의한 임금이 최저시급에 못 미치는 식이다. 이를 방지하기 위해 지원자와 약속한 임금을 입력하면 자동으로 그에 맞는 근로시간이 나오도록 했다. "이를테면 월 180만 원으로 약속해서 하루 8시간 근무시켰다가 최저임금을 위반하는 사례가 나올 수 있는데요. 전자 근로계약서에 월급을 입력하면 하루 몇 시간, 주 며칠 일할 수 있는지 표시됩니다. 그보다 근무시간을 늘리고 싶으면 임금을 올리면 되고요. 근무시간이 적어도 되는 경우엔 임금을 내리면 됩니다. 결국 법에 맞지 않는 계약서 자체를 쓸 일이 없게 됩니다."

Q | 다른 전자 근로계약서 서비스도 있지 않나요?

A | 기존에도 온라인으로 계약서를 제공하는 곳이 있는데요. 자동 계산 기능이 있는 서비스는 없습니다. 일일이 법규를 찾아가면서 임금을 계산해 담당자가 직접 입력해야 하죠. 그러다 모르는 사이에 법을 위반할 수 있는 거고요.

근로계약서는 한 번으로 끝나지 않는다. 연봉제 회사는 전 직원의 근로계약서를 매년 새로 쓴다. 해당 인사 담당자들은 연말이면 피가 마른다. 일일이 계약서를 작성해 서명까지 받는 게 보통 일이 아니기 때문이다. "대규모 인사 변동까지 있는 경우는 완전히 패닉 상태가 됩니다. 바뀐 보직까지 계약서에 반영해야 하니까요. 그런데 저희 플랫폼을 이용하면 직원 명부에 바뀐 연봉과 직무를 입력하는 걸로 끝납니다. 그러면 시스템이 알아서 근로계약서 내용을 갱신해서 메일로 각 직원에게 보냅니다. 행사 같은 걸 진행할 때도 좋습니다. 플랫폼에 아르바이트 명단과 시급을 입력하면 자동으로 각자에게 계약서를 뿌리거든요."

업그레이드는 계속되고 있다. 은행과 연계해 솔루션 내에서 일괄 급여 이체 등을 할 수 있는 기능이 곧 서비스된다. "솔루션 내에서 인사관리와 관련한 모든 일을 처리할 수 있도록 할 계획입니다."

무료로 한 번 이용해볼 수도 있다. 몇 명을 뽑건 상관없이 한 번의 절차는 무료로 써볼 수 있고, 이후 유료로 전환된다. 기업 규모별로 월 5천~15만 원을 받는다. 51인 이상 기업은 별도 협의한다. 굳이 자버를 쓸 필요 없는 대기업도 근로계약서 자동 작성 기능 때문에 고객으로 유치되고 있다.

2020년 말까지 전체 고객 1만 곳, 유료 고객 2천 곳을 목표로 하고 있다. 이를 위한 마케팅 조직은 있지만 영업 조직은 없다. 솔루션을 다양하게 알리되, 기업들을 찾아다니는 영업은 하지 않겠다는 것이다. "좋은 솔루션을 만들어놓고 마케팅을 통해 기업들이 찾아오도록 만드는 게 플랫폼 사업의 핵심인 것 같습니다. 억지 영업은 어울리지 않죠. 소개받거나 검색을 통해 저희 회사를 알고 연락 주시는 분이 많습니다. 요금이 저렴해서 찾는 분도 많고요. 앞으로 고객 유료화를 하는 게 핵심이며 그에 대한 다양한 구상을 하고 있습니다."

| 철학 공부에 기반한 서비스 |

Q | 철학을 복수전공한 게 일에 도움이 되나요?

A | 그럼요. '왜 열심히 살아야 하는 거지?' 하는 고민이 들어 철학 공부를 했습니다. 그런데 지나고 보니 인사관리와 일맥상통합니다. 인사관리는 결국 '사람을 다루는 일'입니다. 인간에 대한 이해가 필수적이죠. 그래야 누구나 납득할 수 있는 인사관리를 할 수 있습니다. 그런 고민을 서비스에 담았습니다.

예를 들면 저희가 제공하는 근로계약서는 각종 설명이 매우 자세하게 나와 있습니다. 연장수당이 얼마라고 표기하는 데 그치지 않고, 얼마의 연장수당이 왜 붙었는지 설명하는 식이죠. 보통 근로계약서와 관련한 정보는 회사가 우위에 있잖아요? 저희는 그렇지 않고 최대한 자세하게 설명해서 직원이 회사의 인사 원칙에 대해 이해할 수 있도록 합니다. 이를 통해 당사자는 궁극적으로 '내가 왜 이런 직무에 배정됐고 이런 연봉을 책정받아 일하고 있는지' 이해하게 됩니다.

단순히 숫자만 나열된 계약서는 오해가 많이 생깁니다. 그런 오해가 없도록 상대를 배려하는 계약서를 추구합니다. 이 계약서로 인해 회사와 직원의 관계가 형성되니까요. 서로 신뢰할 수 있는 계약이 돼야 합니다. 그런 관계에 대한 사고를 철학에서 배웠습니다. 인사 담당자들이 활용할 수 있는 메일 서식도 마찬가지입니다. 딱딱하게 내용만 전달하는 게 아니라 받는 사람의 마음을 열 수 있는 문구들로 돼 있습니다. 이 역시 철학에서 배운 '인간에 대한 이해'

에서 비롯한 겁니다. 디자인과 인문학을 함께 전공했다는 점에 큰 자부심을 느끼고 있습니다.

Q | 대기업이 언제든 더 좋은 서비스를 내놓을 수 있다는 두려움이 있지 않나요?

A | 고객 피드백이 플랫폼을 풍요롭게 해줍니다. 빨리 내놓고 업그레이드를 해나가는 것 자체가 실효적인 개발 과정이 되는 겁니다. 그런데 대기업은 개발을 위한 개발을 합니다. 기획하는 데 6개월, 점검하는 데 6개월… 이런 식으로 시간만 보내다가 결국 시스템상에만 존재하고 사용되지는 못하는 결과물이 나오죠.

대기업이 일을 안 하는 게 아닙니다. 정말 산더미처럼 많은 일을 하죠. 개발비도 중소기업의 몇십 배 몇백 배를 씁니다. 그럼에도 대개는 실패합니다. 돈과 사람이 너무 많아서 그런 것 같습니다. 그렇게 투입했으니 그럴듯한 결과물을 내놔야 한다는 압박감이 겉보기에 번지르르한 실패로 귀결됩니다. 그래서 대기업은 신사업을 잘 못하는 것 같습니다. 큰 시스템을 효과적으로 잘 운영하지만, 새로운 일을 하는 데는 약한 거죠. 스테이크홀더(stakeholder, 이해관계자)가 많아서 일이 산으로 가는 일도 비일비재합니다.

반면 저희 같은 스타트업은 부족해도 일단 빠른 시간 안에 결과물을 내놓으려 노력합니다. 이후 피드백을 받아서 업그레이드까지 마쳐 어찌됐든 완성품을 내놓습니다. 신사업만큼은 대기업이 스타트업을 따라오지 못합니다. 그래서 저는 대기업과의 경쟁이 두렵지 않습니다.

Q | CEO로서 보완하고 싶은 점이 있나요?

A | 속도감 있게 치고 나가는 건 좋은 것 같지만, 꾸준함은 부족한 것 같습니다. 수련해나가야 할 과제입니다. 직원들이 부족한 부분을 잘 메워주고 있습니다. 누구보다 열심히 해서 최고의 인사 솔루션 업체가 되겠습니다.

PART
2

졸업까지 기다릴 수 없었다, 학생창업으로 성공

O2O 시스템으로
부동산 시장 뒤흔든 서울대생

집토스, 이재윤 대표

리뷰 달린 확실한 매물
집주인에게서만 중개 수수료 받는다

'집토스'는 부동산 전월세 O2O(Online to Offline) 업체로 '좋은 집을 토스(toss)한다'는 뜻이다. 2020년 현재 아직 20대(29세)인 이재윤 대표가 만들었다. 서울대 지구환경과학부 11학번. 졸업하려면 한 학기가 남았다. 계속된 휴학에 학생 신분을 벗어나지 못하고 있다. 그래도 사업이 우선이라 말하는 천상 사업가다.

| 아는 것을 팔아라 |

대학 3학년이던 2015년 '창업론 실습' 수업을 통해 사업에 눈뜨게 되었다. "유휴 공간을 대학생들의 엠티 장소로 임대하는 프로젝트를 발표했어요. 예상보다 반응이 뜨겁더라고요. 부동산 중개에서 가능성을 봤습니다."

집토스 홈페이지 화면

　내친김에 직접 해보기로 했다. 2015년 7월 코파운더 3명이 200만 원씩 모은 600만 원으로 사업자를 냈다. "600만 원 중 400만 원을 들여 5평짜리 오피스텔을 얻어서 사업을 시작했습니다."

Q |　창업을 하게 된 계기가 있나요?

A |　대학에 입학하자마자 자취를 시작해야 했지요. 그래서 이곳저곳 집을 많이 알아보고 다녔어요. 그런데 공인중개사를 통해 거래하면 수수료가 비싸고, 직거래를 하려고 인터넷을 뒤져보면 허위 매물이나 광고성 정보가 많았어요. 멀끔한 사진에 현혹돼 찾아갔다가 낡고 더러운 집을 보고 실망하는 경우가 한두 번이 아니었죠. 이런 경험을 저 말고도 코파운더 3명이 모두 갖고 있었어요. 믿고 찾을 수 있는 중개서비스가 없어 답답했죠. 그러다 창업론 수업을 듣게 됐고, 그걸 계기로 창업까지 했습니다. 직접 경험한 문제를 해결하는 것이니 자신 있었어요.

Q | 사업모델이 금세 잡히던가요?

A | 아뇨. 난관이 많았어요. 처음에는 오프라인 중개로 시작해서 온라인 직거래 시스템도 만들어봤어요. 기존 중개업소들과 제휴도 추진해봤죠. 참 많은 시도를 했습니다. 그런데 모두 기존에 있는 방식이었어요. 차별점을 내기 쉽지 않았죠. 그러다 고객들이 맘 편히 집을 구할 수 있게 하려면 매물 수집부터 중개서비스까지 직접 해야 한다는 결론에 이르렀습니다.

| 상품은 무조건 진실해야 한다 |

곧바로 모델화에 착수해 만든 게 지금의 '집토스' 사이트와 애플리케이션이다. '허위 매물 제로'를 추구하며, 직접 발로 뛰어 확보한 매물만 서비스에 올린다. 매물 사진은 집토스 촬영팀이 직접 360도로 촬영해 올린다. "그 어느 사이트보다 진실한 매물이 올라온다고 자부합니다. 계약이 체결된 매물은 바로 내려서, 오래된 급매물에 소비자가 현혹되지 않도록 하고 있습니다."

주요 고객은 원룸이나 투룸을 구하는 대학생과 사회초년생들이다. 1~2인 가구와 원룸 밀집 지역인 대학가를 중심으로 서비스 지역을 넓혀가고 있다.

물론 물건별 후기도 제공한다. 시설부터 집주인 성격까지 세세한 내용이 올라온다. 서울대입구를 선택하면 서울대입구역 인근 지도가 나타나고, 지도 속 건물을 클릭하면 매물 정보와 후기를 확인할 수 있다. "옆집 이야기 소리 다 들린다." "평생 볼 바퀴벌레 이 집에서 다 봤다." "겨울에도 냉수마찰 하고 싶다면 이 집 추친." 같은 생생한 경험담이다. 고객이 아니어도 후기를 남길 수 있고 볼 수도 있다. 이 대표는 "주택 시장의 정보 비대칭성을 완화하는 모델이라고 생각한다. 집주인들이 후기 관리에 신경 쓰게 되면서, '을'이 될 수밖에 없는 전월세 세입자들의 권익이 올라갈 것이라 믿는다."라고 말했다.

사이트나 애플리케이션에서 확인한 매물의 계약은 오프라인에서 마무리한다. 집토스가 서울 강남 등에서 직접 운영하는 직영점에서 집주인과 세입자가 만나 계약서에 도장을 찍는 것이다. 직영점에는 공인중개사 자격증을 가진 직원이 상주한다. 이렇게 온라인에서 시작해 오프라인으로 마무리되는 서비스를 'O2O 서비스'라 한다.

Q | 사업모델을 설명할 때 가장 강조하는 포인트가 뭔가요?

A | 기존 온라인 업체는 크게 두 가지 형태예요. 중개업소에게서 광고비를 받아 매물을 올려주는 사이트와, 직거래를 주선하는 사이트죠. 두 가지 모두 정보의 신뢰도가 크게 떨어진다는 단점이 있습니다. 결국 소비자 입장에서 좋은 집을 구하려면 발품을 파는 수밖에 없어요.

반면 집토스는 온라인에 올린 매물을 오프라인에서 직접 중개합니다. 온라인에서 쇼핑하듯 집을 고른 후 오프라인에서 서비스를 받는 겁니다. 처음부터 끝까지 책임지니 신뢰도가 높을 수밖에 없죠. 한마디로 투명한 정보를 제공함으로써 좋은 집을 구하는 데 드는 비용과 시간을 줄여드리는 것입니다.

| 기존 시장의 틀을 깨라 |

집토스는 매년 빠른 속도로 성장하고 있다. 원룸 건물 DB는 7만 건 넘게 확보했다. 잠재 고객을 확보하기 위한 노력의 일환으로 2016년부터 '서울대학교 자취 가이드북'을 펴내고 있다. 월세와 전세의 차이, 확정일자 등 집을 구할 때 알아야 하는 기본 지식부터 매물 정보까지 대학생들에게 필요한 부동산 정보를 망라했다. 전망이 밝으니 사람이 모인다. 직원이 되고 싶다는 요청이 줄을 잇고 있다. 고객이었다가 직원이 된 경우도 있다.

Q | 무난하게 성장해온 것 같아요.

A | 아닙니다. 힘들게 버텨 지금까지 왔어요. 코파운더가 3명으로 시작해 5명까지 늘었다가, 결국 2명으로 줄었어요. 취업하겠다, 교환학생 가겠다 하면서 회사를 떠났죠. 세상 물정 모르는 대학생이 창업했으니 얼마나 미숙한 게 많았겠어요. 성장통이 컸습니다. 사업을 접을까 고민하다 '아냐. 두 달만 더 해보자.' '조금만 더 해보자.'라는 생각으로 버텼어요. 저 말고 다른 능력 있는 경력자가 이 아이템으로 창업했더라면 더 빨리 성장했을 거예요. 직장에 다니면서 경험을 쌓은 후 창업했으면 어땠을까 하는 생각도 들어요.

Q | 누군가 사업모델을 베낄 수 있다는 두려움은 없나요?

A | 온라인에서 오프라인으로 이어지는 네트워크를 구축하는 데는 상상 이상으로 오랜 시간이 걸립니다. 많은 직원이 직접 발로 뛰어야

매물 DB를 겨우 만들 수 있죠. 하루아침에 돈으로 할 수 있는 일이 아닙니다. 좋은 집을 구하려는 세입자나, 세입지를 빨리 찾으려는 집주인 모두 자신의 목적을 달성하려면 가장 많은 사람들이 방문하는 사이트를 찾아야 합니다. 그만큼 선점자의 이익이 크고, 후발 사업자가 선두 업체를 공략하기 쉽지 않은 거죠. 느리게 보여도 확실한 선두 업체가 될 수 있도록, 하루하루 진입장벽을 쌓아 올리는 작업을 하고 있습니다. 조금만 있으면 누구도 우리를 따라오지 못할 겁니다.

Q | 기존 공인중개사와의 갈등은 없었나요?

A | 창업 초반 세입자에게 수수료 무료 정책을 시행해서, 몇몇 기존 공인중개사분들과 크고 작은 갈등이 있었습니다. 앞으로 다양한 수수료 정책을 통해 갈등을 줄여나가려고 합니다. 또 저희가 확보한 매물 정보를 함께 나누는 등의 상생 모델을 준비하고 있습니다.

| 너무 많은 생각은 금물 |

처음 5곳으로 시작한 직영점은 14곳으로 확대되었다. 권역별로 서울 전역을 커버할 수 있는 수준이다. 다음 단계로 지방 진출을 시작하고, 장기적으로는 아파트 전월세 시장과 원룸 건물 매매 및 관리 시장에도 뛰어들 계획이다.

Q | 앞으로의 포부는 뭔가요?

A | 기성세대가 저희를 부르는 표현 중 하나가 '주거 난민'이에요. 주거 문제로 인한 고통을 줄이는 데 조금이라도 기여하고 싶습니다. 사업적으론 각종 서비스를 제공하는 종합 부동산 기업이 되는 게 목표입니다. 1차로 원룸 건물이 주요 타깃이에요. 원룸 건물은 매매 정보 DB가 제대로 구축돼 있지 않아요. 기존 업체가 건물주들과 제대로 네트워크를 맺지 못했기 때문이죠. 하지만 우리가 지속적으로 전국적인 네트워크를 쌓아두면 자연스레 매매 정보도 모일 겁니다. 확장성이 매우 큰 사업입니다. 지켜봐주세요.

Q | 창업 후배들에게 한마디 해주세요.

A | 창업이란 게 이렇게 위험한 일인 줄 몰랐기에 창업을 시작할 수 있었던 것 같아요. 위험한 줄 알면 창업 못 해요. 그러니 너무 위험만 보지 마세요. 생각이 너무 많아도 안 될 것 같아요. 후배들에게도 종종 말해요. 생각이 너무 많은 성격이면 창업하지 말라고요. 부담을 내려놓으세요. '여름 동안만 해보자.' 식으로 단기적인 계획만 잡으세요. '세상을 바꾸자!' 같은 큰 포부는 필요 없어요. 실행력이요? '작게라도 해보자.' 하면 나와요. 끝으로 남의 돈을 투자받는 데 의지할 게 아니라 적은 금액이라도 자기 돈으로 시작하세요. 그래야 아까워서라도 중도에 포기하지 않아요.

일단 수업받고 돈은 나중에, 혁신적인 후불 교육 아이디어

학생독립만세, 장윤석·박준우 대표

입시 후 상환하는 후불과외
교육 시장의 틀을 바꾼 연세대생

'부모 도움 없이 과외 받고, 나중에 내가 벌어 갚는다.'

'학생독립만세'는 고교생 과외 시장에 후불제를 도입해 돌풍을 일으킨 스타트업이다. 이어 취업준비생을 대상으로 후불제 취업교육 시장을 새로 개척하며 교육 시장의 틀을 바꾸고 있다. 연세대 전기전자공학과 08학번 장윤석 대표와 09학번 박준우 대표가 2015년 각자의 과외 경험을 살려 공동창업했다.

| 기존 제품의 틀을 깨라 |

학생독립만세의 과외 시스템은 기존에 없던 방식이다. 학생들은 일단 과외비의 10~20%만 내고 수업받고 나머지 금액은 지불을 유예했다가, 입시 후 1년 내로 선생님에게 상환한다. 선생님들은 주로 대학생이다. 월 단위 과외 횟수와 시간은 선생님과 학생이 자율적으로 결정한다. 교습료는 시간당 1만 2,500원이며 시간제로 카운트한다. '한 달에 20시간이면 25만 원' 하는 식이다.

과외비 계산과 지급 관리는 학생독립만세가 한다. "선생님과 학생이 결정한 수업시간을 저희 애플리케이션에 입력하면 자동으로 과외비가 계산됩니다. 추후 입시가 끝나고 정산할 때는 저희가 학생에게서 돈을 받아 선생님에게 전달해줍니다. 그러면 학생과 선생님 모두 돈을 주고받는 데 신경 쓸 부분이 크게 줄어듭니다. 학생과 선생님은 공부에만 집중하면 되고, 서로 불편하게 돈 얘기를 할 필요가 없는 거죠."

Q | 선생님 입장에서 돈을 늦게 받는 것에 대한 불만이 있지 않나요?

A | 아뇨. 오히려 적금과 비슷한 효과가 난다며 호응이 좋아요. 다달이 과외비를 받으면 아무 생각 없이 그냥 써버리게 되잖아요. 저도 그런 경험이 많고요. 그런데 후불제에서는 과외비를 당장 받지는 못하지만 한 번에 목돈이 들어오니, 오히려 돈을 모아 만기에 적금을 타는 효과를 낼 수 있어요. 그러면 계획적으로 자금을 쓸 수 있죠.

과외를 받은 학생은 입시가 끝난 후 돈으로 갚지 않고, 대학생이 되고 나서 과외로 상환할 수도 있다. "예를 들어 내(A)가 작년에 돈을 내지 않고 과외를 받은 셈이니, 올해 고교생(B)에게 돈을 받지 않고 가르쳐주는 거죠. 작년에 나(A)를 가르쳤던 선생님(C)에게는 학생독립만세가 과외비를 대신 지급합니다. 이후 지금 배우는 B학생이 내

학생독립만세 박준우 대표(좌)와 장윤석 대표(우)

년 입시가 끝나 과외비를 상환하면 학생독립만세가 벌충받고요."

일반 과외에 비해 교습료가 저렴한 편이다. 대신 집이든, 공공 도서관이든 선생님이 지정하는 장소로 학생이 찾아가야 한다. "선생님 입장에서 돈은 다소 적게 받지만 과외를 하러 이동하는 부담이 줄어 좋습니다." 학생독립만세는 교습 공간을 따로 확보하기 어려운 선생님을 위해 서울 전역에 50여 곳의 공간을 확보해 주선하고 있다. 학생도 너무 멀리 움직이는 불편이 없도록 학생 거주지와 선생님 지정 장소가 30분 이상 걸리지 않게 매칭한다.

매칭이 잘 되도록 학생과 선생님에 대한 프로필도 관리한다. 선생님은 다니는 대학과 전공, 수업 장소, 자신 있는 과목을 공개하고 학생은 배우고 싶은 과목과 거주지를 밝힌다. 이를 토대로 학생독립만세가 선생님과 학생을 이어준다. "우리가 선생님을 추천하면 학생이 받는 방식이에요. 최대 3명까지 선생님을 추천해주는데, 일단 1순위만 보여주고 여기서 매칭되지 않으면 2순위를 보여주고, 여기서도 어긋나면 3순위까지 보여주는 방식이에요. 학생들의 만족도가 무척 높아요."

| 알고리즘으로 사업의 구조를 짜라 |

Q | 형편이 어려운 학생이 많나요?

A | 아뇨. 중산층 가정의 자녀가 많아요. 학생 스스로 신청하는 경우가 대부분입니다. 부족한 과목을 보완하겠다면서요. 형편이 어렵지 않더라도 다른 사교육을 받고 있는 상태라면, 부모님에게 과외비를 또 부탁하기 미안할 수 있잖아요? 그럴 때 저희 서비스를 이용하게 됩니다. 부모가 먼저 사교육을 권유하는 경우에는 굳이 우리 시스템이 필요 없겠지만, 학생이 자발적으로 과외를 구하는 경우라면 우리 서비스가 훌륭한 대안이 될 수 있습니다.

비싼 재수학원 종합반에 다니는 재수생이 국어 과목을 보완하기 위해 스스로 추가 과외를 신청하는 식이다.

학생독립만세를 통해 선생님을 구하려면 복잡한 지원 과정을 거쳐야 한다. 우선 홈페이지에 '왜 과외를 신청하게 되었는지' 등의 내용을 담은 지원서를 제출해야 한다. 답해야 할 질문이 많아서 작성하는

데 1시간 정도 걸린다. "과외가 절실히 필요한 학생일수록 상환 가능성이 높습니다. 이런 학생들은 보통 지원서에 '부족한 과목을 보완하기 위해서' 같은 이유를 자세히 담아내죠. 1시간이 걸리더라도 제대로 쓰는 겁니다. 반대로 진정성이 없는 학생은 지원 이유를 제대로 밝히지 않습니다. 이런 경우는 떨어트립니다. 이른바 '먹튀'를 할 가능성이 높은 경우거든요." 지원서가 끝이 아니다. 학생이 추후 과외비를 갚지 않을 경우 부모에게 지급명령을 내릴 수 있도록, 부모 동의서를 작성해 제출해야 한다. 부모의 동의를 얻어 과외를 신청하는지 확인하는 것이다. 이후 계약서를 쓰고 최종적으로 주민등록초본을 제출해야 비로소 과외 선생님을 구할 수 있다.

이런 과정을 모두 거쳐 서비스를 받는 경우는 최초 신청자의 60% 정도도. 40%는 전형 과정을 통과하지 못하고 '불합격'하는 것이다. 웬만한 입사지원 저리 가라 할 프로세스다. "유난 떠는 것처럼 보일 수 있지만, 다양한 허들이 있어야 애초에 상환 의사가 없는 학생을 걸러낼 수 있어요. 먹튀 할 마음을 먹고 들어왔다가, 내 신분이 노출되는 것을 알고 가입을 포기하는 거죠. 복잡한 지원 과정은 상환 가능성이 높은 사람만 고객으로 받는 알고리즘 역할을 하고 있습니다."

선생님도 복잡한 지원 과정을 거쳐야 한다. 불성실한 사람을 걸러내기 위한 것이다. "일단 저희 시스템을 이해할 수 있는 교육 영상을 시청해야 합니다. 영상을 틀어놓고 다른 일을 하는 경우가 많은데요. 그런 경우를 대비해 간단한 테스트를 거치도록 합니다. 그걸 통과해야 비로소 지원서를 쓸 수 있죠." 이후 이메일로 각종 동의서를 전달해야 지원이 완료된다. "꽤 귀찮은 과정이지만 그걸 감내해야 합니다. 성실하게 학생을 가르칠 수 있다는 진정성을 증명하는 거죠. 지원자의 대략 10% 정도가 불합격 또는 자진하차 합니다."

| 후불제 시스템을 하나의 문화로 |

후불제 과외 성공에 이어 후불제 취업교육 시장을 새로 개척하고 있다. 일단 무료로 취업 교육을 받고, 취업에 성공한 후 강사에게 교육비를 내는 시스템이다. "이름난 취업 강사와 연계해 교육을 신청한 사람들에게 무료로 취업 교육을 해주고, 교육비는 취업 후 상환하는 방식입니다. 이때 교육비는 정해져 있지 않고 '취업 후 10개월간 월급의 18%' 식의 '소득 공유' 형태로 돼 있습니다. 취업준비생이 교육을 받을 때는 강사가 수강료를 받지 않으니 본인의 소득을 일부 수강생에게 이전하는 셈이고요. 취업 후에는 취준생이었던 사람이 본인 소득의 일부를 강사에게 이전하는 셈입니다. 그렇게 해서 하나의 소득 공유 시스템을 만들었습니다."

사이트에는 항공취업, 디자인, 웹퍼블리셔, 그래픽, 마케팅 등 다양한 취업 교육이 올라와 있다. 대부분의 강좌가 조기 마감되며 인기 행진을 이어가고 있다.

Q | 다른 업체들이 따라서 후불제를 도입할 가능성이 있지 않을까요?

A | 다른 회사가 우리 시스템을 베껴도 상관없습니다. 오히려 시장이 커지는 기회가 될 수 있습니다. 저희는 선두주자로 정착하기만 하

면 됩니다. 그러면 커진 시장에서 더 큰 몫을 차지하게 되겠죠. 그리고 사실 우리 모델이 시장에 적용되는 것 자체에 재미를 느낍니다. 이런 재미가 있어야 지치지 않고 계속 달릴 수 있습니다. 잘하는 다른 경쟁사가 나타나면 우리 것 다 넘겨주고 다른 일을 하자는 생각까지 있어요. 저희는 후불제 자체에 대한 신념이 있습니다. 하나의 문화로 정착시키고 싶어요.

Q | 어떤 문화를 추구하는 건가요?

A | 후불제에 대한 편견이 있어요. 형편이 어려운 학생이 도움받는 시스템이 아니냐는 오해죠. 이런 인식 때문에 여러 업체가 후불제에 도전했다가 실패했습니다. 분명히 말씀드리지만 후불은 늦게 내는 것일 뿐, 결국은 정당한 대가를 지불한다는 점에서 선불과 다를 것이 없습니다. 선입견을 바꿔 저변을 확 넓히고 싶습니다. 배움의 새 지평이 열릴 거라고 확신합니다.

장윤석 대표는 창업 전 사회생활 경험이 있다. 현대중공업에 들어갔다가 곧 퇴사한 후 CJ ENM에서 PD를 거쳐 카이스트대학원까지 나왔다. 박준우 대표는 재학 중 군대를 다녀와 합류했다. 박 대표는 "제대하고 2년 정도는 공부보다는 다양한 경험을 해봐야겠다고 생각하던 차였다. 장 대표가 함께 사업해보자고 해서 어차피 놀기로(?) 한 거 그러자고 합류하게 됐다."라고 말했다.

둘은 처음에는 과외 중개 사이트로 시작했다. 선생님과 학생을 이어주고 수수료를 받는 것이다. "선생님 소개 영상을 제공하는 것으로 차별화했습니다. 교습 영상을 보고 맘에 드는 선생님을 고를 수 있도록 한 거죠." 하지만 그뿐이었다. "곧 과외 중개로는 큰 비전이 없다는 판단이 들어 계속 고민했습니다. 그때 갑자기 생각이 퍼뜩 드는 거예요. 사교육비 부담이 무척 크잖아요? 그렇다고 비용을 낮추면 서비스 질이 크게 저하돼요. 당장 부담을 줄이면서 서비스 질을 유지하는 방법이 없을까 하는 고민 끝에 눈을 돌린 게 후불제입니다."

1년 정도 개발 과정을 거쳐 2017년 서비스를 시작했다. 선생님 풀은 기존에 운영하던 과외 중개 사이트에서 가져왔다. "사이트에 등록된 선생님들께 물었죠. 과외비를 늦게 받게 될 텐데 우리와 함께하겠느냐. 40%가 괜찮다고 했어요. 이후 뜻 맞는 사람들이 더 모이면서 선생님 풀이 1,500명으로 늘었습니다." 이후 사업모델은 과외를 거쳐 후불제 취업교육으로까지 진화했다. 97%의 상환율을 보이며 사업성을 증명하고 있다.

Q | 사업 시작 전에 해봤으면 좋았겠다는 경험이 있나요?

A | 풍부한 해외 경험이요. 굳이 어학연수가 아니더라도 세계여행이라도요. 사업을 해보니 다른 나라의 동향이 무척 중요하다는 걸 뒤늦게 알게 됐어요. 외국을 잘 알면 사업에 대한 힌트를 얻을 수 있고, 해외 진출 발판도 확보할 수 있어요. 지금이라도 글로벌 감각을 키우기 위해 많은 노력을 하고 있습니다. 사업을 하려는 분이라면 꼭 명심하세요.

CCTV로 당신의 모든 행동을 추적합니다

메이아이, 박준혁 대표

CCTV 영상 분석해 데이터 가공
행사 업체 하다가 시스템 개발한 대학생

'나는 최적의 타이밍에 창업했다'고 말하는 창업가는 드물다. 청년 창업가는 '일렀다' 하고, 중장년 창업가는 '늦었다' 한다. 아직 대학원생. 20대에 세 번째 사업자등록증을 받은 청년이 있다. '메이아이' 박준혁 대표 이야기다.

| 영상으로 고객 분석해 마케팅에 활용 |

메이아이는 영상 기반 '마케팅 솔루션' 기업이다. 오프라인 매장이나 행사장의 CCTV를 분석해 마케팅에 쓸 수 있는 정보를 제공한다.

의류 매장이라면 CCTV를 통해 손님이 매장에 들어와서 나가기까지의 모든 것을 분석한다. 성별·연령 등 기본적인 특성부터, 어떤 코너에서 어떤 행동을 했는지 동작 분석도 한다. 분석 결과는 데이터로

메이아이의 영상 분석 시스템 화면

쌓인다. 이를테면 '남녀 고객이 각각 어떤 매대에서 어떤 옷을 주로 눈여겨봤는지' 같은 데이터로 정리되는 것이다. 하루에 노란 스웨터를 13명이 입어봤고, 빨간 티셔츠는 5명이 입어봤다는 식의 정보다. 이런 분석 결과가 많이 쌓일수록 데이터가 풍성해진다.

사람이 화면을 보고 일일이 정리하는 게 아니다. 머신러닝을 통해 시스템이 알아서 한다. 영상 시스템이 자동으로 사람을 인식해 분석까지 하는 것은 쉬운 기술이 아니다. 마네킹, 나무, 표지판 등 '머리-몸통' 구조로 된 것을 사람과 헷갈리는 경우가 많기 때문이다. 메이아이는 '자세 추정 알고리즘'이란 것을 통해 이러한 문제를 해결했다. 사람에게만 있는 17개의 관절 포인트를 통해 사람과 사람이 아닌 것을 구분해 사람의 움직임만 추적하는 것이다.

기존의 고객 분석 툴(tool)과 비교하면 진일보한 것이다. 예를 들어 기존의 분석 툴은 신용카드 결제 정보를 통해 무엇이 제일 많이 팔렸는지 정도만 알 수 있다. 매장에 오래 머물면서 끝까지 구매를 고민하다 간 사람과, 그냥 휙 둘러보고 간 사람의 차이를 알 수 없는 것이다. 이것저것 입어보면서 스웨터를 구매한 사람과, 스웨터 코너로 직진해 바로 들고 간 사람도 구분할 수 없다. 이런 차이를 알고 싶다면 설문조사를 해야 하는데, 고객들을 일일이 붙잡고 묻기란 보통 쉬운 일이 아니다.

와이파이를 통한 분석 시스템과 고객 휴대폰을 연계하는 방법이 있긴 하다. 하지만 이 역시 영상 분석보다 효과가 떨어진다.

Q | 와이파이 시스템은 왜 효과가 떨어지나요?

A | 와이파이 시스템은 고객이 휴대폰 와이파이를 켜두고 있어야 유효한데, 와이파이를 항상 켜놓는 사람은 2명 중 1명에 불과합니다. 고객의 절반밖에 분석하지 못하죠. 그나마 분석 가능한 절반도 와이파이 시스템으로는 업장 내 동선 정보만 알 수 있습니다. 매장에 들어와 어디를 거쳐갔는지 정도만 알 수 있죠. 심층 분석을 하는 데 한계가 많습니다.

반면 영상은 모든 사람을 보다 자세히 보여줍니다. 손님의 특성부터 동선은 물론, 시선을 어디에 두는지까지 알 수 있습니다. 의류 매장의 경우 손님 하나하나가 어떤 매대에서 어떤 옷을 집어들었고, 또 어떤 옷을 입어봤는지 파악해 복합적인 정보를 뽑을 수 있는 거죠. 비용 측면에서도 유리합니다. 와이파이를 캐치하려면 별도의 장비가 필요한데, 우리는 기존 업장 CCTV 시스템에 프로그램만 깔면 됩니다.

Q | 분석 정보는 어떻게 활용할 수 있나요?

A | 영상에서 추출된 정보는 클라이언트에게 유의미한 인사이트를 제공합니다. 예를 들어 손님이 가장 많이 찾는 매대가 탈의실과 멀다면, 해당 매대를 탈의실 옆으로 옮기라는 등 매장 구조 변경을 조언할 수 있고요. 소비자들이 관심을 많이 보였지만 실제 구매로 이어지지 않는 상품이 있다면, 가격을 조금만 내리면 판매가 잘 이뤄질 것이란 조언을 할 수 있습니다. 관심도를 구매율로 전환할 수 있는 조언을 해주는 거죠.

행사장 운영에도 도움이 된다. 행사장을 오가는 사람의 동작을 분석해서 운영 데이터로 활용하는 것이다. "보통은 행사장을 둘러보고 나가는 사람에게 기념품을 주면서 설문조사를 하는 수준의 분석만 하는 경우가 많습니다. 그러나 저희 동작인식 시스템을 활용하면, 박람회장에 어떤 사람이 얼마나 들어와 어느 부스를 제일 많이 들렀는지 손쉽게 알 수 있습니다. 또 부스마다 얼마나 오래 머물면서 어떤 상품이나 서비스에 관심을 가졌는지도 분석할 수 있습니다. 이런 데이터는 무척 유용합니다. 어떤 부스를 얼마나 늘리고 줄일지, 운영 방식을 어떻게 바꿀지 체계적으로 결정하는 데 활용할 수 있거든요. 또 성별, 연령 등으로 데이터를 정리해 집단별 만족도 차이도 파악해볼 수 있습니다."

Q | 앞으로의 계획은 뭔가요?

A | 온라인 시대라고 하지만 오프라인 매장의 가치는 여전합니다. 모

든 생활을 집 안에서만 할 수는 없으니까요. 다만 효율성이 중요합니다. 오프라인 매장 운영의 효율성을 높여주는 기술이 각광받을 것이라고 전망합니다. 저희가 대표적이죠. 의류·요식 등 전국 영업망을 갖춘 유통기업과 대기업 프랜차이즈를 공략할 계획입니다.

| 꼬리에 꼬리를 무는 창업 아이디어 |

어려서는 과학자가 꿈이었다. 공부도 잘했다. 그런데 고3 수능시험을 마치고 다른 생각이 들었다. "학과를 선택하면서 '내가 앞으로 잘할 수 있는 일이 뭘까' 고민하니, 공부가 아니라 고교 때 동아리 활동을 했던 게 떠오르더라고요. 친구들과 프로젝트 진행한 추억 같은 거요. '여러 사람과 어울려 새로운 일을 하는 게 좋겠다. 그래, 창업이다.' 결심했죠." 창업에 잘 맞는 학과를 고민하다 연세대 컴퓨터공학과에 진학했다.

지체하지 않았다. 입학하자마자 같은 1학년을 대상으로 창업동아리를 만들었다. 기존 동아리에 가입한 게 아니라 스스로 만든 것이다. "관심사가 비슷한 친구끼리 모이고 싶었어요." 동아리원들과 문서공유 기능이 있는 업무용 애플리케이션 개발 등을 진행했다. 글로벌 K-스타트업 지원 사업에 선정되는 등 나름 성과가 있었다. "사업화까지 가지는 못했지만 많은 경험이 됐어요. 창업에 성공하려면 다양한 분야에서 많은 준비가 돼 있어야 한다는 사실을 몸소 깨닫는 계기도 됐고요."

동아리 경험을 바탕으로 본격적인 창업에 뛰어들었다. 청년창업가에게 창업 정보를 제공하는 비영리단체를 열어 생애 첫 사업자등록증을 받았다. 정보 공유를 활성화하기 위해 창업 행사를 열기로 했다. 맨땅에 헤딩이었다. 기획, 운영 등 모든 일을 박 대표 스스로 했고, 기업들을 무작정 찾아가 스폰서를 요청했다. "참여자들에게 돈을 받기 어려우니, 유관 기업을 찾아가 행사 취지를 설명하고 스폰서를 부탁했어요. 구글캠퍼스서울, 마이크로소프트, 연세대학교 등이 도움을 주셨어요." 그래도 돈이 모자라 사비가 꽤 들어갔다. 행사 인력은 대학생을 대상으로 디렉터를 모집해 충당했다. '대학생 창업 콘퍼런스'라는 그럴듯한 이름을 붙여 2016년 5월 첫 행사를 열었다.

반신반의했는데 나름 호응이 컸다. 생각보다 많은 사람들이 찾아왔다. 자신감이 붙어서 행사를 정례화하기 시작했다. 경험이 쌓이자 외주 행사 요청도 들어왔다. 사무실 운영비와 활동비 등 각종 비용을 충당할 수 있을 정도의 돈을 벌었다. 2018년 3월 비영리단체를 주식회사로 전환했다. 회사 이름은 '바이러스 네트워크'로 정했다. 그렇게 두 번째 사업자등록증을 받았다. 새벽까지 일하고 잠깐 눈 붙이고 학교 가는 생활을 반복하며 혼을 태웠다.

Q | 수익이 많이 나던가요?

A | 아뇨. 운영비는 어찌어찌 충당했지만 이익을 내지는 못했습니다. 처음부터 소셜벤처를 지향한 터라 경비가 모이는 대로 남기지 않고 모조리 운영비로 썼거든요.

Q | 현재 사업모델은 행사를 개최하면서 떠올린 건가요?

A | 행사를 수차례 개최하면서 효율성을 고민했습니다. '방문객 정보를 간편하게 분석할 수 있으면 좋겠다.' 고민하다 영상 분석 솔루션을 개발하게 된 거예요. '바이러스 네트워크' 코파운더 4명 중 3명이 합류해서 함께 만들었습니다.

그렇게 '메이아이'를 창업하면서 세 번째 사업자등록증을 받았다. 분위기가 좋다. 창업경진대회 수상, 디캠프 입주 등 자랑할 만한 실적이 쌓이고 있다.

Q | 스스로 부족하다고 느끼는 점은 뭔가요?

A | 경험의 문제가 제일 큽니다. 세상에 의미 없는 경험은 없는 것 같아요. 뭐라도 도움이 됩니다. 여러 경험이 모여 노하우가 생기니까요. 그런 경험이 부족하다는 생각을 자주 합니다. 앞으로 뭐라도 다 해볼 생각입니다. 하고 싶은 게 생기면 주저 없이 해보려고요.

Q | 앞으로의 목표는 뭔가요?

A | 목표는 딱 하나입니다. 직원들이 지금 하는 일 자체를 사랑할 수 있는 회사를 만들고 싶습니다.

내가 가진 재능으로 돈 번다, 직장인 2만 명에게 투잡 준 20대

탈잉, 김윤환 대표

누구나 강사가 될 수 있다
4수해서 들어간 고려대도 포기

'남는 시간에 돈 벌거나 공부하면서 만남도 갖자.'

김윤환 대표가 창업한 '탈잉'은 주 52시간 근무제를 맞아 급성장하고 있는 스타트업이다. 4년 전 대학의 한 수업에서 냈던 아이디어로 시작해, 지금은 회원 40만 명을 보유한 플랫폼으로 성장했다.

| 누구나 강좌 개설 가능 |

탈잉, '잉여시간에서 탈출하자'는 뜻을 담고 있다. 이름만으로 모든 것이 설명된다. 남는 시간을 활용해서 일반인도 강의로 돈을 벌거나, 원하는 강의를 들을 수 있도록 연결해준다.

아무나 강좌를 개설할 수 있다. 엑셀을 잘 다루는 직장인이 엑셀 사용법 강좌를 올리는 식이다. 2만여 명이 강사로 등록했으며 한 달

평균 3천 개의 강좌가 운영되고 있다. "전문 강사도 계시지만, 남는 시간에 수업을 여는 직장인이나 대학생 강사가 더 많습니다."

강사들은 본인 어필을 위해 소개 글을 올릴 수 있다. 이를 보고 마음에 드는 강사가 있으면 수업료를 내고 들으면 된다. 강의를 듣기 위해 등록한 회원이 40만 명을 넘어섰다. 80%가 직장인이고 나머지가 취준생이나 대학생이다. 수업을 진행하는 강사이면서, 동시에 다른 강좌의 수업을 듣는 학생인 경우도 많다.

수업은 강사가 공지한 시간에 온·오프라인으로 진행된다. 오프라인 강의는 강사가 지정한 장소에서 평일 저녁 시간대에 주로 열린다. 수업 과정이 여러 가지다. 하루짜리 수업도 있고 5회, 10회로 나누어 듣는 시리즈 수업도 있다.

분야도 다양하다. 액티비티나 심리학 등을 다루는 취미·교양 강좌도 있고, 소맥(소주+맥주 혼합주) 만드는 법이나 연애 잘하는 법 같은 이색 강좌도 있다. 분야를 따지면 200개가 넘고, 그중 사람들이 많이 찾는 분야는 30여 개 정도 된다.

Q | 가장 인기 있는 분야가 뭔가요?

A | 각종 도구 활용법 강좌가 가장 인기가 많습니다. 영상 편집 툴, 엑셀, PPT 같은 것들이요. 활용성이 높으면서 짧은 시간에 배울 수 있는 강좌입니다. 뷰티도 인기 분야입니다. 메이크업, 헤어, 피부 관리, 피트니스 같은 것들이죠. 최신 트렌드를 찾는 관련 업계 종사자나 개인적으로 관심 있어 하는 분들이 꾸준히 강의를 들으세요.

Q| 새로 인기를 얻고 있는 분야가 있나요?

A| 재테크요. 주식, 부동산 같은 전통적인 재테크 강좌뿐 아니라 '투잡' 강좌도 부쩍 늘고 있습니다. 주 52시간 근무제가 본격 시행되면서 시간은 남는데 소득이 줄어서 고민인 분들이 많습니다. 에어비앤비, 역직구 등을 활용해 부수입을 올리는 방법 같은 강좌들이 인기를 끌고 있습니다. 인기 강좌를 보면 최신 트렌드가 나옵니다. 서점에서 잘 팔리는 책을 보면 요즘 경향을 알 수 있는 것처럼, 저희 강좌의 트렌드를 보시면 사람들의 관심사가 어떻게 변화하는지 알 수 있습니다.

수업료 책정은 강사 재량인데, 평균 10만 원 내외 수준이다. "1만 원도 안 되는 수업부터 90만 원 넘는 고액 강좌까지 다양합니다. 강의료가 과하다 싶으면 저희가 '그 가격이면 학생을 유치하기 어렵다'는 식으로 가이드를 드립니다. 그래서 평균 10만 원 정도 됩니다." 탈잉은 이 수업료의 20%를 수수료로 받아 수익을 내고 있다.

| 연 수입 1억 원 넘는 강사도 출현 |

스스로 강의를 해봐야 사용자의 니즈를 알 수 있다는 게 김 대표 지론이다. 그래서 탈잉 직원 대부분이 강좌를 직접 운영하고 있다. 개발자는 코딩, 재무 담당자는 주식, 영상 담당자는 영상, 디자이너는 디자인 강좌를 하는 식이다. 김윤환 대표는 개인 취미를 살려 피트니스 강좌를 하다가, 요즘은 마케팅 강좌를 열고 있다. 한 달에 한 번 정도 수업한다. "스타트업을 경영하면서 깨달은 것들을 전해드립니다. 이 곳저곳 깨지면서 체득한 노하우와 인사이트 같은 것들이죠. 한 번 수업할 때마다 열 분 정도 들으시는데요. 지금까지 총 150명 정도 들으신 것 같습니다. 스타트업 종사자들이 많고요. 대기업 마케팅 담당자도 계십니다. 제 개인적인 수입도 수입이지만, 회사 운영에 도움이 됩니다. 강의를 하면서 그간 경영자로서 쌓아온 것들을 정리하는 시간을 갖거든요."

Q | 강사를 돕는 시스템이 있나요?

A | MD(머천다이저) 직원을 별도로 두고 있습니다. 조금만 다듬어주면 인기 강사가 될 수 있는 분들이 많습니다. 그 가능성을 발현할 수 있도록 포인트를 짚어주고 강의 가이드를 해드립니다.

Q | 어떤 가이드를 해주죠?

A | 강사마다 포인트가 다릅니다. 잘 가르치는 분, 많이 아는 분, 스펙이 좋은 분, 스토리가 있는 분, 본인을 잘 드러내는 분, 외모가 뛰어나신 분 등등 다양하죠. 저마다 가진 '엣지'를 짚어 마케팅 포인트로 활용할 수 있도록 도와드립니다. 누가 봐도 스타성이 있는 매력적인 분은 사이트 내에서 더욱 부각될 수 있게 도와드립니다. 홍보 영상을 만들어 올리는 식이죠. 어떻게 보면 매니지먼트 역할도 일부 하는 셈입니다. 반대로 뚜렷한 장점이 없는 분은 가성비 같은 걸로 승부하라고 조언해드립니다. 길게는 한 번에 3시간 넘는 강

의를 하려면 내용이 잘 정리돼 있어야 하는데요. 그런 정리도 도와 드립니다.

스타 강사도 나타나고 있다. "강의만으로 연 수입이 1억 원을 넘어 선 분이 계시고요. 입소문이 나면서 매스컴에 출연한 분이나 강의를 통해 얻은 인기로 유튜버가 되신 분도 있습니다. 1인 기업이 되신 분들이죠." 안정적으로 부수입을 올리는 직장인도 많다. 추세가 괜찮다. 월 150만 원 이상의 수입을 올리는 강사가 수백 명에 이른다.

Q | 확장 전략이 있나요?

A | 서울 강남권역, 20~30대 직장인 중심으로 강의가 이뤄지고 있는 데요. 광역시 등으로 지역을 넓히고 40~50대 이상 고객도 늘려갈 계획입니다. 그리고 3년 내에 주력 강좌 카테고리도 넓혀 등록 강사 수를 20만 명까지 늘리는 게 목표입니다.

Q | 온라인 강의 확장 계획은요?

A | 온라인은 이제 시작 단계인데 서서히 활성화되고 있습니다. 온라인을 활성화하면 오프라인 강의 부담을 줄일 수 있습니다. 온라인 시장에서 새 지평을 열고 싶습니다. 어떤 강의에 수요가 있는지 감이 와요. 그런 분야를 시작으로 영역을 넓혀가야죠. 온라인 강의는 글로벌 진출의 발판이 될 겁니다. 온라인에는 국경이 없잖아요. 코리안 뷰티, 댄스 같은 강의를 육성하면 해외 한류팬이 많이 찾을 것으로 예상합니다.

4수를 했다. 중간에 군대까지 다녀와 20대 중반에 고려대 정치외교학과에 들어갔다. 남보다 늦은 출발에 자신만의 엣지를 빨리 찾아야겠다는 생각이 들었다. "학교에서 여러 가지 실험과 경험을 해보며 잘할 수 있는 것을 찾기로 했어요. 어떻게 보면 학교도 하나의 사회잖아요. 학교에서 증명된 흥미와 경쟁력이라면 진짜 사회에서도 통할 거라 생각했습니다."

공부는 아니라고 생각했다. "시험에서 곧잘 A를 받았어요. 그런데 남들과 똑같이 노력해야 했어요. 그러면 남보다 잘하는 게 아니잖아요." 학내 활동은 달랐다. 총학생회 활동을 하면서 맡은 각종 행사 기획에서 두드러진 성과를 보였다. "근육 자랑 일색이던 '미스터 고대' 행사를 '건강하게 사는 사람들' 콘셉트로 바꿔 청중 참여형의 친근한 행사로 만들었더니 대박이 났어요. 제 발상과 기획력, 실행력에 강점이 있다는 걸 깨달은 계기가 됐습니다. 아이디어를 기반으로 참여를 이끌어내는 일이나 후원 유치도 잘하더라고요. 사업이 체질이란 생각이 들었습니다."

2015년 3학년이 되어 본격적으로 창업에 관심을 갖기 시작했다. 경영대 수업인 '벤처경영' 실무 강의를 들었다. 이곳에서 코파운더인 김영경 CPO를 만나 수업 중 과제로 탈잉의 기본 아이디어를 함께 제출했다. "전문가까진 아니더라도 특정 분야에 재능이 있는 학생과 이를 배우고 싶어 하는 학생을 연결하는 플랫폼이에요. 고려대가 상대적으로 외진 곳에 있어서 학원에 가기가 쉽지 않지만, 배우고 싶은 니

탈잉 김윤환 대표

즈는 넘치죠. 공강 시간을 활용해 디자인과 학생에게서 포토샵을 배우고, 중문과 학생에게서 중국어 회화를 배우는 식의 연결 플랫폼을 만들어보겠다고 제출했습니다. 교수님뿐 아니라 같이 수업을 듣는 다른 학생들의 반응도 좋더라고요. 실제로 운영해보기로 했습니다."

적당히 하기는 싫었다. 김윤환 대표와 김영경 CPO가 함께 본격적인 프로젝트로 출범시켰다. 페이스북에 페이지를 개설해 모집과 연결을 중개했다. '탈잉'이라는 이름도 이때 지었다. 한 학기 동안 고려대 내에서 100건의 개인 강좌가 연결되면서 적지만 수익이 생겼다. 되겠다는 확신이 들었다. 그 길로 휴학을 하고 본격적으로 사업을 시작했다. "친구 2명이 더 합류해 아예 집을 합쳤어요. 합숙하며 사업을 한 거죠."

고려대를 넘어 서울대 등 다른 대학으로 회원 모집을 확장했다. 반응이 괜찮았다. 그러다 의외의 고객군이 나오기 시작했다. "대학생을 위주로 영업하고 마케팅을 하는데도, 직장인 강사와 수강생이 전체 회원의 30%를 차지하는 거예요. 무척 괜찮은 고객이었죠. 대학생들은 주머니가 넉넉지 않아 환불 문의가 많은데요. 직장인들은 그런 경우가 거의 없었거든요. 또 대학생들은 고민하고 고민해 겨우 강의 하나를 고르는 데 비해 직장인은 쿨하게 여러 강의를 신청했어요. 한 번에 2~3개씩이요. 강의를 고를 때도 가성비를 따지지 않고 비싸도 좋은 강의를 찾았어요. '매력적인 강사만 많이 확보할 수 있다면 직장인에 집중하는 게 돈이 되겠구나' 판단이 들었죠."

2017년 직장인에 특화하기 시작했다. 오피스 일대 홍보를 강화하고, 직장인이 관심 가질 만한 강의를 집중적으로 늘렸다. 이후 본격적으로 성장했고, 지금은 수강생 중 직장인 비중이 80%에 이른다.

사람이 계속 모이면서 커뮤니티 플랫폼으로 발전하고 있다. "수업마다 강사가 구심점이 돼서 같은 수업을 듣는 사람들끼리 네트워크가 형성되고 있어요. 예를 들어 제 수업은 단체 채팅방에서 수강생들끼리 서로 마케팅 책을 추천하고 트렌드를 공유하고 있어요. 지식 정보를 공유하는 플랫폼으로 커나가는 거죠."

강사 커뮤니티도 있다. 분야별로 모여서 정보를 공유하고 모임을 갖는 것이다. '나도 좀 하는데 저 사람도 잘하네? 한 번 만나보자.' 하는 식으로 모임이 이뤄지고 있다.

Q | 어떤 기업을 지향하나요?

A | 플랫폼이 스스로 다양한 형태로 진화하고 있습니다. 학생 중심에서 직장인 중심으로 진화한 것도 플랫폼 자체의 힘이었습니다. 처음엔 생각지도 못한 방향성이 저절로 나오는 거죠. 이를테면 재능 있는 사람들이 강의를 통해 평판을 쌓으면서 재능을 검증받는 창구 역할을 할 수 있고요. 대기업이 분야별로 필요한 사람을 찾을 수 있는 채용 플랫폼 역할도 하고 있습니다. 좋은 마케팅 강의를 하고 있는 사람을 마케터로 선발하는 식이죠. 진화를 계속 추구해야 합니다. 궁극적으로는 모든 재능을 다루는 포털이 되고 싶습니다.

| 자기 개조 능력이 중요 |

사업에 집중하느라 휴학 후 복학하지 못했다. 3년간 휴학할 수 있는 '창업 휴학 제도'를 활용해 아직 시한이 남아 있지만, 복학할 엄두를 내지 못하고 있다. "정말 어렵게 들어간 대학이지만 졸업하진 못할 것 같아요. 아쉬워도 할 수 없습니다. 사업이 우선이니까요."

Q | 다른 창업자들이 참고할 만한 본인만의 경쟁력은 뭔가요?

A | 자기 개조를 잘합니다. 기업도 사람 같은 성장 단계가 있는데요. 사람이 초등학생, 중학생, 고등학생, 대학생 식으로 커나가는 것처럼, 기업도 점프업(jump up) 하는 시기가 있습니다. 그럴 때마다 리더에게 요구되는 능력이 바뀌는데요. 이때 리더가 제대로 대처하

지 못하면 기업이 정체되고 힘들어지는 것 같아요. 저는 그에 맞춰 개조를 잘하는 것 같습니다. 실행력과 센스가 있는 거죠.

육체적으로나 정신적으로 스태미너도 중요합니다. 예를 들어 한 달 걸려 준비한 PT가 5분 만에 혹평으로 돌아오면 '멘붕'이 올 수밖에 없는데요. 저는 그냥 '아니면 말고' 합니다. 웬만해선 개의치 않죠. 스스로를 객관화하는 노력도 많이 합니다. 부족한 게 발견되면 외부에서 리소스를 끌어와 해결하면 됩니다. 이때도 실행력이 있어야 합니다. 페이스북 같은 데서 좋은 사람을 찾아서, 무작정 만나자고 설득해서 데려오는 거죠.

Q | 부족하다고 느끼는 점이 있나요?

A | 아무래도 경영 실무에 부족한 부분이 많습니다. 창업 초기엔 더 심했습니다. 그 흔한 PPT나 엑셀도 제대로 못했으니까요. 그런 걸 하나하나 배우면서 일해야 하니 힘들었습니다. 좀 더 준비하고 시작하면 좋지 않았을까 생각합니다. 그래도 후회는 없습니다. 짧은 기간 동안 압축적으로 배웠으니까요.

사실 그보단 어느 하나에만 집중하다 보면 주변을 잘 챙기지 못하게 되는 게 아쉽습니다. 제 생각만 밀어붙이면서 다른 직원의 감정을 돌보지 못하는 일도 있었습니다. 혼자 하는 게 아니고 같이 하는 일이기 때문에 독불장군 식으로 하면 안 되는 것 같습니다. 극복해야 할 문제입니다. 제 노력으로도 안 되면 잘 아우를 수 있는 분을 모시거나 다른 임원에게 역할을 부여할 계획입니다.

불면증 엄마 위해
졸업장도 포기하고 만든 침대

몽가타, 정태현 대표

미세한 진동과 움직임으로 심박수 떨어뜨려 수면 케어
불면증 겪는 어머니를 위한 성인용 요람

가족이 고통을 겪고 있는 걸 보면 뭐라도 도움을 주고 싶다. '몽가타'
정태현 대표는 불면증으로 고생하는 어머니를 위해 '바운서' 침대를
만들었다. 침대 개발을 위해 다니던 대학도 포기했다.

| 어른을 위한 요람 |

불면증의 가장 큰 원인 중 하나는 잠자리에 들 때 심장박동수가 제대
로 떨어지지 않는 것이다. 깨어 있을 때보다 심박수가 낮아져야 깊은
잠을 잘 수 있는데, 심박수가 떨어지지 않으면 몸의 각성 상태가 유
지되어 잠을 이루지 못하는 것이다.

　이럴 때 자연스레 잠들 수 있는 방법은 몸을 천천히 좌우로 흔들어
주는 것이다. 가벼운 움직임이 몸을 편안하게 해주면서 심박수가 낮

아지게 된다. 이때 몸속 전정기관이 약한 어지러움을 느끼는데, 이 역시 수면을 돕는다. 차를 타면 졸음이 오는 이유도 같다. 이 원리들을 활용한 게 아기 요람이다. 요람을 좌우로 천천히 흔들어주면 아기를 금세 재울 수 있다. 그런데 커다란 성인 침대는 '걸리버'가 도와주는 게 아니라면 흔들 수 있는 방법이 없다.

'몽가타 바운서'는 모터로 거인의 손을 대신했다. 침대에 내장된 모터가 '좌우 왕복 모션'과 '저주파수 수면 진동'의 효과를 내는 것이다. 꼭 보이지 않는 손이 흔들어주는 요람 같다. 침대 하단부에서 은은한 조명이 나와서, 달빛을 받으며 자는 듯한 기분도 낼 수 있다. 머리와 다리 부분을 세워주는 모션 기능도 있다. 애플리케이션으로 연동해 전날의 수면 데이터를 확인하고, 그날의 움직임을 추천받을 수 있다.

연세대 의대 임상실험 결과 몽가타의 침대를 사용할 경우 8시간 수면을 기준으로 수면 시간이 53분 늘어나는 것으로 검증되었다. 일반 침대에서 잘 때보다 12% 늘어난 수치다. 수면 효율도 높아진다. 가장 깊은 단계의 수면 시간이 최대 10배 늘어나는 것으로 검증되었다. 더 빠르게 잠들면서 깊게 오래 잘 수 있는 것이다. "침대는 자는 곳이 아니라 재워주는 곳이 돼야 한다는 생각으로 개발했습니다. 수면 장애를 치료의 영역이 아닌, 케어의 영역으로 접근하고 있습니다."

| 무작정 가구공장 찾아 침대 제작법 배워 |

정태현 대표는 연세대 원주캠퍼스에서 국제관계와 벤처경영을 전공했다. '꼭 창업을 해야지' 생각한 적은 없다. 다만 주변 사람들의 '불면'이 늘 고민이었다. "어머니, 이모 등 많은 식구가 불면에 시달렸어요. 불면증은 자주 우울증을 동반합니다. 잠을 못 자 우울하기도, 우울해서 잠을 못 자기도 하죠. 그래서 불면증과 우울증은 동전의 양면과 같습니다. 불면은 겪지 않은 사람은 알 수 없는 정말 큰 고통입니다. 어떻게 하면 가족들의 고통을 줄일 수 있을까 고민하고 또 고민했습니다."

팬찮은 처방을 찾다가 스위스 제네바대학교의 한 논문을 보게 되었다. 불면증은 40~50대 여성이나 산모들에게 많이 나타난다고 한다. "산후나 갱년기가 되면 호르몬에 변화가 오면서, 잠자리에 누워도 심박수가 잘 낮아지지 않으면서 불면증이 온다더군요. 그러면 신체가 수면할 준비가 되지 않아 잠들기 어렵죠." 이럴 때 연속적인 움직임과 진동이 있으면 수면에 도움이 된다는 게 논문의 내용이었다.

움직임과 진동을 내는 침대가 있으면 좋겠다는 생각이 들었다. 이왕이면 불면증에 시달리는 모든 사람에게 도움이 되고 싶다는 바람도 생겼다. 대학 3학년이던 2014년 사업화를 결심하고 창업에 뛰어들었다.

지도교수가 아이디어를 좋게 봐줬다. 원주캠퍼스에서 서울 신촌캠퍼스로 소속도 옮겼다. "아이디어를 발전시키려면 서울로 가는 게 좋겠다면서 교수님이 적극적으로 도와주셨어요. 원주캠퍼스 학생이면 누구나 원하는 일이었죠."

신촌으로 와서 창업동아리 가입부터 했다. 디자인 전공의 친구와 기계공학 전공의 선배가 코파운더로 합류했다. 아이디어를 구체화하

몽가타 바운서 침대

면서 이곳저곳에 줄줄이 창업계획서를 낸 끝에, 학교 지원 프로그램에 선정되어 500만 원의 시제품 제작비용을 지원받았다. 고대하던 제품화의 길이 열린 것이다.

다만 제품을 만들어줄 곳을 찾기 어려웠다. "당시만 해도 움직이는 침대에 대한 개념이 없다시피 했습니다. 설명을 해도 무슨 말인지 이해조차 하지 못했죠. 시제품 제작 의뢰를 번번이 퇴짜 맞았습니다. 복잡해서 싫다더군요."

무작정 경기도 남양주 가구공단에 있는 한 가구공장을 찾아갔다. 직원으로 써달라고 조른 끝에 나무 깎는 법 등 기초적인 침대 제작법을 배웠다. "일을 배우면서 허드렛일도 많이 했는데요. 사장님께 월급을 안 받을 테니 대신 시제품 제작을 도와달라고 했습니다." 정 대표가 만든 기초 설계도를 정식 프로그램을 통해 보완한 뒤, 설계도를 토대로 침대에 모터를 연결해서 시제품을 만들어주셨다.

Q | 어떻던가요?

A | 깜짝 놀랐습니다. 침대를 이리저리 밀어주는 모터의 소리가 말도

안 되게 컸거든요. 모터를 숨길 데가 없어서 그대로 노출해놨더니 보기에도 안 좋았습니다. 그래도 뭐 어쨌든 첫 번째 시제품은 나왔으니 첫발은 뗀 셈이었습니다.

| 연세대 교수들과 공동 개발·임상 실험 |

기술 개선이 시급했다. 연세대 기계공학과 교수들을 일일이 찾아다니며 부탁했다. 학교 행정실을 통해 로보공학연구실 교수도 소개받았다. "교수님과 산학연 R&D 사업을 할 수 있게 됐습니다. 정말 좋은 기회를 얻은 거죠." 그 사이 정부가 하는 '창업선도대학' 프로그램에도 합격했다.

그럴싸한 시제품이 나왔다. 마지막 임상실험 관문이 남았다. 우연히 좋은 기회가 찾아왔다. "예비군 훈련 가서 옆 사람과 이런저런 얘기를 나누게 됐는데, 마침 그분이 세브란스병원 관계자더라고요. 그래서 제가 하는 일을 말했더니 '다음 주에 수면센터를 새로 개관하니 와보라'는 거예요. 그래서 진짜로 갔죠. 거기서 임상실험 기회를 얻게 됐습니다."

임상실험은 돈이 많이 든다. 정 대표는 2천만 원으로 모든 비용을 해결할 수 있었다. "임상실험 교수님들이 스타트업이라고 하니 기특하게 봐주셨어요. 감사하게도 교수님들이 초과 비용을 지원해주셨습니다."

임상실험을 거치면서 드디어 기능적으로 완벽해졌다는 생각이 들었다. "바로 영업을 나갔습니다. 한 산후조리원에 6대를 납품하는 데 성공했죠. 그런데 신후조리원에서 쓰기엔 소음과 진동이 너무 컸습니다. 시끄러운 공장에선 몰랐는데 조용한 곳에선 그 소리가 정말 크게 느껴졌습니다. 대부분의 산모가 바운스 기능은 꺼버리고 일반 침대로만 사용하더라고요. 제대로 된 제품을 팔지 못했다는 생각에 자책을 많이 했습니다."

| 소음 절반으로 줄인 완성품 개발 성공 |

영업을 중단하고 소음과 진동을 잡는 데 집중했다. 목표는 20dB이었다. 일상의 조용한 환경에서 들리는 생활 소음이 40dB 내외인데 그 절반으로 줄여야 했다. 일반 사람은 거의 못 느끼는 수준의 소음을 목표로 했다.

모터가 가장 중요했다. 시중에 나와 있는 어떤 모터도 원하는 수준까지 소음을 줄일 수 없었다. 결국 소음을 최소화한 모터를 자체 개발했다. 소음과 진동을 조절하는 드라이버(제어기) 성능도 향상시켰다. 그러자 목표로 한 소음 수준을 달성했고, 지금의 제품이 나왔다. 처음 아이디어를 낸 후로 4년 만이었다.

1단계부터 4단계까지 좌우 움직임을 조절할 수 있다. 1단계는 움직이는지도 모를 만큼 미세하게 움직이는 수준이다. 몽가타는 1단계를 권장한다. 아주 미세한 움직임만으로도 심박수를 떨어트리면서 깊은 잠을 잘 수 있다. 별도로 저주파 진동 기능을 넣어 근육 이완과 피로 회복 효과를 내도록 했다. 30분, 1시간, 7시간 등으로 타이머를 조절할 수도 있다. 잠들기만 어렵다면 30분으로 설정하면 되고, 잠에서 자주 깨는 사람이나 깊은 잠을 자고 싶은 사람은 7시간을 설정해 계속 움직이게 하면 된다.

Q | 불면증을 겪지 않는 배우자는 오히려 수면에 방해받지 않나요?

A | 잘 자는 사람에게도 도움이 됩니다. 침대의 움직임이 수면의 질을 높여주거든요. 원래보다 깊은 잠을 자는 거죠.

출시한 지 얼마 되지 않아 판매량 200개를 돌파했다. 고가의 가전·가구 시장에서 신생 업체치고 괜찮은 성과였다.

| 회사를 위해 연세대 졸업장 포기 |

원주에서 신촌으로 입성했으나 연세대 졸업장은 포기했다. 더 이상 휴학 처리가 되지 않아 2019년에 자퇴했다. "학위에 미련은 없습니다. 좋은 회사를 만드는 게 우선이니까요."

Q | 가장 큰 위기의 순간은 언제였나요?

A | 제품 개발을 함께하던 선배가 중간에 회사를 나갔을 때요. 창업하고 2년 정도 지난 때였는데 취업하겠다며 나갔어요. 개발에 큰 차질이 생겼죠. 그랬더니 자금에도 문제가 생기고 위기가 오더군요.

Q| 어떻게 극복했나요?

A| 운이 좋았습니다. 저희 열정만 보시고 롯데액셀러레이터와 신용보증기금에서 투자와 융자를 해주셨어요. 덕분에 지금까지 버텨올수 있었습니다.

Q| 대기업들이 다양한 모션베드를 내놓고 있는데 어떠신가요?

A| 모션베드가 널리 알려지고 경쟁자가 많이 나오는 게 좋습니다. 그래야 시장 자체가 커지니까요. 그 안에서 얼마나 경쟁력을 발휘할지는 제 몫입니다. 더욱 커지는 시장에서 경쟁력 있는 회사가 되고싶습니다.

| 본질에 집중하는 회사 |

Q| 다음 목표는 뭔가요?

A| 얼마 전 수면 상태를 측정하는 센서 개발을 완료했습니다. 침대가 실시간으로 고객의 수면 상태를 체크해 거기에 맞춰서 진동을 변화시키는 거죠. 예를 들어 자는 동안 코골이가 심해지면 센서가 이를 파악해서, 침대 상체 부분을 15~30도 올리는 식입니다. 그러면 기도가 열려서 코골이가 줄어들게 되죠. 함께 자는 사람이 코 고는 소리에 깨서 베개를 다시 베게 해주는 걸 센서가 대신하는 것입니다.

음성인식 AI와 연동도 할 계획이다. "재워줘."라고 명령하면 그날

몸 상태에 맞는 진동을 제공하는 식이다. 2021년까지 200억 원 매출을 올리는 게 목표다.

Q | 매출을 다각화할 계획이 있나요?

A | 수면 데이터 플랫폼을 만들고 있습니다. 고객들의 동의를 받아 각 침대를 저희 서버에 연결해서 수면 데이터를 자동으로 수집할 계획입니다. 이 데이터를 병원 연구소와 함께 분석해서, 수면과 관련한 종합 솔루션을 제공하는 포털을 만들고 싶습니다. 잠을 못 자는 이유는 여러 가지입니다. 각 유형별로 맞춤형 처방을 해주고 싶습니다. 수면을 돕는 베개, 잠옷 등을 맞춤형으로 공급하는 식이죠.

Q | 잠 외에는 생각하지 않는군요.

A | 제 가족들이 불면으로 고통을 겪었습니다. 수면의 질을 높이는 데 책임감과 사명감이 있습니다. 누군가 우울증으로 자살을 했다는 뉴스를 볼 때면 '내가 늦어서 이런 일이 계속 생기는 것 같다'는 자책감이 듭니다. 그분들이 잠이라도 푹 잤다면 우울증을 고칠 수 있었을 텐데…. 자책이 드는 거죠. 힘들어하시는 모든 분들께 뭐라도 도움이 되고 싶습니다. 세상 모든 사람들의 삶이 나아지게 하고 싶습니다.

Q | 창업을 생각하는 분들께 조언 부탁드립니다.

A | 급하면 안 됩니다. 본질이 가장 중요합니다. 좋은 모델이 있고 기술이 좋으면 투자나 마케팅 같은 건 저절로 됩니다. 본질에 집중하

지 못하면, 아무리 투자를 받겠다고 여기저기 뛰어다녀봐야 별 소득이 없습니다. 하나가 안 되면 둘도, 셋도 안 됩니다. 하나를 못 하면서 둘, 셋을 추구하면 안 됩니다. 실력으로 나를 증명하는 게 우선입니다. 하나가 되면 둘, 셋은 안달하지 않아도 알아서 연쇄적으로 이뤄집니다. 투자받으러 다니지 않아도 먼저 연락이 오는 거죠. 그 하나에 계속 집중하는 회사가 돼야 합니다.

한국은 너무 좁다,
글로벌 1위를 꿈꾸며

미국 박사가 향기를
배달해드립니다

피움랩스, 김재연 대표

애플리케이션과 AI스피커로 작동하는 스마트 디퓨저
미국 본사 통해 글로벌 1위를 꿈꾼다

공대 출신의 기술 창업자는 제품 개발에만 신경 쓸 것 같다. 그러나 알고 보면 마케팅에서 홍보까지 완벽하게 해내는 전천후 능력자가 많다. 향기에 빠져 세계 최초로 향기 내는 기계를 내놓은 '피움랩스' 김재연 대표가 그렇다.

| 스스로 향 내는 스마트 디퓨저 |

피움랩스는 '스마트 디퓨저'를 생산하는 기업이다. 본체 역할을 하는 디바이스에 향기 캡슐 3개를 끼워 작동시킨다. 프린터에 잉크를 끼워 사용하는 것과 비슷하다. 제품 이름은 '피움'.

디바이스 본체는 아무런 버튼 없이 매끈하다. 대신 디바이스에 AI 스피커나 스마트폰 애플리케이션을 연동해 전원, 알람 등 모든 기능

피움랩스의 스마트 디퓨저 '피움'

을 작동시킨다. "집에 들어가기 전 애플리케이션으로 기기를 미리 작동시켜, 집 안을 좋은 향기로 채워놓는 것이 가능합니다."

3개의 캡슐로 구성된 디퓨저는 각각 아침, 오후, 저녁이 콘셉트다. 아침은 레몬 등 시트러스 계열로 잠을 깨우는 상큼한 분위기를 만들고, 오후는 리프레시를 위한 허브·민트 계열로, 저녁은 릴렉스할 수 있는 라벤더 계열로 구성했다. 한 원액 전문 업체로부터 OEM(주문자가 요구한 대로 제작하는 위탁 생산) 납품을 받고 있다. 소비자 선호도를 조사해서 지속적으로 원액 라인업을 늘리고 있다.

아침, 오후, 저녁 각각 원하는 시간에 맞는 향을 내도록 설정하면, 휴대폰 알람처럼 자동으로 향을 낸다. "우리가 권장하는 대로 할 필요는 없습니다. 휴대폰 알람을 아무 시간이나 아무 음악으로 설정할 수 있는 것처럼, 시간대와 향 선택은 전적으로 사용자의 자유입니다. 일반적인 라이프 패턴에 따라 표준 모델을 만들어놨을 뿐이죠." 동시에 2개 또는 3개의 향을 복합적으로 내는 것도 가능하다. 이런저런 고민하기 귀찮다면, 애플리케이션이나 AI스피커의 조언을 받아 구동할 수도 있다. 맑은 날은 어떤 향이, 또 흐린 날은 어떤 향이 좋겠다는 조언을 받아, 알아서 향을 내도록 하는 것이다.

작동 원리는 디바이스와 캡슐이 NFC(가까운 거리에서 무선 데이터를 주고받는 기술)태그를 통해 반응하는 것이다. 캡슐에 붙어 있는 NFC 칩과 디바이스의 신호가 일치해야 향이 나온다. 캡슐 속 향이 떨어지면 알람으로 알려준다.

| 다양한 마케팅과 전략 수립 |

유명 글로벌 향수 업체들로부터 독점 제휴 제안이 오고 있다. 자기 브랜드를 붙여 글로벌 유통을 해주겠다는 것이다. 하지만 피움랩스 자체 브랜드로 승부하고자 제안을 거절하고 있다. 나아가 디퓨저액 시장 공개를 계획하고 있다. 향기 캡슐에 들어가는 디퓨저액의 오픈마켓을 개설해, 누구나 디퓨저액을 등록해 팔 수 있도록 하는 것이다. "다양한 디퓨저액 중에서 자기 취향에 맞는 디퓨저액을 골라 함께 배송되는 캡슐에 넣어 쓰면 됩니다."

Q | 누가 참여할까요?

A | 디퓨저액 같은 향 제조사는 물론, 개인 사업을 하는 조향사도 판매할 수 있도록 할 예정입니다. 물론 우리도 판매합니다. 다른 참가

자처럼 오픈마켓에 참여해 함께 경쟁하는 거죠.

Q | 왜 개방하죠?

A | 다양한 향을 기반으로 좀 더 많은 소비자를 사로잡는 게 우리 목표 입니다. 향이 다채로울수록 더 많은 소비자를 끌어올 수 있죠. 제 품 소비 저변이 넓어지는 겁니다. 언뜻 보면 품질이 비슷한 것 같 아도, 싼 향을 계속 맡으면 어지럼증 같은 부작용이 생깁니다. 이 때문에 향 즐기는 걸 포기하는 분이 많아요. 소비자가 향의 즐거움 을 계속 누리려면 지속적으로 좋은 품질의 향을 접할 수 있어야 합 니다. 여러 업체가 경쟁할수록 향의 품질도 올라갈 겁니다.

영업과 마케팅을 이끄는 본사는 미국 뉴욕에 있다. 한국 지사는 R&D와 생산을 맡는다. 3개월 주기로 미국과 한국을 오가며 절반씩 머무른다.

Q | 왜 본사가 미국이죠?

A | 향은 미국 시장이 독보적으로 큽니다. 공기 중 전파 물질에 대한 각종 규제가 국내보다 덜하다는 이점도 있습니다. 그래서 주된 공 략 대상을 미국으로 삼았고, 본사도 미국에 됐습니다.

Q | 마케팅은 어떻게 하고 있나요?

A | 초반엔 B2C(Business to Consumer) 전략에 집중했습니다. 향을 즐 기는 소비자를 직접 공략한 거죠. 그런데 기계에 대한 거부감 문제

가 있더라고요. 생소한 겁니다. '우연히 접하도록 하면 좋겠다'는 생각이 들었습니다. 그래서 '일단 B2B(Business to Business)로 접근해서 소비자들이 자연스레 접할 수 있도록' 바꿨습니다. 이를테면 호텔이요. 호텔에 제품을 공급해서 고객들이 로비나 방에서 우리 제품을 접하다 보면, 거부감이 사라지면서 집에서도 쓰고 싶다는 생각이 들 겁니다. B2B는 그 자체로도 반드시 잡아야 하는 시장 가치가 있습니다. 한 번에 큰 매출이 발생할 수 있으니까요. 현재는 일단 B2B에 더 공을 들이고 있습니다.

Q| 어떻게 공략하고 있나요?

A| 일단 포시즌 같은 미국 체인 호텔을 접촉해 파일럿 테스트를 했습니다. 미국 호텔은 고객 만족도를 높이기 위해 향기 마케팅을 활발히 하고 있어서, 우리 제품에 대한 이해가 빨랐습니다. 테스트를 해보니 객실 고객들이 스스로 향을 선택할 수 있는 기능이 좋은 평가를 받았습니다. 고객마다 취향이 달라서 객실에 특정 향을 뿌려놓는 건 오히려 마이너스가 될 수 있는데요. 우리 제품을 활용하면 고객 스스로 향을 넬지 여부, 어떤 향을 넬지를 선택할 수 있어서, 호텔은 물론 고객들에게서도 좋은 피드백이 나왔습니다.

Q| 앞으로의 영업 포인트를 말씀해주세요.

A| 호텔 외에 공유오피스가 주요 공략 대상입니다. 에어비앤비, 우버 등 공중이용 서비스도 접촉할 예정입니다. 그렇게 많은 사람이 우리 서비스를 접하도록 하고 싶습니다.

| 향에 대한 관심을 사업화 |

김 대표는 한국에서 고등학교를 나와 학부(일리노이공대), 석사(조지아공대), 박사(코넬대)를 모두 미국에서 마쳤다. 전공은 컴퓨터공학.

학위를 마치고 몇몇 직장을 거쳐, 한국으로 돌아와 스타트업 액셀러레이터 '퓨처플레이'에서 1년간 일했다. IP(지적재산권)팀에서 스타트업들의 특허 취득 관련 업무를 맡았다. "스타트업들의 특허 업무를 도와주다가 나도 한번 내봐야겠다는 생각이 들더라고요. 평소 관심 있었던 향기 디바이스 특허에 도전했습니다."

Q| 원래 향에 관심이 있었군요?

A| 코넬대 박사과정 재학 시절이었는데요. 날씨가 무척 우울한 날 친구 집에서 우연히 향초를 접했는데 금세 기분 전환이 되더라고요. 아, 향의 힘이 이런 거구나. 이때 무척 깊은 인상을 받아 개인적으로 향 공부까지 했습니다. 그러다 쉽게 향을 검색할 수 있는 검색 DB 애플리케이션을 고안하기도 했어요. 애플리케이션으로는 향을 맡게 할 방법이 없어서 사업화는 하지 못했지만, 향에 대한 관심은 계속 이어나가던 중이었습니다.

휴대용, 고정형, 이동형 세 가지 형태의 향기 디바이스 특허를 냈다. 갖고 다니면서, 방 안에 두고, 스스로 집 안을 돌아다니면서 향을 내는 각각 다른 형태의 디바이스 특허를 낸 것이다. 자신감을 얻고 2016년 10월 퓨처플레이를 나와 본격적으로 창업에 도전했다. 삼성전자의 창업 지원을 받는 데 성공했다. 삼성전자로부터 1년간 자금과 R&D를 지원받아 디바이스를 개발했다. "세 가지 특허 중 일단 고정형 디바이스를 상용화한 셈인데요. 휴대용이나 이동형 디바이스 개발도 고려하고 있습니다."

제품화에 성공한 후 미국 액셀러레이터 '테크 스타즈' 지원 사업에 도전해 선정되었다. 사업모델을 구축하는 데 좋은 기회가 되었다. 이후 파일럿 테스트를 거쳐 제품화까지 성공했다.

Q | 공대 출신이라 유리한 점이 있나요?

A | 기술 이해도 측면에서 확실히 강점이 있습니다. 인문계 출신 창업자들은 사업모델로 승부하면서 필요한 기술자를 따로 찾아야 하는데, 기술 창업자들은 모든 작업을 스스로 할 수 있습니다. 준비 기간이 크게 줄어들죠. 홍보 영상이나 페이지 구축 작업도 기술을 이해하고 있어야 잘할 수 있습니다. 이해가 깊어야 소비자에게 쉽게 전달할 수 있거든요. 저 역시 그랬습니다. 물론 소셜미디어 마케팅 같이 다른 전문가의 도움을 받아야 하는 분야도 분명 있지만, 확실히 기술 창업자들이 유리한 부분이 많은 것 같습니다.

Q | 앞으로의 목표는 뭔가요?

A | 처음부터 일관되게 한국 밖만 봐왔습니다. 미국을 넘어 세계를 공략해야죠. 글로벌 향 기업이 되겠습니다.

카이스트 나와 피자 구웠다,
세상에 없던 피자집

고피자, 임재원 대표

1평짜리 피자집에서 시작
아시아리더 30인이 되기까지

신생 피자 프랜차이즈인 '고피자'는 매장에 가서 주문을 하면, 1인 화덕 피자가 나온다. 원하면 감자튀김 같은 사이드 메뉴와 음료도 함께 먹을 수 있다. 쟁반을 받아서 원하는 자리에 앉아서 먹으면 된다. 맥도날드에서 햄버거를 먹는 것과 똑같다. 가격도 햄버거와 비슷하다. 남자 공대생이 먹어도 배부른 크기의 1인용 피자가 4,900원. 화덕에서 구운 피자인 걸 생각하면 무척 착한 가격이다. 고피자 임재원 대표는 스스로 '세상에 없던 피자집'이라 이야기한다.

| 용광로보다 뜨거웠던 푸드트럭 |

임재원 대표는 카이스트 출신이다. 푸드트럭과 1평짜리 매장으로 시작해 지금은 가장 빠르게 성장하는 프랜차이즈의 CEO가 되었다. 2019년

인도에 진출하면서 글로벌 사업을 시작했고, 미국 경제전문지 〈포브스〉가 발표한 '2019 아시아의 영향력 있는 30세 이하 리더 30인'에도 선정되었다.

기세가 만만치 않다. 2016년 창업해 2018년에 가맹점을 처음 받기 시작했는데 2020년 6월 현재 가맹점이 100개에 육박한다. 고피자를 '피자 업계의 맥도날드'로 만들겠다는 임 대표의 꿈이 꿈으로만 그칠 것 같지 않다.

이런 고피자도 출발은 눈물겨웠다. 4년 전 길거리에서 시작했다.

Q | 어떻게 길거리 피자집을 하겠다는 생각을 했나요?

A | 대학교 졸업 후 IT 업체에 다니고 있었습니다. 어느 날 혼자 피자를 먹고 싶었는데 방법이 없는 거예요. 일반적인 피자는 크고 비싸서 여럿이 나눠 먹는 음식이란 고정관념이 있습니다. '1인 피자는 왜 없는 걸까? 그럼 내가 만들어보지 뭐.' 하고 시작했습니다.

수중에 자금이 많지 않았다. 고민하다 푸드트럭을 떠올렸다. 여기에 화덕을 설치해 한 사람이 먹을 만한 크기의 타원형 피자를 구웠다.

Q | 푸드트럭에서 어떤 방법으로 피자를 구웠나요?

A | 푸드트럭은 일반적으로 2~3명이 일할 수 있는 구조로 돼 있습니다. 안에 들어갈 수 있는 사람 수에 제한이 있는 거죠. 저는 생각을 바꿔 트럭 밖에 서서 요리할 수 있도록 구조를 바꿨습니다. 손님을 등지고 트럭을 둘러싸서 일하는 겁니다. 그랬더니 최대 10명이 일

할 수 있게 됐습니다. 이전과 비교할 수 없을 만큼 많은 피자를 만들 수 있게 된 거죠. 당연히 회전율이 크게 올라갔습니다. 트럭에 대기번호를 띄울 TV 화면도 달았습니다. 기존에 없던 시스템이었죠. 이후 다른 트럭이 저희 트럭을 줄줄이 따라하면서, 이제 저희 방식이 푸드트럭의 표준이 됐습니다.

푸드트럭 일의 노동 강도 자체는 해결할 방법이 없었다. 피자 화덕의 엄청난 열기로 여름엔 트럭 안이 용광로 저리 가라였다. 한번 일을 나갔다 오면 아무리 물을 마셔도 땀 때문에 하루 3kg씩 살이 빠지고, 손에는 만성 습진이 생겼다. 가장 큰 문제는 피자 화덕에 이리저리 데이는 부상이었다.

Q | 무슨 문제가 있었나요?

A | 피자를 익히려면 길고 무거운 삽에 피자를 올려서, 화덕에 넣은 후 삽을 이리저리 돌려줘야 합니다. 그래야 고루 익죠. 이게 체력적으로 부담이 크고 다칠 위험도 있습니다. 그래서 화덕을 다룰 수 있는 사람이 몇 안 됩니다. 그런 직원이 부상 때문에 말도 없이 안 나오는 경우가 수시로 생겼습니다. 그렇다고 저 혼자 하기에는 너무 힘겹고. 결국 직원이 안 나올 때마다 매출에 바로 타격이 왔습니다.

Q | 그 문제는 어떻게 해결했나요?

A | 누구나 쉽게 배워서 바로 쓸 수 있는 화덕을 개발했습니다. 고피자에 오븐을 결합해 '고븐'이라 이름 지었습니다. 내부에서 자동으로

피자가 돌아가 고루 익고, 온도 조절 기능을 통해 바닥과 공기 온
도의 균형을 맞춥니다. 꼭 전자레인지 같습니다. 피자를 넣었다가
빼기만 하면 바로 화덕 피자가 됩니다.

고븐을 개발한 뒤 임 대표의 푸드트럭은 날개를 단 격이 되었다. '피
자 트럭으로는 전국 최고'라는 자부심이 생겼다. 기존 유통 업체들이
관심을 가지면서 백화점 팝업스토어 제안도 들어왔다. 전국을 돌며
50회 정도 운영했다. 할 만했다. 좁은 실내 공간에서도 충분히 할 수
있겠다는 자신감이 생겼다.

| 피자 업계의 맥도날드를 꿈꾸다 |

팝업스토어 경험을 바탕으로 2017년 1월 서울 대치동 학원가에 첫
번째 직영점을 냈다. 학원이 밀집한 사거리라 상권은 좋았지만 매장
면적이 $3.3m^2$(1평)에 불과했다.

Q | 그런 공간은 어떻게 찾았나요?

A | 당시 사무실이 그쪽에 있었어요. 어느 날 보니 매장과 매장 사이
아주 협소한 공간에 크게 ×표시가 돼 있더라고요. 쓸 수 없는 공
간이란 뜻이었죠. 작기도 했지만 내부로 들어갈수록 좁아지는 삼
각형 모양이라 활용성이 극히 떨어지기 때문이었어요. '저기에서
장사 수 있는 건 우리밖에 없겠다'는 생각이 들었습니다. 우리는

고피자 임재원 대표

고븐 놓을 자리만 있으면 장사할 수 있으니까요. 부동산 중개소를
통해 바로 건물주를 찾아갔습니다. 그런데 절대 안 된다고 하시는
거예요. "이 공간에서 어떻게 사업을 하느냐. 다른 매장의 자투리
공간으로 쓰기로 이미 얘기가 돼 있다."라고 하시는 겁니다. 그래
도 한 번만 기회를 달라며 그야말로 '삼고초려' 설득을 해서 매장
을 냈습니다.

Q | 매장 내고 장사는 잘 되던가요?

A | 대박이었어요. 오픈 첫날 180만 원어치를 팔았습니다. 줄이 길게
늘어섰죠. 지금은 옆에 있던 화장품 가게까지 공간을 확장했습니
다. 화장품 가게 계약이 만료되면서 저희가 거기까지 임대 계약을
맺은 거죠. 그렇게 원래 3.3m²(1평)이던 공간이 42.9m²(13평)로

커졌고요. 대치동 학원가에서 가장 눈에 잘 띄는 업소 중 하나가 됐습니다. 월 매출은 6, 7천만 원에 이르고요. 이 매장을 계기로 우리 회사 운명이 확 바뀌었습니다. 본격적으로 가맹 사업에 뛰어들게 된 거죠.

곧 가맹 문의가 줄줄이 들어왔다. 2020년 6월 현재 가맹점이 100개에 육박한다. 회사에서는 상권 분석을 해서 좋은 입지를 추천한다.

Q | 가맹점들 상황은 어떤가요?

A | 음료 자판기 사업을 하시는 점주분이 계신데요. 자판기 여러 대 들일 공간 하나를 골라 일단 고피자 매장을 내셨어요. 자판기 사업을 하면서 피자도 팔겠다고 생각하신 거죠. 그런데 오픈하자마자 장사가 너무 잘돼서 원래 계획했던 자판기를 아직 못 들여놓으셨어요. 그 회사 직원들은 본업은 제쳐둔 채 피자 굽고 계시고요. 그 점주님이 저를 보면 하시는 말씀이 있어요. 영화 〈극한직업〉의 대사 아시죠? "왜 이렇게 장사가 잘되는데!"라고 하세요. 알고 보니 그 매장 하루 고객이 300~400명에 이른 겁니다.

Q | 일부 가맹점만 잘되는 것 아닌가요?

A | 매장들 평균적으로 월 매출이 2천만 원을 넘는 것으로 집계되고 있습니다. 다른 예를 들자면 원래 다른 피자집을 하시던 분이 계세요. 손님이 하루 10여 명 정도 오는 가게였죠. 그런데 저희 피자로 바꿔서 매출이 3~4배로 뛰었다고 하세요. 이런 분들을 볼 때마다

정말 기분이 좋습니다.

경쟁력은 역시 고븐에서 나온다. "도우 같은 기본 재료는 저희가 공장에서 모두 가져다 드립니다. 매장에서 도우 만들 필요가 없죠. 주문이 들어오면 금방 피자 모양 만들어 고븐으로 돌리기만 해서 내드리면 됩니다. 그래서 1인 창업이 가능하고요. 아르바이트 직원을 1명만 쓰고 다른 일을 해도 됩니다."

Q | 앞으로의 계획이 있나요?

A | 가맹점주들과의 신뢰 유지를 위해 고피자 외에 다른 브랜드는 절대 런칭하지 않을 생각입니다. 대신 해외 진출을 적극적으로 할 겁니다. 전 세계에서 맥도날드 수준의 명성을 얻을 때까지 1인 피자한 길만 가려고요.

아나운서를 선생님으로 변신시켜 한류팬에게 한국어 교육

트이다, 장지웅 대표

스마트폰 속 가상대화로 한국어 회화
베트남어를 시작으로 영어, 스페인어 출시

한류가 다양한 부가 산업을 낳고 있다. 관련 스타트업도 여럿 출현했다. 한류에 힘입어 외국인이 한국어를 배울 수 있는 애플리케이션을 만든 '트이다'가 그중 하나다.

| 가상대화로 한국어 공부 |

트이다는 스마트폰 화면 속 한국인 아나운서나 배우와 대화를 하며 한국어를 배울 수 있는 애플리케이션이다. 스토리를 중심으로 대화 연습을 할 수 있도록 하고 문법이나 단어 교육은 배제했다. "시나리오 흐름을 따라가면서 대화하는 경험을 통해 자연스럽게 회화 연습을 할 수 있습니다."

여러 상황이 제시되어 있고, 한 가지 상황마다 3~5개 대화로 구성된다. 커피를 주문하는 상황이라면 상대의 "어서 오세요." "뭘 드릴까요?" "드시고 가시나요?"의 세 가지 질문에 대답하는 것이다.

우선 아나운서가 나와 각 질문별로 어떤 대답을 해야 할지 자세하게 알려준다. "어서 오세요."에 대해선 "안녕하세요.", "뭘 드릴까요?"에 대해선 "아메리카노 한 잔 주세요." 같은 대답을 하라고 알려주는 것이다. 각 대답을 최소 여덟 번 이상 듣고 따라하도록 한다. 발음 교정도 해준다. '안녕하세요'를 '안냥하세요'라고 잘못 발음하면 틀린 '냥'이라는 발음에 ×자 표시를 해서 알려준다.

이렇게 표현별로 연습을 완료하면 1인칭 시점 상황으로 들어가 배우와 가상대화를 할 수 있다. 커피를 주문하는 상황이라면 직접 문을 열고 들어가 카운터 앞에 서는 화면이 펼쳐지고, 눈앞에 배우가 나타나 "어서 오세요."라고 인사한다. 이에 대해 정확하게 "안녕하세요."라고 답해야 한다. 내 발음이 이상하면 배우는 "다시 한번 말씀해주세요."라고 말하고, 다시 정확하게 말해야 다음 대화로 넘어갈 수 있다.

회화 중심 교육과 AI 기술이 트이다의 주요 축이다. 화면에 보이는 건 아나운서와 배우지만, 대화 진행과 발음 이해는 AI가 한다. 다양한 발음을 학습한 AI가 한국인이 알아듣는 수준의 발음인지 판단해서 통과 여부를 정해 대화를 진행하는 것이다. "스피치 투 텍스트(speech to text) 기술을 활용했습니다. AI가 발음을 글로 변환해서 발음이 정확한지 확인하는 거죠."

군이 완벽한 발음을 가르치는 데 집착하지 않는다. 다소 부정확하더라도 한국인이 알아듣는 수준이면 통과시킨다. 많은 음절을 틀려도 흐름상 이해할 수 있는 수준이면 통과할 수 있다. 그래서 정확도 70%가 통과하지 못하는 표현을 정확도 50%가 통과하는 경우도 나온다. "애플리케이션의 목적은 정식 한국어 교육이 아니라 원활한 대화 자체에 있습니다. 대화만 가능하면 되니까, 한국인이 이해할 수 있는 수준으로 발음하도록 연습시키는 거죠."

| 교사 꿈 못 이루고 떠난 미국행에서 얻은 아이디어 |

장 대표는 원래 국어 교사가 꿈이었다. 원하는 사범대를 갈 성적이 나오지 않아 1년 재수를 하다가, 병역 문제부터 해결하자는 생각에 일찍 입대했다. 군 생활을 하며 읽었던 책에 감명받아 국제기구에서 일해보고 싶다는 마음이 생겼다. 제대 후 부모님의 제안으로 국제기구의 꿈을 갖고 유학을 떠났다. 일단 국제정치학 전공으로 미국 캘리포니아에 있는 2년제 대학교에 들어간 뒤, UC버클리 정치학과에 편입했다.

Q | 영어를 잘했나 보죠?

A | 아뇨. 2년제 칼리지 입학 전 6개월간 어학연수기관에서 집중 학습을 했습니다. 문법 같은 거야 한국에서도 많이 배웠으니 괜찮은데, 말하는 게 문제였습니다. 그냥 닥치는 대로 말하고 다녔습니다. 캘리포니아가 날씨가 좋아서인지 모르겠는데 홈리스들도 친절해요. 그 친구들 찾아가 대화하고, 동네 서점 같은 데서 은퇴한 아주머니

아저씨들께 말을 걸곤 했어요. 여유 있는 분들이니 제 발음 교정까지 해주시더라고요. 거리에서 영어를 배운 셈입니다. 그때 경험이 지금 제 사업의 포인트가 된 것 같습니다. 거리에서 말 배우던 걸 플랫폼으로 옮긴 셈이니까요. 가상에서라도 재밌게 대화하게 해주자는 거죠.

대학에 다니며 UN 인턴 등을 하면서 국제기구에 대한 꿈을 키웠다. 졸업 후 미국 실리콘밸리에 있는 이러닝(e-learning) 스타트업에 들어갔다. 좋은 교육 콘텐츠를 만들어 제3국 저소득층 자녀들에게 온라인으로 서비스하는 비영리 스타트업이었다. 교육 시스템 개선에 일조할 수 있는 일이라 생각했다. "교육과 비영리, 제 원래 꿈에 맞는 일이었습니다."

하지만 얼마 가지 않아 해당 스타트업의 펀딩 금액이 소진되었고, 조직의 지속 가능성에도 의문이 생겼다. 코파운더들이 영리기업으로 전환을 결정하자 회사를 나왔다. "제 뜻과 맞지 않아서요. 영리 이러닝 업체는 잘하는 곳이 무수히 많은데 그중에서 경쟁력이 있을지 확신이 들지 않았습니다."

스타트업을 나오자 비자에 문제가 생겼다. 할 수 없이 한국으로 돌아와 취업을 했다. 건강식품 판매 회사인 허벌라이프 한국 법인에 들어가 이커머스 플랫폼 사업 전략을 맡았다. 미국 본사와 연계해 자사몰을 활성화하는 일이었다. "저희 팀이 생기기 전엔 유명무실한 몰이었는데요. 활성화 노력을 하고 나선 매년 75%씩 성장했습니다."

그러다 한 신문 기사를 봤다. 남미에 한류 붐이 불면서 한국어가 유행하는데 교사가 없어서 유튜브로 공부하는 사람이 많다는 내용이었다. 이후 베트남 여행을 떠났다. "문의할 게 있어서 여행사 현지 지점에 들렀는데, 한국 회사 직원들이 한국말을 제대로 못하더라고요. 한국어 수업이 비싸고 공부할 시간도 없어서 제대로 배우지 못했다는 거예요. '영어 배우는 애플리케이션이 이렇게 많으니 한국어 배우는 애플리케이션도 있을 텐데, 왜 활용하지 않지?'라는 생각이 들어 시장조사를 해보니 단어 암기, 문장 쓰기를 어느 정도 가르쳐주는 애플리케이션은 있는데 말을 가르쳐주는 애플리케이션은 없었습니다. 그래서 내가 만들어보자고 결심했습니다."

바로 사업계획서를 써서 정부 기술혁신형 사업 공모에 넣었더니 선정되었다. 그 길로 사표를 쓰고 회사를 차려 발 빠르게 만든 게 '트이다'다.

| 한류팬 겨냥해 드라마 형식 콘텐츠 출시 |

현재 애플리케이션에는 상황 50개, 표현 200개가 올라와 있다. 친구와 약속 잡기, 커피 주문, 직장에서 휴가 신청, 호텔 체크인, 공항 수속 등의 상황에서 필요한 표현들이다. 2020년 안으로 120개 상황, 300~500개 표현으로 늘릴 계획이다. "적은 숫자가 아닙니다. 우리가 주로 쓰는 말을 세어봐도 하루 종일 몇몇 표현을 반복해 사용합니다. 말을 쓰는 상황이 달라질 뿐이죠. 300~500개 표현이면 웬만한 상황은 모두 표현할 수 있습니다."

Q | 지금까지 실적이 어떤가요?

A | 현재 기입지기 10만 명을 넘었습니다. 애플리케이션 다운로드 수는 20만 명을 넘었고요. 사용자 분석을 해보니 성별은 80%가 여자, 연령은 75%가 13~23세로 나타났습니다. 취업 같은 실질적인 목표보다는 K팝이 좋아서 한국어를 배우는 소녀팬들이 많은 것을 알 수 있습니다. 한류팬이 많은 지역에 영어와 스페인어 버전을 내놓으면 호응이 있을 것으로 기대합니다. 이미 2020년 5월 영어 버전을 출시했고, 연말까지 스페인어 버전을 출시할 계획입니다. 한류팬이 1억 명을 넘는다고 하니 기대가 큽니다.

한류팬을 겨냥해 새로운 양식의 콘텐츠를 준비하고 있다. 드라마 속으로 들어가 드라마 주인공과 대화하고, 한국 노래를 따라 부르면서 발음을 공부하는 버전이다. "일단 신인 배우와 함께 테스트 버전을 준비하고 있습니다. 신인 배우를 주인공으로 하는 짧은 드라마를 찍어서 그 상황 속에 들어가 대화할 수 있게 하는 거죠. 곧 선보일 예정입니다. 롯데와 제휴해서 롯데가 만든 영화를 활용하는 것도 추진하고 있습니다."

반응을 보고 연예기획사 등에 협업을 제안할 계획이다. "기획사에 소속된 연예인이나 제작한 드라마를 외국에 알리는 기회가 될 수 있습니다. 해외 판권 판매에 도움이 되죠. 원활한 제휴가 이뤄지려면 우리 애플리케이션 사용자가 훨씬 더 많아져야 합니다. 다양한 연구를 하고 있습니다."

대학의 한국어학과, 어학원 등과 연계한 B2B 사업도 계획하고 있

트이다 장지웅 대표

다. "외국의 한국어학원들을 보면 문법, 단어 수업은 잘하지만 회화 수업은 잘 안되고 있습니다. 한국어가 유창한 사람은 대부분 한국 회사에서 일하고, 그보다 못한 사람들이 한국어 강사로 있는 경우가 많거든요."

학교나 학원에서 회화 수업을 할 수 있도록 커리큘럼에 맞춘 학습 프로그램도 개발하고 있다. 수업시간에 문법, 표현, 단어를 배운 후 애플리케이션으로 회화 연습을 해보는 것이다. "호치민 인문사회과학대와 제휴를 맺고 120명의 학생을 대상으로 시범 사업을 했습니다. 92명이 실제 애플리케이션을 썼고 만족도가 높은 것으로 나타났습니다. 학교에서 더 많은 반에 서비스해달라는 요청이 왔습니다. 하노이에 있는 ICO 어학원과도 MOU를 체결했습니다. 외국뿐 아니라 국내 대학의 한국어학당도 공략할 계획입니다."

| 종합 교육 솔루션 기업이 목표 |

Q |　본인의 경쟁력은 뭔가요?

A |　실행력이 좋은 것 같습니다. '돈이 얼마 있으니 1년은 버틸 수 있
겠다.' 같은 생각을 많이 하는데요. 저는 3개월 단위로 계획을 짭니
다. 3개월 만에 초기 버전을 완성하고, 다시 3개월 만에 후속 버전
을 완성하고, 이후 바로 성과를 내는 식으로요. 빨리 결과를 내고,
실패한 건 바로 뒤집습니다. 1년도 안 되는 시간 동안 사용자를 빠
르게 늘릴 수 있었던 비결인 것 같습니다. 미국 스타트업에 있을
때 사업기획을 맡았던 것도 도움이 되었습니다. 큰 그림을 그린 다
음, 검증할 수 있는 것은 빨리 만들 수 있다는 자신감이 있습니다.

Q |　문과 출신인데, 서비스 개발은 어떻게 주도하나요?

A |　시장만 보고 어떤 기능이 필요하다고 하면 개발자는 일단 'No'라
고 합니다. 현실적으로 안 된다고 하는 거죠. '왜 그럴까. 설득할 방
법이 없을까.' 고민하다 컴퓨터공학을 따로 배웠습니다. 정규 강좌
를 2개 듣고 논문도 보고 관련 콘퍼런스도 다녔죠. 제가 직접 개발
할 수는 없지만 개발이 어떤 과정을 거쳐 이뤄지는지 정도는 알게
됐습니다. 그랬더니 소통이 되더군요. 본인이 알고 오더를 주는 것
과, 모르고 오더를 주는 건 천지 차이입니다. 그래도 가끔 개발자
들과 소통이 안될 때가 있는데요. 그럴 땐 지인 찬스를 활용합니
다. 지인에게서 자문을 받아 그 내용을 바탕으로 다시 얘기하는 거
죠. 그러면 합의점을 찾을 수 있습니다.

Q | 좀 더 배움이 필요한 분야가 있다면요?

A | CEO로서 전문성을 갖고 싶습니다. 사회 경험이 4년밖에 되지 않아 관리자로서의 경험이 부족합니다. 전반적으로 관리·운영하는 데 약한 것 같습니다. 큰 그림은 잘 그리지만 세부적으로 꼼꼼하게 관리하는 데는 약합니다. 좀 더 디테일하게 직원들을 케어하고 싶은 욕심이 있습니다. 초기에 합류한 직원들에게서 많은 도움을 받고 있습니다.

Q | 앞으로의 계획은 뭔가요?

A | 중국어 등 다른 언어까지 확장하는 것을 생각하고 있습니다. 모든 언어를 배울 수 있는 애플리케이션을 개발하는 거죠. 장기적으로 수학 같은 다른 과목에서도 비슷한 서비스를 만들고 싶습니다. 온라인으로 누구나 좋은 교육을 받을 수 있도록 하는 데 기여하고 싶습니다.

연예계 뿌리친 미스코리아, 대기업 자회사 CEO 되다

루치펠로, 오은영 대표

고급 치약 만들어 500만 개 판매
미국, 홍콩 등 수출하며 글로벌 토털 오럴케어 회사 추진

요즘 창업자들은 대부분 EXIT(지분 매각을 통한 차익 실현)를 꿈꾼다. '루치펠로'의 오은영 대표는 EXIT에도 성공하고, CEO로도 계속 일하고 있다. 2005년 미스코리아 '선' 출신이라는 독특한 이력을 가졌다.

| 대기업 전략연구원 된 미스코리아 |

오은영 대표의 성공은 루치펠로 치약 덕이다. 명품을 표방한 치약이 유명세를 타면서 출시 4년 만에 500만 개 판매를 넘어섰다. 고가 치약으로 외연을 확장하려는 LG생활건강에 2019년 인수되었고, CEO로서 경영을 계속하고 있다.

루치펠로를 창업하기까지 다양한 경로를 거쳤다. 어려서는 미술을 공부했고 디자인 전공으로 이화여대에 진학했다. 대학생이 되어

루치펠로 오은영 대표

여유가 생기자 무엇을 해야 할지 고민이 생겼다. 도전할 거리를 찾다
가 미스코리아 대회에 나가 덜컥 '선'으로 당선되었다. 한국을 대표
해 나간 미스월드 결선에선 top6까지 올랐다. 미스월드가 끝나고 대
형 연예기획사에서 러브콜이 쏟아졌지만 응하지 않았다. "스스로 냉
정하게 평가해봤을 때 연예인 끼가 있다는 생각이 들지 않았어요. 어
려서부터 꿈인 창업을 위해 학생 신분으로 돌아갔습니다."

대학 생활을 열심히 했다. 미국 뉴욕까지 건너가 디자이너 인턴을
하고, 대한민국패션대전에서 지식경제부장관상도 받았다. 대학을 우
등으로 졸업하고, 한 대기업 그룹의 경영전략연구소에 들어갔다.

"그룹 내 신사업 기획안이 올라오면 결정을 내리는 곳이었습니다.
부실 사업 부문이 생기면 구조조정도 진행했죠. 다양한 케이스를 보

고 작업했습니다. 다양한 과제가 내려졌고, 팀원들과 공동으로 해결했습니다. 솔루션을 제공하는 일이 많아 개인 성장에도 큰 도움이 됐습니다."

연구소 일을 5년 만에 그만두고, 원래 꿈이었던 창업을 실행했다. B2B 사업으로 시작했다. 기업이 필요로 하는 물건을 섭외해서 납품하는 일이다. "리스크를 최소화할 수 있다고 판단했어요. B2B는 협상을 통해 공급량이 정해지고 나면 만드는 방식이니까요. 틈틈이 사업 아이템과 시장 분석을 해두었기에 자신감이 있었어요. 반면 B2C는 얼마나 팔릴지 모르는 상태에서 개발, 제조 등을 진행해야 하니 리스크가 있다고 생각해서 미뤄두었습니다."

Q | 경쟁 업체들과 어떻게 차별화했나요?

A | 고객을 만날 때마다 필요로 하는 게 뭔지 빨리 파악하려고 노력했고, 되도록 마진에 욕심내지 않았습니다. 철저하게 고객 입장에서 생각하려고 노력했죠.

Q | 경영전략연구소에서 일했던 게 도움이 되던가요?

A | 그럼요. 일하면서 쌓은 네트워크가 큰 도움이 됐습니다. 또 기업마다 어떤 걸 필요로 할지 예측해서 접근하려고 노력했는데요. 이 역시 연구소에서 일하면서 배운 것이었습니다. 지금도 일하다 막히면 그때 생각을 많이 합니다. '당시 선배들이라면 이 문제에 대해 어떤 솔루션을 내렸을까?' 생각하며 가상의 팀을 만들어놓고 함께 고민해봅니다.

| 이틀 만에 쓴 고급치약 사업계획서 |

사업이 어느 정도 자리를 잡자 미뤄두었던 B2C 사업을 할 때란 판단을 내렸다. "한국을 대표할 수 있는 고급 위생용품이 있으면 좋겠다는 생각을 평소에 하고 있었습니다. 효능이 좋으면서 디자인도 예뻐서 관광객이 선물용으로 사갈 만큼 좋은 제품이요."

고급 위생용품을 사업 아이템으로 정하고, 수시로 생각을 다듬고 보완했다. 알아볼수록 시장성이 있겠다는 생각이 들었다. 업종 전환을 결심하고 사업계획서를 썼다. "지금 봐도 만족스러운 내용인데, 이틀 만에 써지더군요. 사실 이미 머릿속에 있던 내용을 정리한 거라 빨리 된 거고요. 생각했던 기간까지 감안하면 무척 오래 쓰고 다듬은 셈입니다."

사업계획서가 나오자 빠르게 연구·개발진과 생산 공장을 섭외하고, '루치펠로'라는 이름으로 새 법인을 냈다. 대표 상품은 치약으로 잡았다. "연구진과 머리를 맞대고 이야기하니 모두 바다를 좋아한다는 공통점이 있더라고요. 각국 바다의 천연유래물질을 포인트로 삼기로 했습니다. 제주 바다의 '감태', 그리스 키오스섬의 '매스틱오일', 미국 캘리포니아의 '자몽종자 추출물' 등 구강 건강에 도움이 되는 추출물을 대표 성분으로 삼기로 했습니다."

Q | 어떤 효능을 강조했나요?

A | 입냄새 제거요. 임상시험 결과 저희 치약을 쓰면 입냄새 유발 물질이 90% 이상 감소하는 것으로 나타났습니다. 잇몸질환과 충치유

발균의 활동성도 감소되고요. 사용감은 '자극 없이 깨끗한 느낌'에 중점을 뒀습니다. 고운 형질의 고급 연마제를 써서 치아 자극을 최소화했고요. 통상 치약감미제로 쓰이는 사카린은 쓰지 않기로 했습니다.

오랜 개발 끝에 만족스러운 제품이 나왔다. 고급 치약으로 포지셔닝(positioning)하고 발로 뛰며 마케팅을 했다. "진심을 보여드렸더니 호응이 있더라고요. 6개월 만에 대형 온라인몰 등 목표로 삼았던 채널에 모두 입점하는 데 성공했습니다."

| 500만 개 팔아치운 '고소영 치약' |

루치펠로가 서울 강남의 한 백화점에 입점한 후, 영화배우 고소영이 치약을 구입하는 모습이 포착되었다. 곧 '고소영 치약'으로 유명세를 탔다. 다른 연예인이 루치펠로 치약을 사는 모습도 목격되었다. "유명 연예인이 쓰는 제품이라면서 찾는 분들이 크게 늘었습니다."

이후 판매가 급증하면서 많은 사람들이 아는 치약이 되었다. 온라인몰 등에서 지난 4년간 500만 개를 팔았다. 연매출은 2019년 취급액 기준 100억 원을 돌파했다. 잇몸과 치아가 예민하거나, 나이가 많아 치아 건강에 신경 쓰는 고객들이 재구매를 많이 한다.

중국, 홍콩, 싱가폴, 호주 등에 수출도 하고 있다. 미국, 러시아와는 계약을 진행 중이다. 브랜드 가치도 크게 올라갔다. 글로벌 시장조사회사인 유로모니터에서 주목해야 할 브랜드로 선정했다. 글로벌 가치까지 인정받은 것이다.

보다 빠른 성장을 위해 2019년, 결단을 내렸다. LG생활건강의 인수 제안을 받아들인 것이다. LG생활건강은 페리오, 죽염 등 중저가 중심의 치약 라인을 고가 제품으로 확대하기 위해 루치펠로를 인수한 것으로 알려졌다. 덕분에 오 대표를 비롯한 주주들은 큰 차익을 얻었다. 하지만 여기서 만족하지 않는다. 이제 LG생활건강의 자회사가 된 루치펠로의 대표로서 회사의 성장을 이끌고 있다. 오 대표가 계속 경영을 맡는다는 게 인수 조건이었다.

Q | 회사 지분을 매각한 이유가 뭔가요?

A | 해외 진출과 제품 개발이요. LG생활건강이 가진 해외네트워크를 통해 수출을 확대할 수 있습니다. 중소기업은 연구·개발이 부담스러울 수밖에 없는데, LG생활건강은 건물 통째로 R&D센터가 있습니다. 향을 연구하는 사람만 20명이 넘죠. 이런 곳과 함께라면 수출을 늘리면서 보다 다양하고 좋은 제품을 개발할 수 있겠다고 생각했습니다.

| 토털 오럴케어 회사가 목표 |

2020년 4월 배우 고소영이 회사로 전화를 걸어왔다. 코로나 사태 극복에 도움이 되도록 위생용품을 구매해 기부할 계획인데, 루치펠로

의 가글액도 포함하고 싶다는 전화였다. "정말 멋있는 분이란 생각이 들었습니다. 통화 후 직접 뵙고, 기부도 함께 진행했습니다. 이게 인연이 돼 광고모델 계약으로까지 이어졌습니다. 성장 2라운드에 큰 도움이 될 것 같습니다."

Q | 앞으로의 목표는 뭔가요?

A | 단기적으로 국내 치약 시장의 10%를 점유하는 것입니다. 고급 치약이 차지할 수 있는 현실적인 시장 점유율의 마지노선으로 보고 있습니다. 2019년 점유율이 3% 정도 됐는데요. 지금의 3배 정도로 더 커져야 합니다. 이렇게 매출 구조가 탄탄해지면, 이를 기반으로 프리미엄 토털 오럴케어 회사가 되고 싶습니다. 치약 외에도 칫솔, 구강세정제를 이미 만들고 있습니다. 전동칫솔, 치실 등 구강케어와 관련한 모든 제품을 다룰 계획입니다. 욕실도 하나의 휴식 공간이 돼야 합니다. 은은한 향도 나고 오감을 기쁘게 할 수 있는 공간이요. 우리 제품이 그 역할을 할 수 있으면 좋겠습니다.

Q | 경영자로서 원칙이 있나요?

A | 기업의 본분인 이윤 창출을 위해 노력하면서도, 거래처와 상생하고, 직원들이 발전할 수 있는 회사를 만드는 겁니다. 정도(正道)로만 가면 꿈을 이룰 거라 확신합니다.

사고 나도 출동 필요 없어요,
일본도 반한 아이디어

페르미, 조남홍 대표 외 3인

수화 상담, 고장 신고, 사고 처리 등에 활용
영상 공유 시스템 세계 1위를 꿈꾼다

스타트업은 젊은층의 전유물이 아니다. 성공률은 40대 이상 창업자들이 더 높다. 영상 공유 프로그램을 서비스하는 '페르미'는 조남홍 대표의 주도로, 한 중견기업에서 만난 동료들이 공동창업했다.

| 애플리케이션 깔 필요 없이 영상 상담 |

페르미는 실시간 영상 공유 프로그램 '코뷰'를 서비스한다. 소비자 상담에 주로 쓰이는데, 언뜻 영상통화와 비슷하다. 상담원과 내가 서로의 얼굴을 보면서 대화하는 것이다. 청각장애인을 위한 수화 상담도 대표적인 서비스다. 스마트폰과 컴퓨터 등 다양한 단말기에서 이용이 가능하다.

영상통신 시스템은 애플리케이션 기반이 대부분이다. 애플리케이션을 깔아야 상대 얼굴을 보며 대화할 수 있는 것이다. 하지만 페르미의 시스템은 애플리케이션을 깔 필요가 없다. 예를 들어 BC카드 고객이 수화 상담을 하고 싶으면 BC카드 홈페이지에 들어가 수화 상담 버튼을 누르면 된다. 전화로 상담하다가 영상 확인이 필요한 일이 생기면, 상담원이 영상 상담 URL을 고객에게 문자로 보낸다. 고객이 URL을 클릭하면 영상 상담 화면으로 연결되고 바로 상담을 받을 수 있다. "상담을 위해 애플리케이션을 설치하라고 안내하면 많은 분들이 귀찮아하거나 어려워하십니다. 그런 설치를 하지 않아도 되는 웹 기반 기술이 저희의 핵심 경쟁력입니다."

수화 상담 외에 A/S, 고객지원, 비대면계약 등에도 활용된다. 예를 들어 IPTV 회사로 가장 많이 오는 고객 문의는 리모콘 조작 관련 문제다. 상담원이 영상 화면으로 고객이 갖고 있는 것과 똑같은 리모콘을 보여주면서 어떤 어떤 버튼을 누르라고 안내하면, 소비자가 빠르게 이해할 수 있다. 소비자가 상담원의 화면을 보고 리모콘 조작법을 익히는 것이다. 말로 설명하는 것과 비교해 상담 효율을 크게 높일 수 있다.

고장 신고일 경우 고객은 영상 화면으로 고장 부위를 수리기사에게 보여주면서 문의할 수 있다. 그러면 문제를 빨리 파악해 바로 조치할 수 있다. "A/S를 나가보면 아주 간단한 조작으로 문제가 해결되는 경우가 많습니다. 영상 상담으로 처리하면 사소한 일에 굳이 출동하지 않아도 됩니다. 수리기사 출동 횟수를 크게 줄일 수 있는 거죠." 보험 사고 접수 때도 유용하다. 직원 출동 없이 영상으로 사고 부위를 확인할 수 있는 것이다.

| 두 번의 폐업 |

열화상 시스템으로 한양대에서 박사학위를 받고, 1996년 현대전자
(현 SK하이닉스)에 들어가 반도체 칩 개발 업무를 맡았다. 일하면서도
계속 창업을 생각했다. "일단 취업은 했지만, 원래 창업에 관심이 많
았습니다. 라면 가게 아이디어를 구상한 적도 있습니다. 재료를 펼쳐
놓고, 내가 원하는 재료를 골라 손수 끓여 먹는 DIY 라면집이죠. 저
는 실현하지 못했는데, 요즘 유행하더군요."

회사를 계속 다니면서 투잡으로, 떠오른 아이디어 중 하나를 실현
해보기로 했다. '샘플 테스트 사이트'를 만들었다. "제품이 나오기 전
샘플 테스트를 원하는 기업과 간단한 벌이를 원하는 유저그룹을 연
결하는 개념이었죠. 소프트웨어, 화장품 등 종류를 가리지 않고 기업
이 유저를 모집해 샘플 테스트를 진행할 수 있는 사이트였습니다. 당
시엔 없던 개념이었죠. 괜찮았습니다. 한때 직원을 4명까지 두고 1년
정도 운영했습니다."

Q | 괜찮았는데 1년 만에 접은 이유가 뭔가요?

A | 당시 현대반도체 회사가 지방에 있었습니다. 저는 지방에 근무하
면서, 샘플 테스트 사이트 사무실은 서울에 뒀습니다. 직원을 옆에
두고 관리해야 하는데 원격운영을 하려니 힘들었습니다.

샘플 테스트 사이트를 접자 공허함이 밀려왔고, 내 일을 하다가 다
시 회사 일을 하자니 업무는 더 지겨워졌다. 새로운 일을 하고 싶어

영상 상담 시연 모습

견딜 수 없었다. 2001년 회사를 관두고 친구와 IT 제조회사를 공동 창업했다. 처음 외장형 휴대폰 카메라 플래시를 개발했다. 예전 휴대폰은 내장 플래시가 없어서 밤에는 사진을 찍기 어려웠다. 외부에 부착할 수 있는 플래시를 개발해, 지금은 없어진 휴대폰 제조사인 큐리텔에 납품했다. 큐리텔은 휴대폰 구매 고객들에게 이 플래시를 번들로 제공하거나 옵션으로 판매했다. 10만 개 넘게 납품하면서 초반에 자리 잡는 데 큰 도움을 받았다.

이후 블루투스 기술을 활용한 MP3 플레이어, 헤드셋, 무선 오디오 등을 개발했다. "반도체 회사에 있으면서 무선 기기의 가능성을 본 결과였습니다." MP3 플레이어가 주력 제품이 되었다. 유럽, 홍콩 등에 수출하고 삼성전자에 납품도 하면서 매출이 80억 원까지 올라갔다.

하지만 오래가지는 못했다. 창업 7년 만인 2008년 폐업했다. 애플의 아이팟이 전 세계적으로 유행한 탓이었다. 군소 MP3 플레이어 제조사는 살아남기 어려웠다. "거대 기업의 공습에 경쟁력을 유지하기 어려웠습니다."

그 후 방송통신장비 개발 회사에 들어갔다. 연구소장을 맡아 9년 넘게 일했다. "공연장 같은 곳에서 쓰이는 스피커 음질을 개선하는 장비 개발 등을 진행했습니다. 글로벌 스피커 회사 하만에 납품하고, IT산업 발전에 기여한 공로로 산업자원부 장관상을 받는 등의 성과를 냈습니다."

| 함께 일했던 동료들과 마지막 도전 |

그리고 2018년 세 번째 창업을 했다. 바로 지금의 페르미다.

Q | 다시 창업한 이유는 뭔가요?

A | 새로운 도전을 해보고 싶었습니다. 같은 회사에 오래 있다 보니 매너리즘이 느껴졌습니다. 신제품 개발이 아니라 기존에 있던 제품의 성능을 개선하는 쪽으로 업무가 집중되면서 무료함도 커졌습니다. 곧 은퇴할 나이가 다가오자 지금 창업을 못 하면 영영 못 하고 후회할 것이란 두려움도 생겼습니다. 마침 주변에 함께할 좋은 분들이 있어서, 마지막이라 생각하고 도전했습니다. 하드웨어가 아닌 소프트웨어 기반의 사업을 해보고 싶다는 목표도 있었습니다.

Q | 소프트웨어를 다루는 게 낯설진 않았나요?

A | 하드웨어를 개발한다고 해서 소프트웨어를 하지 않는 것이 아닙니다. 하드웨어를 작동하는 소프트웨어 개발을 함께 하니까요. 전체적인 개발 시스템은 비슷합니다.

사업 아이템은 이미 구상해놓았다. "고객 관리 직원이 수시로 외근 나가는 것을 보면서 이를 개선할 방법이 없을까 고민한 적이 있습니다. 지방에서 간단한 고장 문의만 들어와도 그 먼 곳까지 내려가야 하죠. 문의가 한꺼번에 몰려들면 제대로 대응하지 못하게 되면서 고객 불만이 생기곤 했습니다. 이런 사소한 일로 직원들이 사무실을 비운 사이 정말 급한 현장이 생기면, 제때 대응하지 못해 회사 이미지에 타격이 오는 경우도 생깁니다. 완벽하게 대응하려면 담당 직원을 늘려야 하는데, 비용 부담이 무척 큽니다. 그래서 '어떻게 하면 효율적으로 A/S를 할 수 있을지' 고민하다 떠올린 게 웹 기반 영상통신 시스템입니다."

구상하고 두 달 만에 사업 준비를 마치고, 회사를 나와 4명이 공동 창업했다. 기획에 들어간 지 1년 만에 제품 출시에 성공했다. BC카드에 수화 상담용으로 첫 번째 납품을 하고, 여러 금융회사와 공공기관에 뒤이어 납품했다. 건강보험공단, 국민연금, 국민권익위원회, NH농협, KB손해보험 등 20곳 이상의 고객을 확보했다. 프로그램 공급료와 월 이용료를 받아 수익을 낸다. "기존 콜센터 시스템에 연동할 수 있어 호응이 좋습니다. 영상 상담을 위해 별도의 장비를 구축해야 하는 불편이 없어 선호하는 거죠."

지금은 영업 전용 플랫폼 출시를 앞두고 있다. 이 플랫폼을 도입하면 자동차 회사가 오프라인 영업소 없이 온라인으로 자동차를 판매할 수 있다. "몇몇 자동차 회사와 시스템 공급을 논의하고 있습니다." 인터넷 쇼핑을 할 때 상담원이 물건을 보여주면서 판매하는 것도 가능하다. 상담받는 한 사람만을 위한 홈쇼핑인 셈이다. 중고거래를 할 때도 유용하다. 중고거래 사이트에서 원하는 물건을 클릭하면 판매자와 영상으로 연결되고, 실제 물건을 확인한 후에 거래할 수 있다.

프로그램 업그레이드도 계속 하고 있다. 최근 채팅과 문서 공유 시스템을 추가했다. 영상으로 상담하면서 채팅과 문서 공유를 할 수 있다. 이를테면 자동차 구입 상담을 받을 때 매장에 직접 가지 않고도 영상으로 자동차의 내·외관을 확인할 수 있고, 실시간으로 차 제원이 담긴 문서를 받으면서 채팅창에서 실시간 견적도 뽑아볼 수 있다. 단순 영상통화에서 훨씬 진일보한 서비스다. 상담원이 화면에 표시를 할 수도 있다. 소비자가 화면으로 고장 부위를 보여주면, 상담원이 화면에 전자펜으로 표시하면서 '어디와 어디를 연결하라'고 알려주는 식이다. "소비자의 이해도를 높이면서 서비스 질을 끌어올릴 수 있도록 다양한 부가 기능을 탑재했습니다. 실시간 녹화 등이 가능해서 상담 내용을 파일로 남겨 추후 증빙으로 삼을 수도 있습니다."

Q | 스스로 평가하는 본인만의 경쟁력이 있나요?

A | 기술자 출신이라 시장 방향과 기술 트렌드를 읽는 데 유리한 점이

있습니다. 예전에 MP3 플레이어 회사를 운영하면서 소비자 니즈를 고민했던 경험도 도움이 됩니다. 좋은 기술을 빠르게 파악해 소비자가 간편하게 쓸 수 있는 서비스를 계속 내놓고 싶습니다.

Q | 시니어 창업자의 장점은 어떤 게 있을까요?

A | 시장을 읽을 수 있는 역량, 자금 동원력, 위기 대응력 등이라고 생각합니다. 공격과 안정 사이에서 힘을 안배하는 균형 감각도 좋은 편입니다. 무조건 성장만 추구하다 보면 수익성이 떨어지고, 수익만 추구하면 확장성이 떨어지는데요. 어떤 지점에서 균형점을 찾아야 할지 경험을 바탕으로 판단할 수 있습니다. 일이 잘될 때 안정감을 찾거나 사업 포트폴리오를 다양하게 구성하는 능력도 중요한데요. 이 부분도 시니어 창업자들이 유리한 것 같습니다.

Q | 반대로 불리한 점도 있을까요?

A | 순발력이요. 작은 아이디어도 빠르게 테스트해볼 수 있는 순발력이 필요할 때가 있는데요. 아이디어를 정제하다가 때를 놓치는 경우가 생기기도 합니다.

Q | 앞으로의 계획은 뭔가요?

A | 글로벌 진출이 당면한 목표입니다. 이미 일본 수출에 성공했지만 수출국을 계속 넓혀가야 합니다. 더 열심히 해서 영상 공유 시스템 시장에서 1등이 되겠습니다.

PART
4

아마존이 반한
한국의 스타트업

반려견 사랑이 매출 100억 원 아이템으로

핏펫, 고정욱 대표

반려동물을 위한 건강 검진 키트
아마존 입점으로 미국에도 진출

반려동물도 사람처럼 건강검진이 필요하다. 사람 이상으로 다양한 검사가 필요하고, 검사 비용도 수십만 원으로 만만찮다. 반려동물이 아프다는 사실을 몰랐거나, 비싼 비용에 검사를 미루다 결국 큰 병으로 이어지는 경우가 많다. '핏펫' 고정욱 대표는 싸고 간편하게 반려동물을 검진할 방법을 고민하다가 창업했다.

| 출시 2년도 안 되어 매출 100억 원 |

고 대표는 반려동물 소변으로 아픈 곳이 있는지 검사할 수 있는 진단 키트 '어헤드'를 개발했다. 검사지에 소변을 묻힌 후 전용 애플리케이션을 실행해 검사지를 촬영하면, 당뇨병·요로결석·간질환 등 열 가지 이상 질병이 있는지 확인할 수 있다. 비용은 1만 원 중반에 불과하다. 반려동물도 제대로 건강검진을 하려면 수십만 원의 비용이 드는데 이 헤드 키트를 이용하면 싼값에 진단할 수 있다. "병을 고치는 도구는 아니에요. 동물병원에 데려가야 할지를 알려주는 거죠."

제품 출시 20개월 정도 된 2020년 2월을 기준으로 누적 매출이 100억 원을 돌파했다. 판매량이 수십만 장에 이르는 것이다. 아직 스타트업이라 전 직원이 총동원되어 제품 포장에 매달리는 일이 수시로 발생한다. 싱가포르, 인도네시아에 수출했고 아마존에 입점해 미국 진출에도 성공했다.

주된 구매층은 젊은 여성이다. "고객 분석을 해봤더니 93%가 20~30대 여성으로 나타났어요. 지역으로는 서울·경기가 60%를 차지하고요. 아무래도 반려동물을 세심하게 관리하는 분들의 구입 비중이 높습니다."

| 반려견 요로결석 보고 사업 결심 |

고 대표 본인의 경험이 사업의 시작이었다. 반려견 '제롬이'를 한밤중 동물병원에 데려갈 일이 생겼던 것이다. "밤새 낑낑대는 게 심상치 않아 병원에 데려갔더니 요로결석 판정이 나온 거예요. 제롬이가 이렇게 아파할 때 나는 뭐했는지, 소변이 제대로 안 나올 때 왜 몰랐는지, 자책이 들었어요. 말도 못 하고 얼마나 힘들었을까. 제 눈엔 그냥 건강해 보였는데 말이에요. 사정도 모르고…. 무척 안쓰러웠어요." 그 길로 가슴 한 켠에 간직했던 창업을 시작했다.

핏펫의 어헤드 키트

Q | 원래 반려동물 관련 창업을 생각하고 있었던 건가요?

A | 네. 강아지를 정말 좋아해요. 첫 직장 입사 때 채용 전형에 프레젠
테이션 면접 단계가 있었는데, 반려동물 헬스케어 시스템 개발을
주제로 발표했을 정도예요. 간단한 진단 키트가 있으면 좋겠다는
생각을 쭉 해왔는데, 제롬이 일을 계기로 실행에 나선 겁니다.

| 안면마비도 못 말린 사업 열정 |

창업 전 대기업과 스타트업을 모두 경험했다. 첫 직장은 삼성SDS였
다. 중앙대 경영학과를 졸업하고 2013년에 입사했다. 문과를 나왔지
만 IT개발자 신분으로 들어갔다. "대학 때 개인적으로 코딩을 공부했
어요. 전공자급 실력은 아니었지만, 삼성SDS가 비전공자에게까지 개
발자 문호를 개방하면서 개발자로 입사할 수 있었습니다." 입사 후
빅데이터 분석, DB 관리 등 시스템 개발에 참여하며 자연스레 컴퓨

터 소프트웨어 알고리즘을 분석하는 기술을 습득했다.

입사 3년 만인 2016년 4월, 신생 P2P금융회사 '펀디드'의 초기 멤버 합류를 제의받았다. 고민 끝에 문과생이면 누구나 부러워할 삼성을 박차고 나와 펀디드에서 CMO를 맡았다. 회사의 마케팅을 책임지는 자리였다. 투입 비용을 분석하고 전략을 짜서, 효율적으로 마케팅하고 자금을 모으는 일을 맡았다. 재밌었다.

하지만 이때 제롬이 일이 터졌다. '나만의 일을 할 때'라는 생각이 들었고 창업을 결심하게 되었다. "이미 창업을 해본 경험이 있어요. 대학 때 의류 쇼핑몰을 운영하다가 겨우 1년 만에 폐업했죠. 당시는 뼈아팠지만 그 경험을 살려 다시 제대로 도전하기로 했습니다."

Q | 창업을 결심하고 뭐부터 시작했나요?

A | 영상처리 기술 확보가 시급했어요. 소비자가 검사지를 찍은 화면을 애플리케이션에 등록하면, 이 화면을 분석해서 진단을 내리는 과정에 필요한 기술이죠. 주변에 이 기술을 아는 사람을 찾을 수 없었어요. 할 수 없이 관련된 전공의 교수님들께 무작정 이메일을 보냈어요. 10명 넘게 보냈더니, 그중 두 분이 답장을 주시더라고요. 그렇게 좋은 조언을 얻고, 박사급 연구원들도 소개받을 수 있었어요.

인복이 있었다. 순조롭게 개발 인력 3명을 확보했고, 알고 지내던 수의사가 자문의로 합류했다. TV 프로그램 〈세상에 나쁜 개는 없다〉에 출연해 유명해진 설채현 원장이었다. 산학협력 사업도 수주했다.

서울산업진흥원의 기술상용화 사업에 선정되어 자금 3천만 원과 함께 덕성여대의 기술 자문도 받았다. 덕성여대는 시료의 화학 분석 부분을 맡아줬다. 시료 분석 결과를 스마트폰 화면에 구현하는 기술은 자체 개발 인력과 고 대표가 주도했다. 삼성SDS에서 익힌 소프트웨어 알고리즘 분석 기술이 주효했다.

Q | 개발 과정에서 어려웠던 점이 있나요?

A | 계속 제품 테스트를 해야 하는데 시료 확보가 쉽지 않았어요. 할 수 없이 저를 포함해, 집에서 반려동물을 키우는 직원들이 아침마다 강아지가 소변 볼 때까지 기다려 시료를 모아 오곤 했어요. 보통 번거로운 일이 아니었죠.

다행히 제품 출시 전 집중 테스트 기간에는 수의사들의 도움을 받아 다양한 시료를 확보할 수 있었다.

창업 후 9개월의 연구·개발 끝에 2018년 4월 제품 개발에 성공했다. 요화학검사지와 포장 박스 등은 OEM으로 공급받기로 결정했다. 시장 반응은 상상 이상이었다. "만들기 무섭게 나가더라고요. 곧 설비용량이 주문량을 감당하지 못할 지경까지 갔습니다. 다행히 추가 시설을 마련해 수요에 대응할 수 있었습니다."

Q | 지금까지 잘해온 비결이 뭔가요?

A | 누구보다 열심히 했습니다. 사업 초기에는 대표가 해야 할 일이 많아요. 산더미 같죠. 그걸 미루지 않고 다 처리했어요. 결국 제품 출

시 직전에 안면마비가 왔고, 스트레스 때문에 피부 속 혈관이 터져 손가락이 파랗게 변했어요. 그런데도 무식하게 참고 일했어요. 끈기 있게 도전하고, 포기하지 않고 달려온 게 지금까지의 성공 비결입니다. 창업 전 스타트업에 참여해서 마케팅과 투자 유치를 경험해본 것도 많은 도움이 되고 있고요.

| 작은 창업부터 해보세요 |

고객 피드백이 무척 중요하다. 일주일에 한 번 피드백을 모아 애플리케이션을 업데이트한다. 지인으로 구성된 검증그룹이 고객 피드백을 1차로 걸러 불필요한 일을 덜어주는 큰 역할을 한다. "검증그룹이, 필요한 피드백이라고 판단한 것을 중심으로 애플리케이션을 개선해요. 처음 나왔을 때보다 많이 좋아졌어요."

앞으로의 관건은 기존 고객의 지속적인 재구매다. "수의사들은 1~2개월에 한 번씩 반려동물 건강검진을 권해요. 이번 달엔 괜찮다가도 다음 달에 갑자기 병이 발견될 수 있거든요. 지속적인 재구매를 이끌어내기 위해 다양한 마케팅을 전개하고 있습니다."

개와 고양이로 시작해 다양한 반려동물로 검진 대상을 늘리고 있다. 연관 분야로 진출도 했다. 코의 무늬로 개 신원을 확인하는 시스템을 개발한 것이다. 사람에게 지문이 있듯 개에게는 비문(鼻紋)이 있는데, 그 정보를 모아 반려견 신원을 확인할 수 있는 시스템을 만들었다. 반려견 실종 등 돌발 상황에 대응할 수 있다. "1,200개 정도의 비문을 샘플로 해서 개발했는데 테스트를 해보니 정답률이 100%로 나왔어요. 정확하게 개 신원을 식별하는 거죠." 보험사들과 제휴도 맺었다. 반려동물 병원비를 보장해주는 보험이 있는데, 다른 반려동물로 병원비를 허위 청구하는 경우가 종종 있기 때문이다. 이를 막기 위해 저장해둔 비문과 비교해 보장 대상인 반려동물이 맞는지 확인하는 용도로 활용하고 있다.

핏펫은 이 밖에도 기능성 식품, 위생용품, 교육용품 등 다양한 반려동물 용품을 만들고 있다. 반려동물과 관련된 모든 것을 다루는 종합 기업이 되는 게 목표다.

Q | 창업하고 보니 아쉬운 점이 있나요?

A | '더 많이 창업을 해볼걸' 하는 아쉬움이요. 학생 때 쇼핑몰을 창업하고, 삼성에서 나와 스타트업에 참여하면서 정말 많이 배웠어요. 계약서 보는 법부터 좋은 거래 상대를 선별하는 법, 마케팅, 연구·개발 등 뭐 하나 버릴 경험이 없어요. 쇼핑몰을 운영했을 때 '이거 분명 대박 나겠네.' 하는 아이템을 올렸는데 거의 안 팔린 적이 있었어요. 그걸 계기로 고객이 정말로 원하는 게 뭔지 고민해볼 수 있었어요. 이런 게 모여 제 인사이트가 됐습니다. 대학생 때 쇼핑몰만 하지 않고 다른 창업도 해봤다면 얼마나 좋았을까 하는 생각이 많이 들어요. 그때 시간이 정말 아까워요. 작은 창업부터 해보세요. 성공 확률이 확 올라갈 겁니다.

전 세계 놀라게 한 아이 셋 엄마의
프리미엄 생필품

헤리티지벤처스, 김지호 대표

기저귀 생리대 등 프리미엄 생필품 생산
아마존에서 유일한 아시아 기저귀 판매 업체

사업의 기회는 우연히 찾아오기도 한다. 헤리티지벤처스의 김지호 대표는 육아휴직 때 들은 창업 수업이 계기가 되어 아마존 입성까지 성공했다.

| 프리미엄 피앤지 지향 |

프리미엄 생필품을 지향한다. 기저귀와 생리대가 대표 제품이고, 세제와 샤워필터도 만든다. 제품 디자인과 개발을 자체적으로 하고, 생산은 OEM으로 맡긴다. "제품에 들어가는 유해물질을 최소화하려고 노력합니다. '프리미엄 피앤지'를 지향하고 있습니다. 구강용품, 헤어·바디 용품도 개발하면서 제품 라인업을 확대하고 있습니다."

'일센티플러스'라는 자체몰을 운영하면서 밀크프렌즈, 르프레시,

퓨리플 등 제품마다 각자 브랜드를 붙여서 마케팅을 하고 있다. "회사가 아니라 제품을 전면에 내세웁니다. 이미 성공한 다른 제품의 인기에 기대지 않고 제품마다 각자 가진 경쟁력으로 승부하자는 의미입니다."

| 판매자 컨설팅하면서 개발 지식 쌓아 |

대학에서 광고홍보학을 전공했다. 졸업 후 광고대행사에서 AE(기획자)로 일하다가, 삼성이 인터넷 보험사 '인스밸리'를 출범시키자 마케터로 합류했다. "어려서부터 물건 파는 데 관심이 많았습니다. 품질이 좋은데도 기본 20~30%는 할인해야 겨우 팔리는 물건이 있는데요. 브랜딩에 문제가 있는 경우가 대부분입니다. 이런 흙 속의 진주를 발굴하는 일이 재밌었습니다. 제대로 브랜딩해서 제값을 받게 도와주는 거죠. 인터넷으로 보험을 판매하는 새로운 보험사가 나온다는 소식을 듣고 '내가 금융상품까지 팔면 더 이상 못 파는 게 없겠다'는 생각이 들었습니다. 보험이란 게 직접 만나서 팔기도 어려운 건데, 인터넷으로 팔다니요. 새로운 영역에 도전하기로 했습니다."

Q | 도전의 결과가 어땠나요?

A | 당시만 해도 인터넷으로 보험 파는 일이 무척 낯설었습니다. 새로운 접근법이 필요했는데, 기존 보험 전문가들은 보험 영역으로만 접근하다 보니 해답을 내놓지 못하더라고요. 저는 보험을 잘 모르

는 일반인 시각에서 접근했습니다. 저처럼 잘 모르는 사람도 쉽게 이해할 수 있도록 상세페이지를 만들고, 관심을 갓도록 이벤트를 했죠. 그랬더니 어린이 보험, 암 보험 같은 가벼운 상품 위주로 실적이 나오더라고요. 인터넷으로 보험을 팔 수 있다는 선례를 만든 것 같아 뿌듯했습니다.

인스밸리에서 일하면서 인터넷 쇼핑 분야에 관심이 생겼다. 본격적으로 해보기 위해 지마켓으로 회사를 옮겼다. 처음에는 마케터 일을 하다가, 아이를 낳고 유아용품에 관심이 생겨 유아용품 MD로 보직을 바꿨다. 기저귀 등 다양한 유아용품 업체를 발굴해서 지마켓에 입점시키는 일이었다. 기저귀와 비슷한 생리대도 다뤘다. "MD로 일하면서 새로운 포르젝트를 많이 하려고 노력했습니다. 업체들과 가격 협상하고 좋은 제품을 들여와 프로모션 하는 일도 재밌지만, PB 상품을 개발하는 것 같은 새로운 일을 벌이는 것도 좋았습니다."

지마켓에 몰을 개설한 중소기업들에 컨설팅을 제공하는 일도 했다. "지마켓이 활성화되려면 좋은 판매자(몰에 제품을 올려 판매하는 중소기업)가 많이 나와야 합니다. 무조건 싼 제품만 판매할 게 아니라, 좋은 제품을 많이 다뤄야 하죠. 이를 위해 본사 차원에서 판매자 육성을 했는데요. 제가 그 일을 맡아서 거래하는 중소기업들에 생산 시스템 구축법 제안, 해외 원자재 업체 연결, 디자인·마케팅 지원, 상세페이지 작성 지원 같은 같은 컨설팅을 해줬습니다. 또 판매자분들이 소비자의 신뢰를 얻도록 브랜딩도 도왔습니다. 덕분에 다양한 기업들과 관계를 맺을 수 있었습니다."

Q | 컨설팅을 통해 어떤 성과가 있었나요?

A | 페넬로페(기저귀), 무슈제이(화장품) 같은 브랜드를 지마켓에서 출범시켰습니다. 브랜드 권리는 판매자들이 갖게 했습니다. 대신 6개월에서 1년 정도 지마켓에서만 팔도록 했고요. 그 기간이 지나면 다른 곳에서도 팔 수 있도록 했습니다.

컨설팅을 하면서 기저귀, 생리대 등 생활용품에 대해 웬만한 개발자 이상의 지식을 갖추게 되었다. "주어진 일이라 열심히 하다 보니 어느 순간 저 스스로 제품 개발도 할 수 있는 수준에 이르더라고요. '어떤 제품은 어떤 소재를 써야 하고, 단가는 어떻게 맞추면 된다' 같은 기본 지식부터 각종 생산을 맡길 만한 중국 공장들 네트워크까지, 제품 개발에 필요한 모든 배경지식을 알게 됐습니다."

| 창업 강의 듣다가 사업 구상 |

일이 전부인 줄 알고 지내다 갑자기 아이들이 눈에 들어왔다. "아이가 셋입니다. 아이들을 낳고 기르는 동안 거의 쉬지 않고 회사에 나와 일했습니다. 아이들에게 쓴 시간이 별로 없었던 거죠. 그 사실을 깨닫고 3년 육아휴직을 신청했습니다."

한동안 아이들 돌보는 일에 집중했다. 그러다 불안감이 밀려왔다. "지마켓은 매우 빠르게 돌아가는 회사다 보니 항상 뭔가를 하는 습관이 몸에 배었죠. 그런데 집에서 쉬고 있으려니 '나만 뒤처지고 있는 게 아닐까' 두렵더라고요. 그래서 육아휴직 중이지만 뭐라도 배우자는 생각에 한 기관에서 진행한 창업리더 수업을 신청했습니다."

Q | 어떤 수업이었나요?

A | 중소기업 대표님들이 강사로 나오시더라고요. '리더의 마인드' 강의를 통해 일하는 시야를 넓혀주셨죠. 그러다 수업 시간에 사업계획서를 제출하는 숙제가 나왔습니다. 개인적으로 계획서를 짜본 뒤, 강사님들과 함께 다듬으면서 발표까지 하는 거였죠. 사업계획서라면 생전 써본 적이 없었는데 쓰다 보니 흥미가 생기더라고요.

Q | 어떤 주제였나요?

A | 당시 '깔창 생리대'가 이슈였습니다. 그 문제를 해결해보겠다면서, 청년들이 나서 반값 생리대를 연구하는 걸 뉴스에서 봤습니다. '이건 내가 전문가인데? 생리대를 잘 모르는 청년들도 저렇게 나서는데, 난 왜 저런 생각을 못 했을까.' 생각이 들더군요. 순간 부끄러웠습니다. 그걸 계기로 착한 생리대 사업 구상에 들어갔습니다.

Q | 어떤 내용으로 만들었나요?

A | 일단 기존 사업의 문제부터 봤습니다. 문제가 터지니 국가에서 생리대를 무료로 나눠주게 되었는데, 그걸 받으려면 가난을 증명해야 하더라고요. 무척 수치스럽죠. 또 엄마가 없는 가정은 생리대만 준다고 해서 끝나는 일이 아니더라고요. 올바른 사용법을 가르쳐 줄 사람이 없어서 결국 또 소외됩니다. 이런 문제들을 해결할 방법

이 없을까 고민을 거듭하다가, 교육받을 필요 없이 쉽게 착용할 수 있는 팬티형 생리대를 널리 보급하면 좋겠다는 생각이 들었습니다. '그런데 팬티형 생리대는 비싸다. 어떻게 해야 할까. 지마켓에서 MD로 일할 때 쌓았던 인맥을 활용하면 저렴하게 만들 수 있는 길이 있다. 저렴하게 만든 뒤 단체 후원을 받아 익명을 보장해서 공짜로 나눠주면 될까? 그런데 이건 지속 가능하지 않겠다. 지속 가능하려면 어느 정도 이윤이 창출되는 사업의 성격을 띠어야 한다. 그렇다면 내가 돈을 벌어서 익명으로 기부를 하는 게 좋겠다.' 하는 결론에 이르렀습니다.

| 중국에서 먼저 성공 |

2017년 1월 아예 사업자신고를 냈다. 계획서에 머물지 않고 직접 만들어보기로 한 것. 회사는 그만두지 않고, 육아휴직을 유지하면서 투잡 형태로 시작했다. "사실 창업은 오래 전부터 원하던 일이었는데 바쁘게 사느라 잊고 있었어요. 뭔가 새로 시작하니 가슴이 뛰었습니다."

제품 개발은 직접 하되 OEM으로 생산하기로 했다. 첫 제품은 기저귀로 정했다. "육아를 하며 믿을 만한 기저귀가 있으면 좋겠다고 생각했습니다. 제 아이들에게 테스트해가며 개발했습니다. 기저귀의 핵심은 얇고 흡수력이 좋으면서 부드럽고, 착용할 때 뭉치지 않아야 합니다. 소재 발굴과 디자인을 직접 했습니다. 굿 케미스트리(good chemistry)를 쓰기로 했습니다. 인체에 해가 없다는 인증을 받은 소재로 제품을 만들어야 프리미엄 제품이 될 수 있다고 판단했습니다."

제품이 나오자 중국 시장부터 공략했다. "중국 OEM 생신 및 현지 판매부터 하기로 결정했습니다. 기저귀 소재 업체들이 중국에 많아서, 현지에서 소재를 조달해 생산하면 편하거든요. 그걸 국내에 들여오려면 비용이 많이 드니, 일단 중국 판매부터 하기로 했죠. 마침 중국은 지마켓에서 쌓아놓은 네트워크가 있어 접근이 수월했습니다."

검토 끝에 중국 파트너에게 아예 중국 내 사업권을 넘기는 방식을 택했다. "현지 업체가 자체 생산해서 판매하도록 하고, 판매액의 일부를 로열티로 받는 형태로 했습니다. 신생 기업이 바로 중국 사업을 크게 벌이기 어렵다는 것을 감안한 현실적인 판단이었습니다. 또 당시는 사드 보복이 거셀 때라 저희가 직접 중국 사업을 하는 데 한계가 많다는 점도 고려했습니다. 다만 브랜드 가치가 훼손되면 안 되니 가격이나 품질 관리는 저희가 직접 하는 조건으로 했습니다."

프리미엄 제품으로 인정받으면서 2017년 바로 실적이 나기 시작했고, 2019년 중국 내 매출이 80억 원까지 올라갔다.

| 모든 관리 직접 관장, 수출에 집중 |

국내 판매는 중국 진출 작업을 마무리한 2017년 말 시작했다. 오픈마켓에 셀러 등록을 해서 제품을 판매했다. 다니던 지마켓은 제외했다. "사실 지마켓은 누구보다 구조를 잘 아니 편한 길이죠. 하지만 컨설팅하면서 도움을 드렸던 생산자분들이 눈에 어른거렸습니다. 제가

162 ——

지마켓에 있으면서 컨설팅한 기업 중에 기저귀 만드는 곳이 많았습니다. 제가 정보력 같은 것에 우위에 있으면서 그분들과 경쟁하는 건 도의가 아니라고 생각했습니다. 그래서 그들이 진출하지 않은 백화점몰과 자사몰에만 입점했습니다."

대기업 제품보다 높은 가격을 받으며 시장에서 인정받고 있다. "품질력은 월등하다고 자부합니다. 소재도 훨씬 좋고요." 경쟁력 유지의 핵심은 제품을 직접 개발하는 데 있다. 소재 관리도 일일이 한다. "제가 직접 해야 마음이 놓입니다. 제품 디자인, 소재 선정 등 전체 개발 과정을 제가 직접 관장합니다. 접착제는 어디 걸 써라, 고무는 이걸 써라 같은 구체적인 오더를 내립니다. 소재 업체를 직접 선정해 제조공장과 연결하는 거죠. 그래야 품질이 구상한 대로 나옵니다. 기저귀를 제외한 나머지 제품은 모두 국내생산하고 있습니다. 앞으로도 품질관리를 위해 전 제품 국내생산 체제를 유지할 계획입니다."

중국에 이어 국내 사업도 순항하고 있다. 2019년 국내에서 40억 원 매출을 기록했다. 그해 2월 육아휴직 3년 만기가 돌아왔다. '투잡 체제로 가느냐, 퇴사하고 본격적으로 사업을 하느냐.' 하는 고민 끝에 사표를 내고 사업을 본격적으로 확장하기로 했다. 기저귀에 이어 최초 계획했던 생리대를 내놓고, 뒤이어 샤워기 필터도 냈다. "2020년 매출은 60억 원을 예상하고 있습니다. 제품 라인업 확대가 계획대로 진행되면 2021년 매출은 200억 원을 예상합니다. 매년 2배, 3배씩 성장하는 것을 목표로 하고 있습니다."

향후 성장의 핵심 열쇠는 수출에 있다. 판매 방식을 고민하다가 아마존코리아 판매자 육성 프로그램을 알게 되었다. "아마존 판매를 하면, 현지 법인을 세우거나 출장을 가지 않아도 미국 사업을 할 수 있어서 좋다라고요. 보통 출장 한 번 가면 직원 몇 명 월급이 깨지는데 그걸 아낄 수 있죠." 아마존 셀러 등록 후 첫 달 판매는 미미했다. 판매 수량 36개. 하지만 이후 판매 수량이 급속도로 늘면서 2019년 말 기준 월 판매량이 첫 달의 26배로 커졌다.

Q | 처음 아마존에 물건을 올려 판매하는 게 낯설지 않았나요?

A | 물건을 주문받는 시스템이 지마켓 같은 다른 오픈마켓과 거의 비슷해서 익숙하더라고요. 영어를 잘 못해 걱정하시는 분들이 있는데 문의 사항이 있으면 아마존코리아 직원들이 한국어 응대를 해줍니다. 가장 좋은 건 물류였습니다. 아마존 센터로 물건을 보내면, 아마존이 고객에게 배송해주기 때문에 배송을 걱정할 필요가 없거든요. 콜센터로 오는 전화의 80% 이상이 배송 관련 문의인데, 그 문의가 아마존으로 가니 좋았습니다.

| 품질 좋으면 중국산 겁 안나 |

생필품은 중국 업체들의 공세가 가장 거센 분야 중 하나다. 좋은 제품이 있으면 바로 모방해서 싸게 판다. "이들이 따라 할 수 없는 제품을 만들어야 합니다. 단순 'made in Korea'로는 아무런 경쟁력을 낼 수 없습니다. 외국인이 보기엔 중국산이나 한국산이나 큰 차이가 없거든요. 결국 제품력이 좋아야 인정받습니다. 그런 제품만 모여 있는 분야에서 경쟁하는 것도 괜찮습니다."

기저귀가 그중 하나다. 기저귀는 아마존에 등록된 중국 업체가 한
곳도 없다. 몸에 닿는 제품이라 아마존 등록을 위한 인증이 까다롭기
때문이다. "킴벌리클라크, 피앤지 같은 대기업들만 아마존에서 기저
귀를 팔고 있습니다. 아마존 베이비 카테고리에서 아시아 기업은 저
희가 유일하죠. 거대기업 틈바구니에서 경쟁하고 있습니다."

Q | 최초 구상했던 대로 기부를 많이 하나요?

A | 지금까지 1억 2천만 원어치 물품 기부를 했습니다. 고객이 구매를
하면 저희가 1+1 기부하는 프로그램도 하고요. 기부를 늘리려고
노력하고 있습니다.

Q | CEO로서 본인이 가진 경쟁력이 뭐라고 생각하세요?

A | 스피드요. 생각하면 바로 실행에 옮깁니다. 맞겠다 싶으면 바로 해
봅니다. 해보지도 않고 '들어서 안다'는 말을 제일 싫어합니다. 들
은 건 제 것이 아닙니다. 해봐야 알 수 있고 성공할 수 있습니다.

Q | 앞으로의 계획과 비전은 뭔가요?

A | 국내에서 생산한 생리대 등을 곧 중국에 수출합니다. 2년 안에 샴
푸, 바디 클렌저 같은 새 제품을 내놓을 계획입니다. 모든 사람이
적어도 하루 두 번은 저희 제품을 쓰도록 하고 싶습니다. 생필품
고르는 시간을 줄여드리고 싶습니다. 고민하지 않고 우리 제품을
쓰는 거죠. 진정성을 잃지 않고 계속 좋은 제품을 만들겠습니다.

와인 입구에 빨대 끼웠더니…
아마존도 놀라게 한 아이디어

빈토리오, 민병은 대표

미국 특허, 5년째 판매순위 1위 안 놓쳐
삼성중공업 퇴사하고 사업 시작

세계적으로 유명한 미국의 와이너리 '나파밸리'. 이곳에 찾아가 와인 시음을 하면, 와인병 입구에 투명한 장치가 되어 있는 걸 볼 수 있다. 이 장치는 와인을 잘 따르도록 돕는 데 그치지 않는다. 순간적으로 와인에 공기를 주입시켜 와인의 맛을 극대화한다. '빈토리오 에어레이터'. 이 제품은 우리나라 청년인 민병은 씨가 만든 것이다. 한국보다 외국에서 더 유명하다. 아마존에서만 30만 개 가까이 팔리며 관련 분야 판매순위 1위에 올라 있다.

| 와인 따르는 순간 에어레이팅 |

아무리 좋은 와인이라도 기본은 술이기에 알코올의 톡 쏘는 느낌은 피할 수 없다. 종류에 따라 떫은 맛이 매우 강한 경우도 있다. 이런 맛

을 줄여주는 게 바로 공기다. 와인이 공기와 만나면 쓰거나 떫은 맛이 완화되면서 좋은 향이 살아난다. 와인을 마실 때 잔을 돌려주는 것도, 공기와 접촉을 늘려 맛을 부드럽게 하기 위해서다. "아주 옛날에는 와인에 찌꺼기가 있었는데요. 그걸 가라앉히기 위해 '디캔터'에 옮겨 담다가 맛이 좋아지는 걸 발견했다고 합니다. 이후부터 '에어레이션'이라고 해서 와인을 공기와 접촉시킨다는 뜻의 용어까지 생겼습니다."

일반적인 디캔터는 항아리처럼 크고 둥글다. 공기와 닿는 면적을 크게 해서, 공기에 가급적

와인 에어레이터의 원리

많이 노출되도록 하기 위해서다. 그런데 크게 만든 디캔터를 들고 와인을 따르려니 불편할 뿐만 아니라 충분히 에어레이션 하려면 30분~3시간 정도의 시간이 필요하다. 디캔터에 와인을 옮겨 담은 후 오랜 시간을 기다려야 하는 것이다.

빈토리오 에어레이터는 아이디어 하나로 이런 불편을 해결했다. 투명한 장치를 병에 끼워서 와인을 따르는 찰나의 순간에 에어레이

션을 끝낸다. 적극적으로 공기를 주입시키는 방식이라 장시간 기다리지 않아도 된다.

얼핏 보면 와인을 따를 때 와인 방울이 새지 않도록 돕는 '푸어러(pourer)'처럼 생겼다. 에어레이터는 3단계에 걸쳐 순간적으로 에어레이션을 한다. 제품을 와인 입구에 끼우고 와인병을 기울이는 순간 제품의 구멍으로 공기가 들어간다. 공기는 기압 차에 따라 빨대 모양의 얇은 관을 통해 와인병 안으로 들어간다. 그러면 1차로 공기와 와인이 만난다. 이내 와인은 에어레이터로 쏟아져 들어오고, 중간 원형 모양 구조에서 한 번 요동치면서 2차로 공기와 만난다. 이어 원형 구조 하부에 달린 투명 본체를 거쳐 와인이 빠져나가는데, 이 단계에서 마지막으로 공기와 한 번 더 접촉한다. 투명 본체를 날렵한 모양으로 디자인해서 와인이 에어레이터를 거쳐 와인잔으로 떨어질 때 가속이 붙어 공기와 최대한 많이 접촉하게 했다. "일반적인 푸어러 역할도 하면서 총 3단계에 걸쳐 에어레이션을 합니다."

충분히 에어레이션이 된 결과 와인을 따를 때 보글보글 공기방울이 생긴다. 투명 본체를 빠져나가는 와인을 보면 꼭 진주 목걸이 같다. 미국에서 특허를 받으며 제품력을 인정받았다.

| 군대에서 사업 결심 |

부모님 사업 때문에 홍콩에서 태어나 미국에서 공부했다. 홍콩 시민권과 미국 영주권을 모두 가졌다. 대학은 경영학 전공으로 미국에서 나왔다. 외국 영주권과 시민권이 있지만, 공군통역장교로 군대를 다녀왔다. "당연하다 생각했습니다. 어떻게 보면 군대가 사업을 시작하는 기회가 됐습니다. 일과 후 남는 시간에 마케팅 등 경영 관련 책과 기업 뉴스를 많이 봤습니다. 책과 신문을 보면서 사업에 큰 흥미를 느꼈고 언젠가 꼭 사업을 해야겠다 생각했습니다."

Q | 제대하고 바로 사업을 시작했나요?

A | 아뇨. 당장은 자본도 없고 무슨 사업을 해야 할지 갈피를 잡지 못했습니다. 무엇을 어떻게 시작해야 할지 확신이 서지 않아서 일단 몇 년간은 열심히 일을 배워야겠다는 생각에 삼성중공업에 들어갔습니다.

해외 마케팅사업부에 배속되어 해외 수주에 참여했다. "배운 것도 많았지만 곧 '내가 생각했던 일은 아니다.'라는 고민이 생겼습니다. 이 일은 뭔가 길이 정해져 있다는 느낌이 많이 들었습니다. 1년 후, 3년 후, 5년 후 내가 뭘 하고 있을지 예측이 됐습니다. 전혀 다이내믹하지 않았던 거죠. 그리고 세계경기에 너무 민감한 일이었습니다. 내가 잘하든 못하든 상관없이 세계경기에 따라 실적이 결정돼버리는 거죠. 제가 특별히 뭔가를 할 수 있는 여지가 없었습니다. 결국 '나만의 일을 해야겠다' 결심하고 다른 일을 찾기로 했습니다."

처음에는 게임에 도전했다. 기본적인 코딩에 대한 지식도 없이 무작정 뛰어들었다. "인터넷에서 찾아보니 기본적인 소스코드는 구입이 가능하더라고요. 소스코드를 몇 개 산 뒤 인터넷으로 동유럽의 개발자를 고용해서 게임 애플리케이션을 3개 출시했습니다." 다행히 쓴 만큼의 돈은 벌었다. 하지만 거기까지였다. 해수욕장의 모래사장 만큼이나 많은 게임 애플리케이션 사이에서 존재감을 드러내는 건 불가능하겠다는 생각이 들었다.

| 인터넷에서 배워 제품 개발 |

손에 잡히는 제품에 도전하는 게 낫겠다는 생각이 들었다. "세상에서 가장 많은 상품이 경쟁하는 곳은 어디일까 생각하니 바로 아마존이 떠올랐습니다. 아마존은 친절하게도 가장 잘 팔리는 제품을 그냥 알려줍니다. 소비자 리뷰를 통해 제품에 대한 평가도 볼 수 있습니다. 아마존을 보는 것만으로 시장조사가 되는 거죠. 아마존에서 인기 있는 제품에 달린 불만을 해결할 수 있다면 바로 흥행이 보장되는 것입니다.

시장 규모도 생각했습니다. 작년 우리나라 전체 전자상거래 규모가 110조 원인데요. 아마존의 한 회사 매출이 그 2배가 넘습니다. 좁은 국내 시장에서 물고 물리느니, 바로 아마존에 진출해 여기서 1등을 하는 게 낫겠다는 생각이 들었습니다."

6개월간 매일 아마존에 들어가 인기 있는 제품을 살펴보고, 사이트의 전체 구조와 흐름을 파악했다. 제품 소개 글을 어떻게 써야 판매가 많이 이뤄지는지 등의 감도 익혔다. "완벽한 아마존 덕후가 된 겁니다. 지금도 아마존 한국지사 직원들 사이에서 '사원 다음으로 아마존을 가장 많이 안다'는 얘기를 듣습니다."

그렇게 오랜 기간 관찰해서 결정한 아이템이 바로 와인 에어레이터다. "에어레이터 상품들의 리뷰를 읽어보니 아쉬운 점이 많더라고요. 간편함을 요구하는 의견들이 눈에 띄었습니다. 푸어러를 응용해 에어레이터를 만들어보자 생각했습니다. 평소 술을 즐기는 편인데 그 관심도 반영된 것 같습니다."

목표를 정하니 길이 보였다. 우선 비슷한 제품을 모조리 주문해서 써봤다. 이후 각 제품의 장단점을 정리해서 어떻게 보완할지 연구해 기본 도면을 만들었다. 도면이 만들어질 때마다 공장에 보내 시제품을 만들어 써본 뒤 업그레이드했다. 그렇게 완성품을 만드는 데 4개월이 걸렸다.

Q | 문과 출신이 어떻게 그런 개발을 했죠?

A | 인터넷에 다 나와 있습니다. 지금은 정보 과잉 시대입니다. 다양한 정보가 넘쳐나죠. 중요한 건 정보의 양이 아니라 어떤 정보가 좋고 나쁜지 판별해서 실제 활용까지 연결하는 것입니다. 유튜브나 구글을 조금만 뒤져도 웬만한 제품의 개발법은 모조리 찾아낼 수 있습니다. 그걸 제대로 조합해서 나만의 제품을 실제로 만드는 게 중요합니다.

다른 필요한 일도 모두 혼자 했다. "제품 패키징 디자인, 로고 제작등 제 손을 거치지 않은 것이 없습니다. 이 공부들도 인터넷으로 해결했습니다."

Q | 아무리 생각해도 누구나 할 수 있는 일이 아닌 것 같아요.

A | 그냥 하면 됩니다. 신제품 개발은 어찌 보면 다이어트와 같습니다. 시작하는 순간엔 짜증나는데 몇 개월 지나고 적응되면 괜찮아집니다. 그렇게 해서 성공하면 결과는 더없이 만족스럽죠. 사업 전선에서 이기려면 당장은 싫은 일을 해야 합니다. 제가 잘나서 모든 일을 혼자 했던 게 아닙니다. 참을성이 좀 더 많았을 뿐이죠.

Q | 생산은 어떻게 했나요?

A | 역시 인터넷에서 답을 찾았습니다. 제품 공장을 인터넷에서 찾았거든요. 처음부터 중국을 염두에 뒀습니다. 인터넷에 보면 중국인과 협상하는 방법도 나와 있습니다. 인터넷에서 찾은 기업을 상대로 인터넷에서 찾은 협상법으로 협상한 거죠. 중국인들과 협상할 때는 당장 어떤 물량을 보장하는 것보다 미래 청사진을 보여주는 게 더 중요하더라고요. '앞으로 내가 얼마나 커져서 어느 정도 물량을 좋은 조건에 줄 수 있으니, 지금 나랑 계약하자.' 식으로 얘기하는 거죠. 그렇게 좋은 파트너를 얻을 수 있었습니다. 홍콩에서 사업을 하셨던 어머니의 도움도 받았습니다.

| 아마존 부동의 1위 |

완성품이 나오자 일단 아마존에 올려 마케팅을 조금 돌려봤다. 바로 반응이 오더니 출시 3개월 만에 아마존 와인 에어레이터 부문 1위에 올랐다. 지금도 그 자리를 내주지 않고 있다. 미국에서 인기를 끌자 캐나다, 독일, 프랑스, 스페인, 일본 등에서도 주문이 왔다. 총 10개국에 수출하고 있다. 지난 5년간 판매량은 30만 개, 매출액은 60억 원에 육박한다.

와이너리, 레스토랑 체인 등 유명 업장에서도 널리 쓰이고 있다. "와이너리에서 시음을 위해 디캔팅을 하는 건 무척 번거롭습니다. 매일 소비되는 양이 어마어마하거든요. 일일이 디캔팅을 해서 제공하는 건 사실상 불가능하죠. 우리 제품은 그저 와인병에 끼워서 따라주기만 하면 됩니다. 에어레이팅이 무척 간편해졌다고 다들 좋아하십니다."

국내 와인 시장이 계속 커지는 걸 보고 국내 유통도 시작했다. 온라인 판매를 하면서 이마트, 롯데백화점 등 오프라인 매장에도 공급하고 있다.

Q | 성공 비결이 뭘까요?

A | 물건이 아니라 아이디어와 가치를 보고 사는 제품이 있습니다. 와인 액세서리가 대표적이죠. 와인 에어레이터를 구입한다는 건 스스로 '나는 고급스러운 사람'이라는 느낌을 주게 합니다. 그 생각을 저격하려면 제품에 스토리를 담아야 합니다. 저는 그 스토리를 세 번의 에어레이션으로 삼았고 그게 적중한 것 같습니다.

Q | 위기는 없었나요?

A | 당연히 있었죠. 판매한 지 6개월도 안 돼서 복제품이 나왔습니다.

판매가 좀 된다 싶으니 치고 빠지는 셀러들이 우후죽순 나온 거죠. 특히 중국에서요. 심지어 우리 제품 설명서를 그대로 따라 하는 곳도 나왔습니다. 한때 카피 셀러가 70곳이 넘었습니다. 비슷하게 따라 만들어 반값에 팝니다. 참 나쁜 사람들이죠. 이런 일 때문에 망하는 스타트업이 많습니다.

Q | 어떻게 극복했나요?

A | 결국엔 브랜딩과 마케팅에서 승부가 나는 것 같습니다. 범람하는 카피 제품 속에서도 우리 제품을 고르게 하는 브랜딩과 마케팅이 중요하죠. 기능성을 강조해 프리미엄 제품으로 포지셔닝했습니다. 곧 미국 와이너리 등에서 저희 제품을 써주었죠. 그러면서 복제품과 차별화됐습니다. 비슷하게는 해도 디테일에선 차이가 나거든요. 플랫폼을 잘 활용하는 것도 중요합니다. 일찍 아마존에서 잘 팔리는 제품의 마케팅을 분석해서 적용한 끝에 40%의 구매전환율을 기록하고 있습니다. 페이지에 들어와 제품을 본 사람의 40%가 실제 구매를 한다는 뜻이죠. 크리스마스 때는 70%에 이릅니다. 다른 복제품은 따라올 수 없는 수준이죠.

| 매일 해도 괜찮은 일을 하라 |

민 대표는 차가 없다. 옷도 비싸지 않은 것만 찾는다. "일하는 것 외에 크게 관심이 없습니다. 물욕이 별로 없는 것 같아요. 한 가지 욕심

이 있다면 일 그 자체입니다. 나도 잘되고 내 주변도 도울 수 있는 사람이 되고 싶습니다. 스타트업들 보면 조금만 브랜딩과 마케팅을 해줘도 뜰 수 있는 곳이 많습니다. 거꾸로 말하면 그 지점이 아쉬운 스타트업이 많은데요. 협업을 통해 보완해주고 싶습니다.

Q | 좋은 창업 아이템은 어떻게 얻어야 하나요?

A | 맨땅에 헤딩 식으로 아이디어를 얻는 건 어렵습니다. 실패 확률도 높고요. 본인 생각에 좋은 제품을 개발하기보다 이미 인기를 얻고 있는 제품에서 힌트를 얻는 게 좋습니다. 지금 인기 있는 제품은 바로 지금 사람들의 라이프스타일을 반영합니다. 시장 트렌드에 맞춰서 제품을 내놓으면 실패 확률을 줄일 수 있습니다.

Q | 아마존에서 사업하는 건 어떤가요?

A | 훌륭하죠. 아마존 시스템을 활용하면 누구나 손쉽게 사업을 시작할 수 있습니다. 한 달에 4만 원만 내면 물류, 소비자응대 등 기업이 어려워하는 걸 다 맡아서 해주고 기본 시스템도 제공해줍니다. 일단 도전하기 좋은 플랫폼입니다. 다만 얼마나 제대로 할 수 있는지는 본인 몫입니다. 하는 것 자체는 힘들지 않은데 제대로 하는 건 각자 능력에 달린 거죠.

Q | 어떤 기업을 지향하나요?

A | 다른 술이 주로 취하는 게 목적이라면, 와인은 음식과 함께 맛을 느끼는 게 목적입니다. 다만 종류가 워낙 많다 보니 어렵게 생각하

거나 아는 사람만 마신다고 여기는 분이 많습니다. 많은 분들이 저렴한 와인 한 잔으로도 팍팍한 일상을 잊을 수 있으면 좋겠습니다. 맛은 저희 제품이 좋게 해드릴 수 있습니다. 그래서 저희 브랜드의 핵심은 '즐거움'입니다. 보다 많은 분께 즐거움을 드리는 기업이 되겠습니다.

Q | 다른 사업을 하려는 분들께 조언 한마디 해주세요.

A | 좋아하는 일을 해라, 잘하는 일을 해라 말씀하시는 분이 많은데요. 저는 '매일 해도 괜찮은 일을 하라'고 표현하고 싶습니다. 아마존에서 성공한 경험을 알려달라는 분들이 많아 노하우 전수를 사업화할까 고민한 적이 있는데요. 그 일은 맨날 할 수 있는 일이 아니었습니다. 계속 좋은 제품을 개발해 멋진 세상을 만들고 싶은 마음이 최우선인데, 노하우를 전수하는 건 어찌 보면 제 시간을 갉아먹는 일에 그치거든요. 카운슬링 하나 마치면 영혼이 빠져나간다는 느낌도 들었습니다. 그래서 지금은 강의 외엔 제품 개발에만 집중하고 있습니다. 다른 사업하시는 분들도 지금 하는 일이 '매일 해도 괜찮은 일'인지 자문해보면 좋겠습니다.

파산위기에서 향기 팔아
6년 만에 매출 300억 원으로

헬스투데이, 정연재 대표

디퓨저로 매출 300억 원 기업 반전 성공
아마존 입점으로 수출에 날개 달아

하루 3만 개씩 생산되며 국민 디퓨저라 불리는 '코코도르' 디퓨저.
6년 전만 해도 한 대기업의 계약 해지로 생존을 걱정하던 회사 '헬스
투데이'가 만든 것이다. 삼성SDS 사내벤처 출신의 정연재 대표가 창
업했다.

| 가성비 최고 인증 디퓨저 |

코코도르는 기관에서 인증받은 원료만 사용해 인증 디퓨저를 만든
다. 그러면서 가격을 크게 낮췄다. "인증 디퓨저는 비싸서 손이 가기
어려운데요. 200mL 들이 기준으로 가격을 1만 원 아래로 확 낮췄습
니다." 코코도르보다 싼 디퓨저도 있지만, 대부분 안전성이 검증되지
않은 화학용품을 원료로 쓴다.

코코도르 상품 이미지

Q | 디퓨저는 비쌀수록 좋은 것 아닌가요?

A | 인증 디퓨저는 품질 차이가 크지 않습니다. 조말론 같은 유명 브랜
드나 중소기업 제품이나 비슷한 안전성과 품질을 갖고 있죠. 5만
원을 훨씬 넘는 명품 브랜드 디퓨저와 비교해서 비슷하거나 나은
제품을 얼마나 싸게 공급하느냐에 따라 중소 브랜드의 경쟁력이
결정됩니다.

검증되지 않고 싸기만 한 디퓨저는 공기 중의 향기 입자가 인체로
흡입되는 것을 생각해보면 꺼림칙하다. "예를 들어 중국산 저가 디퓨
저는 향을 날려보내는 매개체로 공업용 알코올을 씁니다. 반면 저희
디퓨저는 고구마 전분으로 만든 식물성 주정을 쓰죠. 원가가 크게 올
라갈 수밖에 없습니다. 그럼에도 합리적인 가격에 공급할 수 있는 노
하우가 저희의 경쟁력입니다."

시장조사를 해서 여성들이 선호하는 라벤더, 블랙체리 등 24개 향의 제품들을 내놓고 있다. 코코도르의 국내 점유율은 50% 내외. 매출은 2019년 기준 300억 원을 넘어섰다.

디퓨저가 성공하면서 캔들, 향수, 차량용 방향제 등 향기와 관한 건 모두 만들고 있다. 생화에 향을 입힌 플라워디퓨저 형태도 있다. "아직은 매출의 80%가 디퓨저인데요. 계속 다변화해갈 계획입니다."

| 남 좋은 일만 한 유통사업 |

정 대표는 삼성SDS 출신이다. 재직 당시 PC통신 '유니텔' 런칭을 맡았다. "인터넷이 낯선 때였습니다. 유니텔을 출범하면서 곧 인터넷 세상이 오겠구나 하는 생각이 들었습니다. '그러면 나는 뭘 해야 하나' 고민이 생겼죠."

마침 삼성SDS에 사내벤처 제도가 생겼다. 인터넷 쇼핑몰을 구상해 도전했다. "어떻게 보면 이해진 네이버 의장과 동기 격입니다. 그때 지원했던 사람들 중에 이해진 의장이 있었거든요. 검색엔진으로 지원했었죠. 결과는 갈렸습니다. 이 의장은 선정되고, 저는 떨어졌죠. 상실감이 컸습니다."

실망만 하고 있을 수 없었다. 이왕 시작한 일, 끝을 보자는 결심이 섰다. 의료 업종으로 사내벤처에 재도전했다. "몸에 종양이 발견돼 수술한 적이 있습니다. 당시 꽤 심각했었는데요. 이때 헬스케어에 관심이 생긴 걸 계기로 의료 부문에서 아이디어를 냈습니다." 병원용품 업체와 병원을 연결하는 B2B 도매유통 플랫폼을 제출했다. 당시에는 없었던, 병원 직원들이 사무실에 편하게 앉아 인터넷으로 원하는 의료용품을 대량으로 주문할 수 있는 시스템이었다.

두 번째는 결과가 좋았다. 사내벤처 선정은 물론, 삼성SDS와 삼성물산의 합작 프로젝트로 선정되었다. 두 회사의 지원이 있으니 회사를 만들기가 수월했다. 그런데 큰 관심을 받은 게 독이 되었다. "아예 삼성의 자회사가 돼버렸습니다. 회사가 생기고 나서 제가 개입할 여지는 완전히 사라져버렸습니다." 결국 남 좋은 일만 한 꼴이 되었다. 개인적으로 남은 건 아무 것도 없었다.

이러다 영영 내 일은 못 해보는 건 아닐까 걱정이 들었다. 2002년 회사를 나와 창업하기로 했다. 몇 군데에서 투자를 받아 건강용품을 전문적으로 취급하는 인터넷 쇼핑몰을 열었다. 한 달 2억 원 이상 매출을 올리며 나름 빠르게 자리 잡았다. 그런데 만족스럽지 않았다. 주주들을 신경 쓰느라 내 회사 같지 않았다. 의견충돌 끝에 쫓겨나다시피 나왔다. "하루아침에 실직자가 된 거죠. 남의 돈으로 사업 시작하면 안 된다는 사실을 깨달았습니다."

몸소 얻은 교훈 끝에 만든 회사가 지금의 '헬스투데이'다. 처음엔 온라인유통으로 시작했다. 일단 스스로 잘할 수 있는 일을 하기로 했다. 종류를 가리지 않고 팔 수 있는 건 다 팔았다. "건강용품부터 시작해 약통, 구급함까지 뭐든지 다뤘습니다. 좋은 제품이 있으면 수입유통도 하고요. 디퓨저와 캔들도 이때 취급하기 시작했습니다."

가장 잘된 게 한 식품 대기업의 즉석밥이었다. 지마켓 같은 오픈마켓에서 즉석밥을 팔 수 있는 대리점 자격을 얻어 유통했다. 아직 오픈마켓이 제대로 자리 잡지 않은 때라 신생 기업임에도 대리점을 받을 수 있었다. 그런데 이게 잘되기 시작하자 해당 대기업에서 오픈마켓 유통을 직접 하겠다고 나섰다. 대리점 자격이 소용없게 된 것이다. 결국 공정거래위원회 신고까지 가서 그 대기업에 10억 원 과징금이 부과되었다. 하지만 그 사이 대리점 영업이 크게 타격을 입으면서 40억 원 하던 매출이 20억 원으로 쪼그라들었다. "돈 안 될 때 고생해서 일궈놨더니, 돈 된다고 빼앗아가더라고요."

직원 15명을 이대로 내보내야 하나. 하지만 생때같은 직원들을 그냥 내보낼 수 없어 다른 일을 찾기로 했다. "그때 디퓨저가 눈에 들어왔습니다. '한번 만들어볼까?' 생각이 들더군요. 우리나라도 디퓨저 시장이 형성되면서 빠르게 성장하던 중이었거든요." 2013년 디퓨저 제조를 시작했다.

Q | 노하우 없이 진입할 엄두가 나던가요?

A | 사전 지식은 있었습니다. 2003년부터 영국 '프라이스캔들'에서 디퓨저를 수입 유통하면서 제품 연구가 저절로 됐거든요. 유통도 10년 이상 하다 보면, 제품을 알게 되고 소비자 선호도도 파악됩니다. 이를 모르면 제품을 판매할 수 없죠.

일단 OEM 발주부터 해보기로 했다. 네트워크를 동원해 11번가 쇼핑몰에서 5천 개 수주를 받아 중국 기업에 OEM을 맡겼다. 그런데 사고가 났다. 대량으로 불량이 발생한 것이다. 할 수 없이 원액을 구입해 직원들을 총동원해 직접 제조했다. "일일이 손으로 하려니 하루

100개 만들기도 어렵더라고요. 한 달 내내 전 직원이 밤새우다시피 하며 겨우 납품 기일을 맞출 수 있었습니다."

힘은 들었지만 차라리 잘된 일이라 생각했다. 어차피 제조에 뛰어들기로 한 거 '빨리 제대로 시작해보자' 결심했다. 네크워크를 총동원해 물량을 수주하고, 디퓨저 제조법을 연구하면서 디퓨저를 개선해나갔다. 인증받은 제품을 싸게 파는 곳이란 이미지가 생기면서 곧 물량이 쏟아져 들어왔다. 처음부터 자체 브랜드로 공략한 것도 주효했다. 코코도르 브랜드가 신뢰를 얻으면서 '대학생이 가장 선호하는 브랜드'에 선정되었고 곧 매출이 수직상승했다. 2013년 40억 원으로 시작해 이듬해 100억 원을 넘더니, 2019년 300억 원을 넘어섰다. 불과 6년 만에 시장을 장악한 것이다.

Q | 마케팅은 어떻게 했나요?

A | 제품과 가격에만 집중하고, 마케팅은 특별히 하지 않았습니다. 품질과 가격이 좋으니 소비자들이 알아서 좋아해주셨습니다. 인터넷 쇼핑몰마다 좋은 제품을 싸게 판다는 좋은 댓글이 달리면서 판매가 크게 늘었습니다. 인스타그램에서도 화제가 되었고요. 입소문으로 성장한 셈입니다. 마케팅보다 제품 본질에 충실했던 게 비결인 것 같습니다.

매출의 30%가 수출일 정도로 해외 수출도 많이 한다. 미국, 대만 등 20개국에 나가고 있다. 그중 대만에선 시장의 70%를 장악하고 있다. 우연한 기회였다. 한 보따리상이 코코도르 제품을 가져다 팔았는데 뛰어난 가성비에 한류붐이 더해져 크게 인기를 끌게 되었다.

2019년 아마존에 입점하면서 수출에 날개를 달게 되었다. "해외 진출 초기엔 홍보를 위해 해외 전시회 같은 데 많이 나갔는데요. 비용 대비 효과가 떨어지더라고요. 그러다 수출도 온라인으로 공략하자고 해서 타기팅한 게 아마존입니다."

아마존을 통해 글로벌 판매를 시작한 지 6개월 만에 월 매출 10만 달러 이상을 기록했다. 수량으로 하면 6만~7만 개다. "글로벌 판매 초반인 것을 감안하면 기세가 좋습니다. 1~2년 안에 아마존의 디퓨저 부문에서 리딩 업체가 되는 게 목표입니다. 국가별로 향에 대한 선호도가 조금씩 다른데요. 아마존 후기를 보면 도움이 많이 됩니다. '아, 이 나라 사람들은 이런 걸 좋아하는구나. 또 이런 건 싫어하는구나.' 알 수 있죠. 그 선호도를 반영해서 국가별로 주력 제품을 따로 정해 공략하고 있습니다."

| 향이 나는 회사를 만들 것 |

Q | 명품 업체와 협업은 안 하나요?

A | 자체 브랜드 전략을 끝까지 고수할 겁니다. 좋은 제품을 합리적인 가격에 파는 업체로 확실히 자리 잡겠습니다.

Q | 성공한 비결이 뭘까요?

A | 저는 특별한 재주가 없습니다. 그냥 될 때까지 노력합니다. '언젠

가 되겠지' 꿈꾸면서 한눈 안 팔고 앞만 보고 달려갑니다. 그래야
직원들 월급을 줄 수 있습니다. '망하면 안 된다'는 절박한 마음으
로 달려온 게 비결이라면 비결입니다.

Q | 회사 경영에서 중요하게 생각하는 건 뭔가요?

A | 직원 복지요. 직원이 100여 명 정도 되는데요. 어린 자녀를 둔 직
원이 10명 있습니다. 이들을 위해 어린이집을 만들었습니다. 저희
회사가 경기 용인에서도 외진 곳이라 인프라가 부족하거든요. 어
린이 1인당 다달이 예산 150만 원씩 쓰고 있습니다. 어린이집 규모
를 키워 지역사회 아이들도 수용할 계획을 갖고 있습니다. 어린이
집 외에도 사내 헬스클럽 같은 복지시설과 구내식당, 안마의자가
비치된 휴게시설을 갖추고 있습니다. 곧 사원주택도 지을 예정입
니다. 이미 부지는 확보해놨습니다. 지금은 기존주택 몇 곳을 임대
해서 직원들에게 제공하고 있는 상황인데요. 아예 사원주택 단지
를 만들 계획입니다. 저희 회사가 특별하다고 자랑하려는 게 아닙
니다. 오랫동안 모두 같이 일하자는 뜻입니다. 함께하는 직원 모두
향이 나는 사람이 되면 좋겠습니다.

Q | 앞으로의 비전을 말씀해주세요.

A | 한국에서 큰 인정을 받고 있지만 한국은 사실 작은 시장입니다. 미
국에서 1등을 하는 게 목표입니다. 양키캔들 매출이 2조 원 정도
하는데요. 이를 빨리 넘어서고 싶습니다. 수출 확대를 위해 미국,
일본, 중국, 대만에 지사를 내고 있습니다. 지사들을 통해 각 나라

별 물류망을 확보할 계획입니다. 국내에선 향기 산업을 이끄는 업체를 목표로 '향기 단지'를 만들고 있습니다. 연구·개발, 유통, 제조 등으로 분리해서 각각 센터를 만들고요. 사내벤처도 활성화하고 싶습니다. 사내벤처 프로젝트로 전자 디퓨저 프로젝트가 진행되고 있는데요. 기대가 큽니다. 모두가 함께 크는 회사가 되고 싶습니다.

흐르는 물에 놓으면 끝,
미국인들 열광시킨 수력발전기

이노마드, 박혜린 대표

텀블러 크기의 수력발전기
미국서 큰 인기, 한국 등 세계 시장 본격 공략

자연의 역습에 의한 수난이 이어짐에 따라 지속 가능한 발전에 대한 필요성이 갈수록 커지고 있다. 다만 낮은 수익성은 고민해봐야 할 문제다. '이노마드' 박혜린 대표는 휴대용 수력발전기로 미국에서 2만 대 판매를 돌파했다.

| 휴대용 수력발전기 |

이노마드는 '모듈형' 수력발전기 '이노마드 우노'를 만든다. 텀블러 크기이며, 발전기와 배터리로 구성되어 있다. 흐르는 물에 설치하면 날개가 회전해 전기를 생산하는 방식이다. 5,600mAh(밀리암페어) 용량 배터리는 4시간이면 충전할 수 있다. 이는 아이폰 2대를 충전하고, LED 조명을 30일 동안 켜둘 수 있는 용량이다.

"전기가 만들어지면 발전기 몸체에서 배터리를 분리해, 원하는 기기에 끼워 사용하면 됩니다. 흔히 쓰는 휴대용 배터리처럼 기기를 연결하면 되죠. 스마트폰이나 조명 외에도 영상기기, GPS 장비 등 케이블로 연결할 수 있는 기기는 모두 활용할 수 있습니다."

특히 캠핑 같은 야외 활동을 할 때 유용하다. 오랜 시간 밖에 나와 있어도 휴대폰이나 조명 충전을 걱정할 필요가 없다. 흐르는 물에 설치해 마냥 기다리지 않고, 카누 같은 배에 장착한 뒤 액티비티를 즐기면서 적극적으로 발전을 할 수도 있다. 온라인몰을 중심으로 캠핑족에게 큰 인기를 누리고 있다.

Q | 어떻게 개발하게 됐나요?

A | 소비자에게 직접 전기를 생산할 수 있는 기회를 주자는 취지에서 출발했습니다. 미세먼지나 환경 문제가 무척 심각한 데는 화석연료 발전 탓이 큽니다. LED 조명을 1시간 켜려면 석탄 1.5L를 태워야 합니다. 발전소 인근이 아닌 서울에서 이 조명을 켜려면 심지어 더 많은 양을 태워야 합니다. 충남 당진 같은 지방에서 서울까지 전기를 보내면 중간에 30%가 손실되기 때문이죠. 이런 비효율적인 발전을 효율적이고 친환경적으로 바꾸는 가장 좋은 방법 중 하나가 소비자가 직접 전기를 생산하는 것입니다. 에너지 생산-소비 패러다임을 근본적으로 바꾸는 거죠.

Q | 왜 물을 선택했나요?

A | 에너지 밀도가 가장 높은 발전 수단이기 때문입니다. 동일한 면적

이노마드 우노를 전개한 모습

에서 생산할 수 있는 에너지가 가장 많다는 뜻이죠. 태양광의 경우 하루 중 제대로 발전할 수 있는 시간이 3~4시간에 불과합니다. 그 마저 흐린 날은 불가능하죠. 반면 물은 24시간 흐릅니다. 태양광 보다 좁은 공간에서 보다 많은 에너지를 만들 수 있습니다. 풍력도 마찬가지입니다. 스쳐 지나가는 바람을 이용해 수력과 동일한 전기를 생산하려면 엄청난 면적이 필요합니다. 저희 제품과 비슷한 크기의 날개로 풍력 발전을 한다고 생각해보세요. 불가능합니다. 날개를 무척 크게 키워야 겨우 발전을 할 수 있죠. 게다가 바람도 태양광처럼 일정치 않습니다. 불다가 불지 않다가 하죠. 그러면 발전 효율은 더 떨어지게 됩니다. 수력만큼 균일하게 에너지를 생산할 수 있는 수단은 없습니다.

| 인도 배낭여행에서 얻은 아이디어 |

대학에서 경영학을 전공했다. 대학 시절 '브릭스(BRICS, 브라질·러시아·인도·중국·남아프리카공화국)'가 뜬다는 이야기를 듣고 휴학을 해서 9개월간 인도 배낭여행을 떠났다. "이 국가들이 왜 뜬다고 하는지 궁금했어요. 브릭스 국가 중 가장 흥미가 있던 인도로 여행을 갔어요. 인구도 그렇고 기회요인이 정말 많아 보이더라고요. 특히 부족한 전력 인프라 망에 관심이 갔습니다. 인도는 대도시를 제외하면 전력에 소외된 사람들이 정말 많은데요. 전력이 없으면 인터넷도 쓸 수 없어서 결과적으로 현대 문명에서 완전히 소외됩니다. 전력 인프라를 개선할 수 있는 일을 하면 좋겠다는 생각이 들었습니다."

한국에 돌아와 자세히 알아봤다. 전 세계 인구의 1/3이 전력에서 소외당하고 있다는 사실을 알게 되었다. "근본적인 문제는 '더 많은 사람들에게 전기를 싸게 공급해야 한다'는 전력 공급 논리에 있더라고요. 이 논리에 따르면 사람이 몇 명 살지 않는 산골에는 전기를 보급할 이유가 없는 거죠. 하지만 자연 에너지를 활용하면 이런 문제를 해결할 수 있습니다. 자연 에너지를 이용해 각자 필요한 만큼 전기를 만들어 쓰는 거죠. 이와 관련된 일을 해보자 결심했습니다."

조류발전기를 만드는 스타트업에 들어갔다. 바다에서 밀물과 썰물 때 물이 들어오고 나가는 것을 이용해 전기를 만드는 것이다. 전남 진도 울돌목에서 시범 프로젝트를 실시해 좋은 성과를 얻었다. 외국에서 수출과 투자 문의도 왔다. 하지만 미관이나 소음 등의 문제로 지역사회와 협의가 어렵다는 게 문제였다. "스타트업 수준에서 관련

허가를 얻고 협의를 진행하는 게 쉽지 않았습니다. 시야를 조금 좁히기로 했습니다. 허가나 협의 필요 없이 개인 단위에서 이뤄지는 자연 에너지 사업을 해야겠다고 결심했습니다."

전력 소비가 파편화되고 있는 현상에 주목했다. 예전엔 집, 사무실 같은 거주나 생산 공간에서만 전기를 이용했다. 그러나 지금은 다양한 모바일 기기가 나오면서 사람이 활동하는 모든 장소에서 전기가 필요하다. "많은 사람들이 충전기를 갖고 다닙니다. 늘 전기가 필요하다는 뜻이죠. 그러니 이제는 충전기 꽂을 곳을 찾아 헤맬 게 아니라, 조금씩 발전(發電)을 하면 되지 않을까 하는 생각이 들었어요."

| 미국에서 큰 인기 |

'에너지 유목민(energy nomad) 시대'라는 뜻을 담아 회사 이름을 '이노마드(ENOMAD)'라 짓고 2014년 5월 창업했다. 박 대표 외에 조류 발전 회사에서 일하던 개발자와 산업디자이너가 합류해 셋이 공동창업했다. "제가 제품 기획과 전략 수립을 맡았고, 다른 두 사람이 각각 기술개발과 상품화를 담당했습니다."

창업하고 얼마 되지 않아 한 벤처캐피털이 제품 콘셉트만 듣고 투자해준 덕에 개발비를 해결했다. 처음에는 발전 용량에만 집중했다. 지금 제품의 120배에 달하는 전기를 생산할 수 있는 '티(tea) 테이블' 크기의 발전기가 나왔다. "저희는 뿌듯했는데, 투자자가 제품을 보고는 저게 휴대용인지 묻더라고요. 그래서 전 '차에 싣고 다닐 수 있으면 휴대용 아니냐'고 되물었죠. 그랬더니 '이럴 줄 알았으면 투자 안 했다'는 답변이 돌아오더군요."

휴대용의 개념을 다시 생각했다. "제가 공급자 입장에서 제품을 바라봤다는 것을 뒤늦게 깨달았습니다. '얼마짜리 용량의 제품을 만들어 얼마에 팔아야겠다'는 생각만 하고 제품을 개발한 거죠. 그런데 조사를 해보니 정작 소비자들은 스마트폰이나 휴대용 조명을 충전할 수 있는 전기면 충분하다고 하더라고요. 그만큼 제품 크기는 줄어들어야 하고요. 그 이상의 용량은 필요 없는 거죠."

2년 만에 소비자 니즈를 제대로 반영한 제품을 만들었다. 서울 청계천에서 3개월간 쇼케이스를 진행했다. 청계천의 흐르는 물로 전기를 생산해 킥보드 등을 충전했다. 국내 언론보다 외신이 주목했다. CNN에 출연하기도 했다. "개인 차원의 신재생 에너지 발전이란 개념에 외신들이 관심을 가졌어요. 곧이어 캠핑 수요가 많은 미국의 유통 업체에서 제품 공급 제안이 들어왔습니다."

미국 시장에 맞는 제품 개발을 위해 수요 조사를 다시 했다. "미국으로 건너가 캠핑장을 2개월간 돌면서 300명을 심층 인터뷰했습니다. '텀블러 크기로 개발해달라.' '어떤 원리인지 한눈에 이해할 수 있으면 좋겠다.' 같은 답변이 나오더군요."

미국 소비자들의 의견을 반영해 지금의 발전기가 나왔다. 2017년 미국의 대표적인 크라우드 펀딩 사이트 '킥스타터'를 통해 큰 주목을 받았고, 아마존 등에서는 판매량이 2만 개를 넘어섰다. 280달러(원화 33만 원)의 저렴하지만은 않은 가격에도 많은 캠퍼들이 찾고 있다. "매출의 99%가 미국에서 나옵니다. 유독 미국에서 인기가 많네요."

Q | 왜 미국에서 인기가 많을까요?

A | 미국 캠퍼들은 본인이 다녀긴 자리에 최대한 흔적을 남기지 않는
자연친화적인 캠핑을 지향합니다. '어떻게 하면 자연에 대한 영향
을 최소화할까' 고민하죠. 캠핑장에서 전기를 만든다고 휴대용 디
젤 발전기를 돌리면 대기·토양 오염을 일으킵니다. 반면 이노마드
우노는 아무 것도 오염시키지 않죠. 원래 자연의 일원이었던 듯한
느낌이 들어 좋아해주시는 것 같습니다. 많은 고객들이 SNS 계정
에 리뷰를 올려주면서 입소문이 많이 났습니다.

| 글로벌 신규 아웃도어 브랜드 선정 |

미국을 넘어 전 세계를 바라보고 있다. 2020년 1월 독일 뮌헨에서 열
린 세계에서 가장 유명한 아웃도어 트렌드쇼 중 하나인 'ISPO'에서
'올해의 신규브랜드'로 선정되었다. 나이키 등 전 세계 모든 관련 업
체들이 참여하는 행사인데, 선발된 15개의 신규브랜드 중 아시아 기
업은 이노마드가 유일했다.

수상 이후 유럽에서 많은 연락이 오고 있다. "유럽 리조트나 호텔
들을 보면 '에코 투어리즘'을 표방하는 곳이 많습니다. 호텔이나 리
조트 내 캠핑장을 이용하는 고객들에게 관련 제품을 대여해 친환경
캠핑을 경험할 수 있게 하는 거죠. ISPO 수상 이후 저희 제품도 그런
목적으로 호텔이나 리조트의 구입 문의가 들어오고 있습니다. 미국
이 개인적 수요 중심이라면, 유럽은 대량 주문이 가능한 환경인 거죠.

독일과 스위스에선 공장 견학 요청까지 왔어요. 2020년에는 좋은 소식이 많이 있을 것 같습니다. 2019년까지 제품을 검증받는 단계였다면 2020년부터는 본격적인 판매를 하는 단계입니다. 다만 '코로나 19'로 각종 만남이 무기한 연기되고 있는데요. 빨리 이 상황이 마무리돼서 유럽 업체들과 얘기를 본격적으로 진행하면 좋겠습니다."

동물성 소재를 쓰지 않는 의류브랜드 '파타고니아'와 제휴도 시작했다. 이노마드 우노가 대표적인 친환경 제품 중 하나로 각인되어가고 있다는 방증이다. "꾸준히 공익적인 연구를 하는 곳을 찾아 제품 기증도 하고 있습니다. 아마존 생물탐사팀, 포르투갈 기후변화 연구팀 등에 무료로 지원하고 있죠. 이분들이 제품을 써보고 각자 유튜브나 페이스북에 리뷰를 올려주셔서 홍보에 도움이 됩니다."

| 미국 성공 발판으로 국내 시장 공략 |

관련한 교육 콘텐츠도 만든다. 20~40분 분량으로 간단한 제품 사용법을 보여주면서 지속 가능한 환경보호 내용을 담은 영상이다. 콘텐츠만 별도로 공급해달라는 요청이 올 정도로 내용을 인정받고 있다. "여러 어린이 교육 프로그램에 콘텐츠를 공급하고 있습니다. 덕분에 개인적으로 교육부 산하 미래교육전문위원회의 전문위원으로 활동할 기회도 얻었는데요. 지속 가능한 발전과 관련한 평소 생각을 이야기하고 있습니다."

국내 판매는 이제 본격화하는 단계다. 온라인몰 등에 입점을 진행하면서, 지방자치단체와 연계해 전국 자연 휴양림 등에 방문객 대여용 납품을 진행하고 있다.

제품 다양화도 추진하고 있다. 우선 대용량 제품을 내놓을 예정이다. 각 가정의 땅 속 상하수도 시설에 제품을 설치해 대용량으로 전기를 만들어 전기차 충전 등에 쓰는 것이다. "상하수도에서 흐르는 물의 양이 꽤 됩니다. 지금 제품과 비교할 수 없게 많은 전기를 만들 수 있죠. 대규모로 농업용수를 쓰는 농장의 물 흐르는 곳에 설치하면 비닐하우스 등에 쓰는 전기를 만들 수 있고요. 지속적으로 많은 물이 흐르는 양식장에서도 유용하게 활용할 수 있습니다. 하천에 설치해서 킥보드 같은 전기 이동수단 충전용으로 활용할 수도 있습니다. 다양한 형태의 제품을 고안하고 있습니다."

Q | 다른 계획은 없나요?

A | 항상 휴대할 수 있는 발전기도 출시할 계획입니다. 샤워할 때, 손 씻을 때, 설거지할 때, 청계천 같은 곳에서 쉴 때 등 물이 있는 곳이라면 언제든 충전할 수 있는 발전기죠. 아침에 일어나 밤에 잠들 때까지 항상 휴대하며 충전하는 개념입니다. 그렇게 전기를 모아 휴대폰 충전 등에 쓰면 됩니다.

Q | 다른 창업자가 참고할 만한 기업가의 덕목이 있을까요?

A | 기술 트렌드와 시장 기회를 빠르게 파악하는 능력이 중요한 것 같습니다. 자기 일에 사회적인 가치를 부여하는 것도 중요하고요. 그래야 상황이 어렵더라도 신념을 갖고 버틸 수 있습니다.

세상에 없던
첫 번째 아이디어

공짜 그림을
돈으로 만든 남자

핀즐, 진준화 대표

외국 인기 작가 그림 공짜로 들여와 국내 판매
7천억 원 시장 선두주자 목표

2020년의 가장 큰 변화는 코로나 사태로 집에 있는 시간이 길어졌다는 것이다. 그러면서 집 안 인테리어에 대한 관심이 늘었고, 관련 스타트업들이 주목을 받았다. '핀즐'도 그중 하나다. 핀즐은 외국 작가의 그림을 '공짜로' 국내로 가져와서 각 가정과 사무실에 돈을 받고 판다. 훔쳐온 게 아니다. 공짜로 사용해도 된다고 외국 작가에게 흔쾌히 동의받은 것이다. 그렇다면 진준화 대표는 어떻게 외국 작가들의 마음을 사로잡았을까?

| 인기 작가 국내 저작권 무료 확보 |

핀즐은 독일어로 '화풍'이란 뜻이다. 한 달에 1만 5천 원(6개월 이상 정기구독 기준)을 내면, 매달 한 장씩 새 그림을 보내준다. 계약 때 보

핀즐 진준화 대표

내준 액자에 그림을 교체해 걸고, 지난 그림은 보관하면 된다. 1년이면 12장이다. 함께 보내주는 작품 소개 브로셔를 읽으며, 어떤 작가가 어떤 생각으로 그린 그림인지 알고 즐길 수 있다.

Q | 어떻게 이런 아이디어를 냈죠?

A | 아무리 좋은 그림도 오래 보면 질리기 마련이에요. 트렌디한 그림으로 분위기를 자주 바꿀 수 있는 방법이 없을까 고민하다 그림 정기구독 서비스에 도전하게 됐습니다.

Q | 작가들이 왜 저작권을 무료로 주죠?

A | 정확하게 말하면 한국 내 유통 권리를 받아오는 것입니다. 작가들

은 앞으로 한국에서 작품을 팔 수 있는 가능성을 보고 저희에게 저작권을 부여합니다. 원활한 협상을 위해 한국에 소개된 적 없는 작가만 접촉합니다. 핀즐을 통해 한국에 알려지기를 바랄 만한 작가들이죠. 우리는 그림을 얻고 그들은 홍보 창구를 얻는 윈윈(win-win) 계약이 되고 있습니다.

서로 얻는 게 있으니 대가 없이 계약이 되고 있다는 게 진 대표 설명이다. 주로 '비핸스(behance, 전 세계 미술가들이 활동하는 인터넷 사이트)' 사이트에서 괜찮은 작가를 물색한다. 마음에 드는 작가가 나타나면 해당 작가의 인스타그램을 검색해 팔로워가 몇 명인지를 본다. 팔로워 수를 통해 대중적 인기가 확인되면, 해당 작가에게 이메일을 보낸다. '한국에서 미술 작품을 유통하는 회사인데 함께할 의향이 있느냐'고 묻는 것이다. 스케줄이 안 맞는 경우를 제외하면 70~80% 정도의 작가가 제안에 응한다. 이후 미국, 유럽 등 지역별로 섭외한 작가가 3~4명 정도 쌓이면, 직접 해당 지역에 건너가서 한꺼번에 인터뷰를 하고 작품을 받아 온다.

Q | 작품 들여오는 게 번거롭지 않나요?

A | 태블릿 PC 등을 사용해 디지털 작품을 만드는 작가가 대부분이에요. 고해상도 원본 파일을 받아오는 거라 간편합니다. 유화 작품의 경우 스캔을 떠서 그 파일을 가져옵니다. 이후 인쇄해서 독자들에게 보냅니다.

Q│ 애써 작가를 섭외했으니 그 작가의 여러 그림으로 여러 달 활용하면 좋겠네요.

A│ 아뇨. 매달 새 작가를 소개한다는 원칙을 고수하고 있어요. 그래야 고객들이 매달 새로운 기분을 낼 수 있으니까요. 작가를 선정할 때는 강약을 고려합니다. 이 달에 화려한 그림을 보냈다면 다음 달엔 차분한 그림을 소개하는 식이죠. 서비스 초반에 두 달 연속 차분한 그림을 보낸 적이 있었는데, 아쉽다는 반응이 들어왔어요. 그때부턴 전 달과 대비되는 분위기의 그림을 보내고 있어요. 계속 고객 피드백을 받습니다. 아직까진 핀즐의 일방적인 큐레이션으로 작품이 제공되는 상황이라 독자들 취향에 맞지 않는 작품이 제공될 가능성이 있어요. 그래서 사후적으로나마 피드백에 신경을 많이 쓰고, 가급적 반영하려고 노력하고 있습니다.

│ 그림 소재로 한 다양한 굿즈로 확장 │

Q│ 작가 후속 관리는 어떻게 하고 있나요?

A│ 작품 판매와 마케팅을 위한 에이전시를 설립해서 전속계약으로 관리하고 있습니다. 해외 아티스트를 전문으로 한 에이전시는 국내에선 아직 저희가 유일합니다. 에이전시가 관리하는 작가 풀(pool)을 넓히기 위해서라도 매달 새로운 작가를 소개하는 게 좋습니다. 현재 전속계약을 한 작가는 10명 입니다.

에이전시에 소속된 작가들의 제품을 다양하게 활용하고 있으며, 현재 400여 점의 작품을 확보했다. 이 가운데 좋은 그림을 골라 낱장으로 판매한다. 낱장 그림은 소재를 다양화했다. 유리나 아크릴 같은 고급 소재에 디지털 프린팅을 한 형태도 있다. 습기가 많은 욕실이나 주방 같은 곳에도 걸 수 있다. "고해상도 원본 파일이 없으면 선명하게 프린트하는 게 불가능합니다. 원본 파일은 작가와 저희만 갖고 있어서 제3자가 복제할 위험은 없습니다."

이런 낱장 판매와 정기구독을 합쳐서 2017년 9월 서비스 시작 후 지금까지 총 2만 부 정도 그림이 나갔다. 또 작품을 프린트한 다양한 굿즈를 온라인에서 판매하고 있다. 패션회사와 제휴해서 콜라보 제품 개발도 하고, 원하는 기업들에 아트 라이선스도 제공하고 있다.

와디즈 크라우드 펀딩 1억 원을 달성했고, 현대홈쇼핑에도 진출했다. 국제 3대 디자인상 중 하나인 레드닷 디자인상도 받았다. 수상을 계기로 한국뿐 아니라 한국 밖에서 그림과 굿즈를 판매하는 것에 대해서도 협의하고 있다. 최근 싱가포르 소재 파트너와 동남아 지역 유통 계약을 체결했다. "수출이 성사되면 회사가 한 단계 올라설 것으로 기대합니다."

| 신혼집 인테리어 하다 사업 구상 |

어려서부터 창업을 꿈꿨다. "아버지와 형이 모두 오너셰프예요. 사업을 하는 과정을 쭉 보고 자랐습니다. 어릴 때부터 장래희망이 사업가

였죠." 대학 때 첫 창업에 도전했다. 학교를 잠시 쉬고, 고향인 대구에 내려가 2,500만 원을 들여 카페를 차렸다. 인근에 여고가 3곳이나 있는 나름 명당이었다. 그런데 1년 만에 폐업했다. "학생들의 등하교 시간과 카페 영업 시간이 맞지 않았어요. 학생들이 카페 문 열기 전 등교해서, 카페 문 닫고 나니 하교하는 거예요. 등하교 시간에 카페를 가장 많이 찾는데 그 시간에 카페 문이 닫혀 있었던 거죠. 장사가 잘될 리 없었습니다. 등하교 시간에 맞춰 빨리 열고 늦게 닫아야 했어요. 하지만 당시는 대학생 신분이라 그렇게 절박하지 않았나 봐요. 주말에는 손님이 미어터지듯 몰렸지만, 결국 투자금을 모두 날리고 말았습니다."

2010년 대학 졸업 후 신생 스포츠마케팅 회사 '브리온'의 초기 멤버로 합류했다. 이곳에서 스포츠와 관련된 각종 신사업 개발을 담당했다. 온라인 쇼핑 등 여러 일을 경험했다. "초기 멤버 자격으로 지분도 받은 상태였어요. 정말 열심히 일했습니다."

2015년 결혼을 했다. 직접 신혼집 인테리어를 하던 중 그림에서 난관을 만났다. "그림을 꼭 걸고 싶은데 마땅한 게 없는 거예요. 싼 건 별로고, 좋은 건 엄청 비쌌죠. 그때 '좋은 그림으로 계속 바꿔주면 얼마나 좋을까'란 생각이 드는 거예요." 그 길로 핀즐을 차렸다. 한국은 물론 외국에도 없는 서비스라 만류하는 사람이 많았지만 밀어붙여 여기까지 왔다.

Q | 창업 전 경험으로 뭘 배웠나요?

A | 책임감이요. 카페 화장실이 막히면 사장이 뚫어야 합니다. 누구나

하기 싫은 일은 사장이 직접 해야 하는 거죠. 사장이 손 놓으면 아무도 안 합니다. 누구나 할 수 있는 말이고 회사가 커질수록 잊기 쉽지만 중요한 교훈인 것 같아요.

| 미술계의 넷플릭스를 꿈꾸다 |

정기 구독자 중 사무실, 병원, 카페 등의 비중은 20%에 그친다. 80%가 개인 고객이다. 그림을 잘 아는 사람들이 아니다. 그림을 즐기고 싶지만 괜찮은 기회를 얻지 못했던 경우가 대부분이다. 그렇기에 평범한 눈을 가진 진 대표가 골라주는 그림에 열광한다. "제 눈에 좋은 그림이 고객들 눈에도 좋은가 봐요."

Q | 시장 규모를 어느 정도로 보고 있나요?

A | 우리나라 연간 작품 시장 규모가 4,800억 원 정도 됩니다. 그나마 매년 줄고 있다고 해요. 하지만 그림에 대한 관심이 사라진 건 아니에요. 한편에서 미술 복제품 시장은 점점 커지고 있습니다. 인테리어 시장이 연간 14조 원 정도 되는데 그중 복제품 시장이 7천억 원 정도 돼요. 그림이 재테크 관점의 소유 대상에서 소비 대상으로 바뀌고 있는 겁니다. 진정 그림이 있는 삶이죠. 삶의 질은 내가 속한 공간과 시간을 어떻게 소비하느냐에 따라 결정됩니다. 관련 시장에서 선두주자가 되고 싶습니다.

Q | 앞으로의 계획은 뭔가요?

A | '미술계의 넷플릭스'가 되고 싶어서 애플리케이션을 개발하고 있습니다. 인테리어를 하고자 하는 공간을 휴대폰 카메라로 비추면, 자동으로 취향을 파악해 어울리는 그림과 아트 굿즈를 추천하고 보내주는 거죠. 그림이나 굿즈가 그 장소에 있으면 어떻게 보일지 시뮬레이션해서 보여주는 것입니다. 집에서 영화를 보듯 다양한 미술 작품을 각자 원하는 방식으로 편하게 소비할 수 있게 해주는 플랫폼이 되고 싶습니다. 그래서 소비자들의 삶의 질을 높이는 데 기여하고 싶습니다.

Q | 창업을 꿈꾸는 사람들에게 한마디 해주세요.

A | 사업 초기 양적 성장이 중요하다는 걸 뒤늦게 깨달았어요. 사업 초반 속도감이 있어야 빠르게 목표에 도달하면서 다른 영역으로 확장할 수 있어요. 그런데 우리 멤버들은 그런 이해가 부족했어요. 좋은 작가를 찾아 좋은 콘텐츠를 공급하는 걸로 충분하다 생각한 거죠. 그런데 그게 전부가 아니에요. 외연에 좀 더 신경 쓸 필요가 있었어요. 제가 만약 그랬다면 매출과 투자의 규모가 지금과는 많이 달랐을 거예요. 마케팅에 좀 더 신경 쓰세요. 저도 이제부터는 직원을 더 뽑아 사업을 본격적으로 키워볼 생각입니다.

1분이면 일할 사람 찾아드립니다, 부산 청년의 아이디어

니더, 신혁식 대표

경력, 출근 거리 등 고려해 단기 근로자 큐레이션
추천과 리뷰로 경력 관리

갑자기 일손이 부족해 직원을 구해야 하는 자영업주, 당장 돈이 급해 며칠만 일했으면 하는 취업준비생, 이들을 실시간으로 연결해주는 스타트업이 있다. 일용직 구인구직 사이트 '급구'를 운영하는 스타트업 '니더'다. 니더 신현식 대표는 본인이 대학을 나온 부산에서 창업했다. 지금도 본사를 이곳에 두고 전국적인 서비스를 하고 있다.

| 단기 근로자 실시간 큐레이션 해드립니다 |

급구에서 일자리를 구하려면 간단한 애플리케이션 가입 절차가 필요하다. 자신의 알바 경력과 연령, 거주지(활동 지역), 원하는 업종과 업무 등을 입력한다. 일자리를 잡으려면 본인 어필을 잘해야 하기 때문에 대부분 상세히 적는다. 자영업주들은 아무래도 경험 많은 사람을 선호하는 편이다.

사람을 구하는 업주가 구인 공고를 올리면 업소에서 반경 수 km 이내에 있으면서, 관련 일을 할 수 있고, 업주가 원하는 연령대인 구직자들에게 일제히 푸시 메시지가 전송된다. 공고를 보고 관심이 있으면 지원하라는 뜻이다. 친구 추천과 유사하다. "공고에는 업소 정보, 업무 종류, 급여 수준 등의 정보가 담겨 있어요. 이걸 보고 일하고 싶은 사람은 푸시 메시지의 '지원하기' 버튼을 클릭하면 됩니다."

지원하기 버튼을 누르면 공고를 올린 업주에게 지원자 프로필이 전송된다. 평균 3~6명의 지원 결과가 도착한다. 이 중 업주가 원하는 사람을 고르면 매칭이 완료된다. 거의 실시간으로 이뤄진다. 공고를 올린 지 3초 만에 매칭된 경우도 있다. 길어도 1시간을 넘기지 않는다. 서로에게 질문이나 고지할 내용이 있으면 댓글 달듯 메시지를 보내면 된다.

Q | 어떻게 아이디어를 냈나요?

A | 기존 직업소개소의 한계에서 출발했습니다. 단순 구인 공고를 내거나, 업주에게 일할 사람을 보내주는 수준에 그치는 소개소가 대부분이더라고요. 사람을 받는 업주 입장에선 일을 잘하는 사람이 올지, 그렇지 않은 사람이 올지 알 수 없는 복불복 게임이 됩니다. 사실 겨우 하루 일할 사람을 뽑는 건데 면접을 보기는 어려워요. 소개소에서 보내주는 대로 사람을 쓸 수밖에 없습니다. 그러다 무척 불성실한 사람을 만나면 심할 경우 장사를 망칠 수도 있습니다. 이런 일이 없도록 경력 데이터, 출퇴근 거리 등을 기반으로 가장

적합한 사람을 연결해줍니다. 일종의 큐레이션을 통해 맞춤형 매칭을 해주는 거죠.

Q | 일용직 시장에 특화한 이유는요?

A | 알바 시장은 크게 일용직 같은 초단기 근로자와, 근로기간을 특정하지 않거나 오랜 기간 일하기로 약속하는 장기 근로자로 나눌 수 있습니다. 이 가운데 장기 근로자 시장은 '알바몬' 등 매칭을 해주는 플레이어가 이미 많습니다. 반면 초단기 근로자 시장은 뚜렷한 플레이어가 없어요. 그 틈을 파고들었습니다.

| 몇 시간 전에 등록해도 대부분 매칭 성사 |

급작스럽게 직원이 결근하는 등 당장 급한 일로 니더를 찾는 업주가 많다. 사람이 필요하기 전날, 심지어 몇 시간 전에 올려도 거의 대부분 매칭이 성사된다. 사람을 구하는 업주는 주로 40~50대, 구직자는 20대 중반 취업준비생이 많다. "사실 연령대는 다양해요. 30~40대는 물론이고 60대 이상 구직자도 꽤 됩니다."

애플리케이션이 주된 플랫폼이지만, 전화로 상담해오는 경우도 꽤 된다. 어쩔 수 없이 급구 직원 모두 상담원을 겸직(?)하고 있다. "다양한 요청이 들어와요. '오늘 어디로 사람 2명만 보내주세요.' 또는 '어디 일자리 좀 구해주세요.' 같은 식으로요. 꼭 사람 목소리를 들어야 안심하시는 분들이 아직 꽤 있나 봐요. 그런 분들은 저희가 가진 풀을 통해 일단 주선해드리고, 이후 애플리케이션 사용법을 안내해드립니다."

하루뿐 아니라 일주일 등 단기 기간제 알바에 대한 매칭도 이뤄진다. 홀서빙 일자리 수요가 가장 많고, 행사 진행, 물류 등 다양한 형태의 일자리가 매칭된다. "개인 이사를 하면서 도울 사람을 찾는 경우도 봤습니다. 따로 일의 종류를 제한하는 것은 없습니다. 불법적인 것만 아니면 어떤 일이든 사람을 구할 수 있습니다."

상대적으로 급하게 구하는 일자리가 많은 만큼 다른 알바 구직 사이트보다 시급이 높게 형성되는 편이다. 시간당 급여 평균이 한 대형 구직 사이트보다 1,370원 높다고 한다. 근무시간은 가장 붐비는 시간 위주로 반나절 일이 가장 많고, 대략 5~12시간 분포를 보인다. 여기에 시급을 곱해 급여가 결정된다.

Q | 주로 어떤 분들이 일을 구하나요?

A | 취업준비생이 가장 많은 것 같아요. 며칠 일하다 한동안 쉬고. 또 일하다 쉬고. 그런 경우가 꽤 많아요. 취업 준비를 하다가 돈이 필요할 때 잠깐 일하는 거죠.

Q | 무단 결근 문제는 없나요?

A | 무단 결근이 발생하면 반드시 기록을 남깁니다. 지원자 프로필에 표시되죠. 그러면 저희 플랫폼에서 일자리를 구하기가 어려워집니다. 업주들의 피해를 막기 위해 바로 대체 인력을 보내주려고 노력하고 있습니다. 저희를 믿고 이용해줬으니 최선을 다해야죠. 무단 결근을 근본적으로 막고자 부산테크노파크의 지원을 받아 무단 결

근 예측 알고리즘을 고도화하고 있습니다. 예를 들어 경력을 정성껏 많이 등록한 사람일수록 열심히 일할 가능성이 높아집니다. 또 업소와 가까이 사는 사람일수록 결근 확률이 낮아지죠. 여기에 날씨, 근로조건, 근무시간 등도 결근에 영향을 미칩니다. 이런 모든 조건을 고려해 사람마다 결근 확률을 산정할 수 있는데요. 이런 정보를 업주분들께 제공하고 있습니다.

| 추천과 리뷰로 상호작용 |

다른 주요 기능은 추천과 리뷰다. 업주는 고용한 사람이 일을 마친 후 마음에 들면 애플리케이션에 들어가 추천 버튼을 누를 수 있다. 추천 기록이 쌓이면 구직자의 평판이 형성된다. "취업을 방해할 목적으로 악용되면 안 되니 비추천 기능은 제외했습니다. 그래도 경력 대비 추천 수가 무척 적다면 의심할 만하겠죠." 추천서 기능도 있다. 근무 태도가 특별히 마음에 든 사람에게는 업주가 추천서를 써서 등록할 수 있게 한 것이다. "추천서는 확실한 보증 장치이니, 추후 다른 일을 구하는 데 큰 도움을 받을 수 있습니다. 정식 취업에도 도움이 될 것으로 기대하고 있습니다."

Q | 서비스를 고도화할 방안이 있나요?

A | 추천이 많은 인력을 프리미엄 인력으로 관리하려고 생각 중입니다. 사장님들 얘기 들어보면 와서 일만 잘한다면 돈을 얼마 더 주

는 건 일도 아니라고 합니다. 다만 어떤 사람이 올지 모르니가 일
단 최저시급으로 공고를 띄우는 거죠. 그런데 만약 추천을 많이 받
은 사람을 프리미엄 인력으로 소개할 수 있다면, 이 인력은 처음부
터 높은 시급을 받을 수 있게 할 수 있습니다. 업주와 지원자가 윈
윈할 수 있는 모델이 되는 거죠.

구직자도 업주에 대해 리뷰를 남길 수 있다. 가게가 어떻게 운영되
는지, 업무 환경은 어떤지 등의 정보를 남길 수 있다. 구직자와 업주
가 서로 평판을 만드는 플랫폼인 셈이다.

| 최저임금 인상이 기회 |

부산에서 시작했지만, 사업의 중심은 수도권으로 거의 넘어왔다. 대
부분의 매칭이 수도권에서 이뤄진다.

Q | 기존 직업소개소와 충돌은 없었나요?

A | 아직까진 없어요. 오히려 급하게 사람 구할 때 활용하려고 저희 회
  원으로 등록한 소개소가 많아요.

이번 정부 들어 크게 오른 최저임금이 급구에 기회의 문이 되고 있
다. 자영업자가 직원을 상시 고용하면 시급 외에 주휴수당, 퇴직금 등
도 지급해야 하는데, 일용직으로 고용하면 시급만 지급해도 된다. 그

래서 임금 부담을 줄이기 위해 일용직을 선호하는 업주들이 늘면서, 니더 고객도 따라서 늘고 있다.

| 자갈치시장 입소문으로 조기 안착 |

대학에서 경영학을 전공하고, 제약회사 영업사원으로 사회생활을 시작했다. 딱히 원해서 제약 영업을 한 건 아니었다. 2013년 내 일이 하고 싶어 창업을 결심했다. 처음엔 국수집을 생각했다. 그러다 일단은 회사가 돌아가는 걸 알아야겠기에 당시 스타트업이었던 '야놀자' 부산 지부에 들어가 2년간 마케팅을 했다. 호텔 등을 찾아다니며 제휴 업체를 확보하는 일을 맡았다. 바닥부터 다져가며 일하는 게 재밌었다. "스타트업에 있어보니 자영업보다 기술 창업에 관심이 가더라고요. 2년을 배우니 이제 내 사업을 할 수 있겠다는 생각이 들어서, 야놀자를 그만두고 생각해뒀던 '주차장 정보'를 모아 소개하는 아이템을 들고 부산청년창업센터에 들어갔어요."

Q | 처음 생각했던 아이템은 지금과 달랐네요?

A | 네. 운이 좋았어요. 진행이 지지부진하던 상황에서, 부산청년창업센터에서 만난 지금의 코파운더들과 얘기를 나누다가 '급구' 아이템을 떠올리게 됐어요. 그 길로 개발에 들어갔습니다.

서비스를 출시한 뒤 길거리에 나가 전단지를 배포하고 만나는 사람마다 애플리케이션을 깔게 하며 홍보했다. 첫 반응은 부산 자갈치 시장에서 왔다. 시장 횟집에서 사람을 구해달라는 연락이 하나둘 온 것이다. "시장 상인들이 돈에 무척 민감하세요. 직원을 상시 고용하기 부담스럽던 차에, 바쁜 시간에만 사람을 부를 수 있는 시스템이 맘에 들었나 봐요. 이분들 입소문 덕을 많이 봤습니다. 초반에 시장에서 하루 6곳의 사장님이 연락주신 날이 있었는데 무척 기분이 좋았어요. 여기서 자신감을 갖고 열심히 달렸더니 여기까지 왔네요."

Q | 창업 전에 좀 더 준비했으면 좋았겠다는 부분이 있나요?

A | 전략적인 접근 방법을 익히는 거요. 몸으로 부딪치며 영업하면 다 될 거라고 생각했는데 막상 해보니 아니에요. 바이럴 마케팅 같은 전략적인 마케팅이 필요합니다. 이걸 처음부터 했다면 서비스가 보다 빨리 자리 잡았을 텐데, 그렇지 못해서 아쉬워요.

Q | 다른 창업자들이 참고할 만한 본인만의 장점이 뭘까요?

A | 내가 부족한 것을 남에게서 보완받을 수 있는 아이디어를 잘 떠올리는 것 같아요. 그러려면 상대방과 윈윈전략을 만들 수 있어야 합니다. 예를 들어 사업 초반 '쇼미더영업'이란 공모전을 한 적이 있어요. 업주를 확보해오는 구직자에게 공모전 수상 인증을 해주는 거죠. 그랬더니 한 번에 130명 업주를 확보해온 분이 계셨어요. 많은 도움이 됐죠. 그리고 그분도 저희 인증을 발판으로 외국계 회사 영업직 취업에 성공하셨어요. 그분도 좋고 저희도 좋은 윈윈전략의 사례였습니다.

안 쓰는 물건 집으로 찾아가 사드립니다, 신개념 중고마켓

어픽스, 한창우 대표 외 4인

집으로 찾아가 중고용품 일괄 수거
후처리해 쇼핑몰에서 판매

선뜻 손이 가지 않는 물건은 사실 평생 쓸 일이 없다. 그런데도 쉽게 버리지는 못한다. 다른 사람에게 주거나 중고로 파는 것도 쉽지 않다. '어픽스' 한창우 대표는 필요 없는 물건을 모아서 처리해주는, 애플리케이션 기반 쇼핑몰 '땡큐마켓'을 만들었다. 2014년 8월 창업해 2016년 1월 오픈했다.

| 중고나라에서 안 팔릴 물건도 일괄 처리 |

땡큐마켓은 고객이 신청하면 집으로 찾아가 안 쓰는 육아용품이나 장난감을 일괄 구매해 온다. 사실 고가의 물건은 다른 중고 사이트에서도 얼마든지 팔 수 있다. 반면 가격이 낮은 물건은 기존 중고 사이트에서 팔기 어렵다. 자칫 물건값보다 배송료가 더 나올 수 있기 때문이다. 땡큐마켓의 가장 큰 경쟁력은 이런 저가 물건까지 한꺼번에 처리해주는 데 있다.

물건을 내놓고 보니 막상 아깝다는 생각이 드는 경우가 있다. "고객이 신청하시면 해피콜을 드려요. 정말 팔 의사가 있는지 다시 여쭈어보면서, 수거 방식 등 기본 안내를 해드리죠. 이후 방문 픽업 때 한 번 더 의사를 확인합니다."

땡큐마켓은 중고품 시세가 결정되는 자체 DB를 운영하고 있다. 알고리즘을 통해 쇼핑몰에서 잘 팔리는 물건은 가격을 높게, 비교적 잘 안 팔리는 물건은 가격을 낮게 정한다. 이 DB는 땡큐마켓 직원이 업무를 처리할 때 쓰는 애플리케이션에 연결되어 있다. 방문 픽업을 나가 애플리케이션을 켠 뒤 물건 사진을 촬영하면 시세가 나온다. 이 가격을 본부 담당자가 원격으로 최종 확인해서 OK 통보를 한다. DB에 없는 물건이 의뢰되면, 본부에서 실시간으로 새 제품 가격 등을 고려해 매입 가격을 정한다. 현장 직원이 고객과 물건 가격을 흥정하느라 실랑이할 필요가 없다.

고객이 이 금액에 동의하면, 현장에서 직원이 바로 고객 계좌로 입금해준다. "고객별로 평균 18~20개 정도 물건을 의뢰하십니다. 제품 20개 가격을 정하는 데 15분 정도 걸리는데요. 방 한 구석에 쌓여 골칫거리로 있던 것들이 돈으로 바뀌니 다들 좋아하십니다."

중고거래는 엄두도 못 내던 사람도 집으로 찾아오는 간편함에 매료되어 고객이 되는 경우가 많다. "판매 고객의 53%는 중고거래를 처음 해보세요. 흥정 같은 것에 부담을 느껴 중고거래를 시도하지 않던 분이 고객으로 유입되는 거죠."

육아용품뿐 아니라 장난감, 생활용품, 주방용품, 소형가전, 도서 등으로 매입 품목이 확대되고 있다. "장난감 맡기면서 다른 제품도 처리해달라는 요청이 많아요. 각 가정의 라이프스타일에 맞게 카테고리가 느는 거죠. 주방 가득 쌓여 있는 밀폐용기나 시계, 옷걸이, 책 같은 게 대표적입니다. 생각보다 이런 상품의 판매가 잘돼서 적극 매입하고 있습니다." 이사가면서 한꺼번에 물건을 처리하려는 고객 요청도 많다. 한 번에 130개까지 처리한 사례가 있다.

반품되었거나 흠 있는 제품을 처리해달라는 기업들의 요청이 많다. 재고로 쌓여 있던 제품을 처리해달라는 요청도 온다. "일괄적으로 싸게 사와서 리퍼 상품으로 팔아요. 기업은 재고를 처리하고, 소비자는 싸게 사고, 우리는 이윤을 남기고. 모두가 좋은 거래입니다."

| 제품 82% 한 달 내 판매 |

판매할 물건이 들어오면 물류센터 직원이 세척과 개·보수를 한다. 흠집이 사라지고, 깨끗하게 세척되어 새 제품에 가깝게 복원된다. 이렇게 말끔해진 물건을 스마트폰에 깔린 애플리케이션으로 촬영하면, 자동으로 땡큐마켓 쇼핑몰에 등록된다. 새 주인을 맞기 위한 준비가 완료된 것이다.

들어온 물건의 82%가 한 달 내로 판매된다. 내부 알고리즘을 통해 판매 가격이 설정된다. 물건이 안 팔리면 주 단위로 가격을 계속 떨어트려 판매를 촉진한다. 반대로 빨리 팔리는 카테고리의 물건은 새

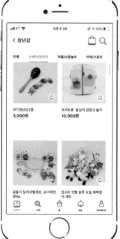

땡큐마켓 서비스 화면

로 등록될 때마다 가격이 오른다. 구매 회원의 50%는 재구매 회원이다. 평균 구입량은 3.5개다.

Q│ 물류 관리는 어떻게 하나요?

A│ 초반엔 제품을 카테고리화해서 관리했는데요. 효율적인지 모르겠고 손만 많이 가더라고요. 지금은 제품별로 위치 정보만 관리합니다. 아무 데나 던져두는 대신, 그 위치를 바코드 같은 걸로 관리하는 거죠. 주문이 들어오면 바코드를 검색해 제품 위치를 찾아서 택배 회사를 통해 배송합니다. 아마존이 하는 방식과 같습니다. 제품 위치만 알면 아무렇게나 쌓아둬도 상관없습니다.

회사 내부적으로 매입·판매, 물류센터 운영, 고객 관리 등 여러 업무가 필요하기 때문에, 비슷한 매출의 다른 스타트업에 비해 인건비 부담이 큰 편이다. 매입 업무를 외부에 위탁하면 인건비 부담을 줄일 수 있다. 이미 일부 업무는 위탁하고 있으며, 지속적으로 늘릴 계획이다. 오프라인 중고거래업자, 물류업자 등이 위탁 대상이다.

"매입 현장에서 직원들이 가격을 정하거나 고객과 흥정을 해야 한다면, 응대를 위해 자체 인력 위주로 운영해야 할 거예요. 하지만 저희는 DB를 통해 매입 가격이 자동으로 결정돼요. 매입 현장에서 할 일은 제품을 확인하고 사진을 촬영하는 정도입니다. 외부 인력으로도 충분히 가능한 일이죠. 외부 위탁을 계속 늘려갈 계획입니다."

물건 수거도 일부는 고객 자체적으로 할 수 있다. 고객이 직접 땡큐마켓에 판매하고자 하는 제품 정보를 등록하면 마찬가지로 내부 알고리즘이 시세를 판정해 입금하는 방식이다. 수거는 기존 택배 업체를 활용하면 되고, 다른 쇼핑 플랫폼 업체와 제휴도 가능하다. 비용 절감을 위해 다양한 방안을 추진하고 있다.

| 내 경험과 필요에서 출발 |

대학에서 멀티미디어공학을 전공하고 IT 디자인 업체에서 사회생활을 시작했다. 정수기, 스피커 등의 제작에 참여했다. 이후 소프트웨어 업체로 옮겨 1년간 기술영업을 했다. "남이 만든 걸 파는 것에 대한 허무함이 있더라고요. '내가 뭔가를 만들어 가치를 전하고 고객을 기쁘게 해주고 싶다.'라는 생각이 머리를 떠나지 않더군요."

곤 회사를 나와 보일러 사업에 도전했다. 보일러를 돌릴 때 버려지는 온수를 모두 사용할 수 있는 보일러였다. "기술 개발을 마치고 시제품도 만들었어요. 그런데 기존 제품보다 효율이 미미하게 올라가는 정도로는 시장에서 승부하기 어렵더라고요. 1년 반을 매달린 아이템이었지만 접기로 했습니다."

보일러 사업을 접는 시점에 땡큐마켓 아이디어가 나왔다. 중고 유모차를 구매했다가 사기를 당한 게 계기가 되었다. 'A급'이라 해서 샀는데 막상 받아보니 바퀴는 제대로 돌지 않고, 시트는 먼지와 음식물 얼룩으로 가득했다. 깊은 곳에서 화가 치밀어 올라왔다. '어디 믿을 만한 중고 사이트가 없을까.' 고민하던 때 우연히 지금의 코파운더들을 만났다. 전 직장동료, 처남, 처남의 동료 등 소개로 만난 5명의 남자가 술자리를 함께 하게 된 것이다. "5명 중 애 아빠가 저 포함 셋이었습니다. 자연스레 집 안 가득 쌓인 유아용품 처리에 관한 얘기가 나왔고, 그때 제 중고거래 경험도 언급하게 되었습니다. 그러다 믿을 만한 중고 사이트 얘기를 했고, 곧 모두의 눈이 번뜩였습니다. 그렇게 다섯이서 뭉쳤습니다."

5명이 각자 가진 자금 외에 대출까지 동원해 사업을 시작했다. 창업하고 9개월은 집에 돈 한 푼 가져다주지 못했다. 한 멤버는 밤에 음식 배달을 하며 생활비를 벌었고, 다른 멤버는 생계를 위해 전업주부이던 아내가 새벽일을 나갔다.

그렇게 해서 어렵사리 서비스가 시작되었다. 사업 초반에는 판매고객들에게 제품을 일일이 애플리케이션에 등록하도록 했다. 사진을 올리고 제품의 상태나 정보 등을 작성하게 한 것이다. 소비자 입장에서 지나치게 번거로운 일이었다. 기껏 올렸더니 애플리케이션이 불안정해 올린 게시글이 날아가는 일도 벌어졌다. "애플리케이션을 업그레이드하자, 절차를 개선하자 등 많은 얘기가 나왔습니다. 아예 판을 뒤집기로 했어요. 등록 절차를 없애고, 우리 직원이 직접 현장에 나가 검수 후 바로 입금하기로 결정한 거죠. 소비자 불편을 '개선'한 수준을 넘어 아예 '없앤' 셈입니다. 판매 신청이 바로 150% 늘더군요. 그렇게 지금의 사업모델이 만들어졌습니다."

| 중고업계 다이소, 배민으로 성장하는 중 |

Q | 어떤 점 때문에 고객들의 호응을 받았다고 생각하세요?

A | 크게 세 가지입니다. 첫째로 고객이 직접 거래할 필요 없이, 저희를 통해 집에 가만히 앉아 물건을 사고팔 수 있습니다. 무척 간편하죠. 중고거래의 '배달의 민족'이라 할 수 있습니다. 두 번째는 믿을 수 있다는 점입니다. 저희가 제품을 수선해서 판매하니, 개인 판매자에게 사기당할 일이 없습니다. 수선하지 못한 흠집이나 변색, 보풀 같은 특이사항은 반드시 고지해드려서 구매자가 피해 보는 일이 없도록 하고 있습니다. 세 번째는 일괄 수거 방식으로 확보한 저가 물품입니다. 다른 중고사이트에선 찾을 수 없는 1천 원짜리 저가 상품이 가득합니다. 싸지만 꼭 필요한 것들이죠. 저희 사이트에서만 살 수 있습니다. 이 점에선 '다이소' 같죠. 이런 차별성을 내려고 고민을 많이 했고, 지금의 사업모델은 그 고민과 토론

의 결과물입니다. 정말 편리하고 좋으니 제 스스로가 땡큐마켓의 주요 고객입니다. 유모차, 아기띠, 아기 소파, 전집 등 대부분의 육아용품을 땡큐마켓에서 구매했습니다.

Q | 창업하고 보니 아쉬운 점이 있나요?

A | 더 젊었을 때 창업해봤으면 좋았겠다는 생각을 많이 해요. 준비 기간을 오래 가진다고 해서 성공하는 게 아니에요. 몸으로 깨져봐야 알 수 있습니다. 전해 듣는 걸로는 안 돼요. 첫 번째 보일러 사업은 시장성을 확인하지 않고 뛰어든 데 따른 실패였어요. 시장을 보는 게 얼마나 중요한지 체득한 경험이 없어서 발생한 시행착오였죠. 만들고 싶은 게 아니라 팔릴 것을 만들어야 합니다. 지금 아이템을 시작할 때는 시장성부터 봤어요. 그랬더니 누군가의 불편을 해결해줄 수 있는 아이템이 나왔죠. 제가 어려서 창업 경험이 있었다면 처음부터 좋은 판단을 했을 거예요.

Q | 지금까지 잘해온 비결이 뭔가요?

A | 실행력이요. 선례가 없던 서비스라 시행착오가 많을 수밖에 없어요. 그렇다고 고민만 해선 안 됩니다. 뭐라도 해야 합니다. 이게 안 되면 저걸 해보고, 저게 안 되면 또 다른 걸 해보고. 주저하면 안 됩니다. 저희는 정해놓은 목표를 향해 계속 실행해나가고 있습니다. 그게 바로 저희의 DNA입니다. 중고 시장 규모가 20조 원 정도 됩니다. 이 시장에서 가장 경쟁력 있는 업체가 되고 싶습니다.

명문대 교수들을 덜덜 떨게 만든, 교수 평가 사이트

김박사넷, 유일혁 대표

대학원생 위한 교수 평가 사이트
촌철살인 한줄평에 열광

"카페 장사로 비유하면 전기 요금 아끼겠다고 에어컨 꺼서 가게 손님들 내쫓는 거와 비슷한 짓을 종종 함. ㅋ" "맘에 안 들거나 기분 나쁘면 면전에서 쌍욕 섞어 면박 줌." "갑질, 성폭력, 인건비 횡령, 사적 업무 지시 등등… '갑질'의 표본."

한 대학원생이 지도를 받았던 교수에 대해 남긴 한줄평이다. 전국 유명 대학 교수들을 떨게 만드는 남자가 있다. 대학원생을 위한 교수 평가 사이트 '김박사넷'을 만든 유일혁 대표다.

| 영화평 하듯 한 줄 교수평 |

Q | 어떤 서비스를 하고 있나요?

A | 대학원에 진학할 때 지도교수 선택은 무척 중요한 일입니다. 연구

실 생활, 학위 취득, 졸업 후 진로에 이르기까지 교수의 영향력이 지대하거든요. 그런데 보통은 이에 관한 제대로 된 정보가 없어서 알음알음해 지도교수를 선택하는 경우가 많습니다. 이런 분들을 위해 각 교수와 관련한 모든 정보를 제공하는 서비스를 하고 있습니다. 연구실적은 기본이고, 교수 연구실을 거쳐간 학생들의 정보도 취합해 제공합니다.

연구실 소속 석박사 졸업생 수, 박사학위 취득까지 걸리는 시간, 졸업 때 학생들의 평균 연령, 석사 취득 후 박사로 진입하는 비율 등의 정보가 대표적이다. 이런 데이터를 모아 통계를 낸 뒤 교수별로 정보를 제공한다. 교수 실력이 얼마나 되는지, 그 밑에서 학위를 취득하는 게 얼마나 어렵거나 혹은 수월할지 짐작할 수 있다. "다른 곳에선 찾을 수 없는 정보들이죠. 지도교수를 선택하는 데 큰 도움이 되고 있다는 얘기를 많이 듣습니다."

화룡점정은 학생들이 남긴 한줄평이다. 교수의 인성, 연구실 분위기 등 교수를 알거나 겪어본 사람만 알고 있는 정보를 얻을 수 있다. 포털사이트의 영화 한줄평과 비슷하다. "안목과 연구실 운영이 근시안적이고 비전 제시는 얼버무린다." "개인의 능력과 상관없이 졸업하는 데 9년. 그 이하로 졸업하려면 천운을 타고나야 함." 등의 평가를 발견할 수 있다.

좋은 평가를 받는 교수도 많다. "학생과 연구에 대한 관심과 열정이 대단하십니다." 같은 긍정적인 평가가 줄줄이 달린 교수들도 있다. 연구 관련 정보 외에 "매달 두 번의 단체 운동이 있음. 매년 여름,

겨울마다 MT를 가기도 함." 같은 생활 정보도 올라온다. 이런 게 쌓여 교수의 평판이 된다.

한줄평과 함께 평점도 남길 수 있다. 교수 인품, 연구실 지출 인건비, 논문 지도력, 강의 전달력, 연구실 분위기 등 다섯 가지 지표에 대해 A⁺부터 F까지 점수를 매길 수 있다. 김박사넷은 이를 취합해 평균 점수를 공개한다. 일부 학생의 평가로 점수가 왜곡되지 않도록, 평가 인원이 일정 수준 이상이 되어야 점수를 공개한다. 한줄평만 남길 수도, 평점만 매길 수도 있다.

평점과 한줄평은 교수가 재직하는 대학의 재학생이나 졸업생만 매길 수 있다. "해당 대학 이메일 계정으로 인증을 받아야 평가를 할 수 있습니다. 아무나 평점과 한줄평을 매겨 왜곡이 생기는 것을 막기 위한 거죠."

Q | 자격을 더 좁혀야 하는 것 아닌가요? 전체 재학생과 졸업생이 아니라, 해당 교수에게 지도받은 연구실 출신 석박사만 평가를 남기도록 하는 거죠.

A | 어떤 사람을 알기 위해 꼭 그 사람과 같이 생활을 해봐야 하는 건 아닙니다. 해당 교수의 수업을 들었거나, 옆에서 간접적으로 교수를 경험해도 어느 정도 알 수 있는 것들이 있습니다. 연구실 소속 친구에게서 평판을 건너 들을 수도 있고요. 그래서 재학생 또는 졸업생이면 평가를 내릴 수 있도록 하고 있습니다. 이런 평가가 많을수록 종합적인 판단을 내릴 근거가 풍부해집니다.

| 잘 아는 걸로 창업하라 |

유 대표는 서울대 재료공학과와 동 대학원을 나왔다. 학부 때 변리사 자격증을 취득했다. 대학원 졸업 후 3년여간 병역특례요원으로 주성 엔지니어링에서 일했다. 연구·개발 과정에 필요한 지적재산권 관리 등 업무를 맡았다. 병역을 마치고 변리사 일을 하다가 2017년 6월 사업을 시작했다. "변리사로 일하면서 계속 특허를 접하다 보니 제 일을 해보고 싶더라고요. 마침 뜻이 맞는 친구가 있어 사업을 시작했습니다." 처음 사물인터넷 연동 스마트 침실 사업을 계획했다. 하지만 하드웨어 제조에 어려움이 있어 아이템을 바꾸기로 했다.

잘하거나 잘 아는 걸 아이템으로 삼아야겠다는 생각이 들었다. 대학원 재학 때 동료들에게서 전해 들은 이야기가 생각났다. "저는 다행히 좋은 교수님을 만났는데요. 다른 친구들 얘기 들어보면 꼭 그렇지만은 않더라고요. 교수의 실체를 미리 알았으면 좋았겠다는 얘기를 많이 하더라고요. 그 아쉬움을 해결해보기로 했습니다."

단순히 교수들의 연구 실적을 나열하는 정도로는 1회성 방문 사이트에 그칠 것 같았다. 여기서 더 확장해 교수와 관련된 모든 정보를 모으기로 했다.

막상 시작하려니 정보를 모으는 작업이 시쳇말로 '노가다'였다. 그래도 묵묵히 했다. 구글, 학술·논문 검색사이트, 대학 전자도서관, 한국연구재단 등에서 교수들을 일일이 검색해 정보를 모았다. "교수뿐 아니라 모든 학생들의 석박사 학위 논문까지 검색했어요. 논문에 지도교수 이름이 남거든요. 그러면 교수별로 거쳐간 학생들의 정보도 취합할 수 있어요. 예를 들어 논문에 나온 학번과 논문 제출 연도를 비교하면 입학 후 해당 교수 밑에서 학위 취득까지 걸린 시간을 알 수 있습니다."

모든 교수를 대상으로 오픈하는 것은 시간이 오래 걸리고 큰 의미도 없다고 판단했다. 일단 모교이자 대학원 진학 선호도가 가장 높은 서울대 공과대학 교수 300명으로 오픈하기로 결정했다. 범위를 좁히니 가능한 목표가 생기면서 일이 수월해졌다. 기초 자료를 모아 엑셀 프로그램으로 정리하고, 또 모으고 정리하는 과정을 반복했다. 이후 코딩을 배워 베타프로그램을 만든 후 2018년 1월 정식 오픈했다.

서울대 재학생과 졸업생이 찾는 커뮤니티 사이트에 글을 올려 서비스 시작을 알렸다. "뒤늦게 코딩을 배워 손수 만들었으니, 전문가들이 보기에 형편없었을 거예요. 하지만 서비스 콘셉트만으로 많은 분들이 열광해주셨습니다. 기술적 조언을 해주겠다, 돈을 대겠다, 후원하겠다 등 많은 격려를 받았어요."

공과대학 서비스가 성공하면서 지속적으로 프로그램과 학과를 업데이트할 동력이 생겼다. 서울대 자연대, 사회과학대, 경영대 등으로 대상을 늘리면서, 업데이트 소식을 페이스북 등으로 알렸다. "하나씩 오픈하는 전략을 쓰니 유저들 사이에 기대감이 형성되더군요. 오늘은 추가된 게 없나 하면서 재방문하는 경우도 나오고요. 우리 과는 언제 되느냐며 문의하거나 빨리 올려달라는 사람도 줄을 이었습니다."

현재 서울대, 카이스트, 포항공대, 유니스트, 지스트, 연세대, 고려대, 한양대, 중앙대, 아주대 등 대부분의 대학들에서 서비스가 제공되고 있다.

한줄평과 평점은 사이트만 찾으면 볼 수 있지만, 자세한 데이터를 보려면 회원가입을 해야 한다. 회원의 40%가 대학원 진학 희망자, 35%가 대학원 재학생으로 파악된다. 나머지는 서비스가 궁금하거나 재밌어 보여 찾아오는 유저들이다. "정말 필요했던 것을 내놓으니 따로 홍보하지 않아도 입소문이 난 것 같아요. 마케팅 비용을 거의 쓰지 않는데도 알아서 찾아오시니 고마울 따름입니다."

등록된 글이 수만 개가 넘는다. "오픈 당시 '부정적인 평만 달리면 어떡하나' 걱정이 많았어요. 칭찬보다는 욕을 적극적으로 하는 게 사람 심리니까요. 자칫 성토의 장이 되면서 '대학원은 절대 가서는 안 될 곳'이란 인상을 줄 수 있겠다는 우려도 했어요. 그래서 한줄평 코너에 '가급적 장점 위주로 적어달라'는 가이드를 달았습니다. 아직까진 괜찮아요. 전체 한줄평을 구분해보면 칭찬과 비판의 비율이 반반입니다. 좋은 평만 달리는 교수도 여럿 보입니다."

부정적인 평가에 대해서는 해학적인 표현이 많다. '흔적을 남기지 않는 선에서 학생에게 최선으로 엄격하십니다. 연구실을 떠나는 방법을 배울 수 있습니다.' '사회에 나가서 겪을 고통을 미리 맛보기 위해 좋은 곳이다.' 같은 평들이다. "가끔 안 좋은 평을 가리려고 조작을 시도하는 경우가 있어요. 평이 안 좋던 교수에게 갑자기 좋은 평이 연달아 달리는 경우가 대표적이죠. 교수가 조교들을 시켜 평을 다는 경우로 추측됩니다. 하지만 오래가지 못합니다. 곧 반대 댓글이 달리기 때문이죠."

Q | 익명성이 중요할 것 같아요.

A | 맞아요. 조교가 김박사넷에 들어가 한줄평 다는 모습을 우연히 교수가 볼 수 있어요. 이런 상황에 대비해 유저가 평을 등록하면 사이트에 불규칙적으로 노출하는 방식을 택했습니다. 어떤 평은 하루 만에, 또 어떤 평은 이틀 만에 노출하는 식이죠. 그렇게 되면 교수는 아까 그 조교가 자신에게 평을 달았는지, 다른 교수에게 평을 달았는지 헷갈리게 됩니다. 또 새로 달린 평이 아까 그 학생이 단 게 맞는지 아닌지도 도무지 알 수 없게 됩니다. 이런 식으로 익명성 확보를 위한 갖가지 장치를 강구하고 있습니다.

앞으로는 교수들과의 소통도 강화할 계획이다. "교수 연구실도 기업처럼 좋은 인재를 유치할 필요가 있습니다. 장학금을 얼마나 줄 수 있고, 졸업 후 진로가 어떻게 되는지 알릴 수 있으면 좋겠죠. 그런 적극성이 있는 교수라면 우리 사이트가 좋은 홍보의 장이 될 수 있습니다. 교수가 각자 본인의 페이지에 그런 정보를 올릴 수 있도록 할 계획입니다. 유저가 익명으로 질문하면 교수가 답변하는 서비스도 생각하고 있습니다." 실제 포항공대의 한 학과에선 교수들의 최근 연구 성과를 취합해 보내오기도 했다.

| 사람이 모이면 돈도 모인다 |

김박사넷은 대학원 전기 모집이 이뤄지는 매년 10월을 회원 확장의 기회로 삼고 있다. "입시 이후 지도교수를 선택할 때 사람이 많이 몰릴 텐데요. 이때 우리 사이트 정보가 유용하다는 인식을 확실히 심어 줄 필요가 있습니다."

Q | 수익성은 어떻게 확보할 건가요?

A | 일단은 사용자를 많이 모으고, 콘텐츠를 더 풍부하게 만드는 것이 우선입니다. 많은 사람이 오래 머무는 공간으로 만드는 거죠. 그러면 대학원생을 대상으로 마케팅을 하는 기업들이 저절로 모일 수 있습니다. 이미 석박사급 인력을 뽑는 기업들의 구인 공고나 연구 과제 공모를 게재하고 있고요. 추가로 대학원생들의 논문이나 특허를 기반으로 적합한 기업과 연결해주는 서비스도 가능할 것 같아요. 보다 많은 학생을 모집하려는 대학원의 광고 수요가 생길 수도 있고요. 일반 유저에게 정보를 유료로 파는 것은 고려하지 않고 있습니다.

사이트 내 유저들의 커뮤니티 공간도 확대하고 있다. "지금은 학위별로 게시판을 운영하고 있는데요. 글이 많이 모이면 다시 분류할 예정입니다. 관심 주제별로 게시판을 나눠 활성화하는 거죠. 대학, 전공, 연구주제 등 카테고리별로 교류할 수 있는 게시판도 만들 계획입니다. 토론이나 정보 교류가 원활해질 것으로 기대하고 있습니다. 병역 특례 업체 리스트업 같은 정보도 제공하려고 해요. 대학원생이 필요로 하는 모든 정보를 제공하고 싶습니다." 영문 페이지를 만들어 한국으로 유학 오려는 외국인을 대상으로도 서비스할 예정이다.

Q | 알고 보면 정부나 각 대학이 할 일을 대신 하는 거네요?

A | 맞아요. 어떻게 보면 아쉽죠. 대학원은 참 이상한 시장이에요. 대학원생은 돈 내는 고객이고 대학원은 물건 파는 입장이잖아요. 그런데 파는 쪽이 주는 정보가 아무 것도 없어요. 차나 휴대폰을 팔 때 이런저런 설명해주는 것과 너무 다르죠. 결국 돈 내는 고객이 어쩔 수 없이 정보도 구해야 합니다. 아니면 구입한 후에야 뒤늦게 알게 되죠. 이런 정보 비대칭성을 완화하는 노력을 저희가 하는 셈입니다. 하지만 저희는 완벽하지 않습니다. 석박사 과정에서 중도에 그만두는 비율이 얼마나 되는지, 대학원생 중 다른 대학 출신 비율이 얼마나 되는지 같은 고급 정보도 주고 싶은데, 이 부분은 대학에서 직접 밝히지 않으면 알 수 없어요. 연구자를 양성하는 기관으로서 책임감을 갖고 다양하고 정확한 정보를 주는 게 맞다고 생각합니다. 그런 문화가 만들어질 수 있도록 저희가 노력해야죠.

Q | 언제 가장 보람을 느끼나요?

A | 만들어줘서 감사하다는 응원을 들을 때 무척 뿌듯합니다. 대학원 진학을 고민하는 사람에게 "일단 김박사넷부터 가봐."라는 얘기가 나오게 하고 싶어요. 우리를 통해 제대로 알아보고 가는 거죠. 대학원은 학교 간판이 아니라 교수를 보고 지원하는 문화가 만들어져야 해요. 그래야 진정한 연구 중심 대학이 나올 수 있죠. 그런 부분에 저희가 일조하고 싶습니다.

자산관리 시장에 출사표 던진
안정적인 재테크 플랫폼

윙크스톤파트너스, 연세대 동문 4인방

연 5~10% 수익률 제공으로 인기
대중 부유층 겨냥한 재테크 서비스

'핀테크(fintech, 금융과 기술이 결합한 서비스)' 분야에서도 괜찮은 스타트업이 속속 출현하고 있다. 재테크 플랫폼 업체 '윙크스톤파트너스'는 연세대 동기 창업자 4인방이 만들었다.

| 수십 년 인연 동기동창 |

윙크스톤은 P2P 기반의 금융 플랫폼이다. 'P2P금융'은 투자자의 자금을 모아 특정 기업에 제공하고, 그에 따른 수익금을 기업에서 돌려받는 것을 의미한다. 일반 은행에선 예금을 하면 이 돈이 누구에게 대출되는지 알 수 없지만, P2P금융에선 내 자금이 누구에게 들어가서 얼마나 수익률을 내고 있는지 정확하게 알 수 있다. 투자 대상은 플랫폼 사업자가 선정해서 올린다.

윙크스톤 창업자 4인방은 모두 연세대 인문대 출신이다. 그중 3명은 중학교와 고등학교도 함께 나와 밴드 활동까지 같이 했다. "4명이서 각각 두 가지 이상은 인연이 겹칩니다. 팀워크가 좋을 수밖에 없죠."

외환은행 출신의 민정규 이사가 2018년 12월 단독창업을 한 게 윙크스톤의 시작이다. "좋은 투자에 대해서 항상 고민이 있는데요. 수익률이 높은 주식 투자를 하자니 불안하고, 새로운 투자처를 찾자니 기관투자가가 아니면 접근할 방법이 없었습니다. 저희만 이런 불편을 느끼는 건 아닐 거라 생각해서 창업을 결심했습니다."

시작은 민 이사 혼자였지만 자연스레 넷이 의기투합했다. "수시로 만나서 맥주를 마시며 '우리가 갈 곳은 정해져 있다'며 비전을 공유했습니다. 남은 3명은 사정이 있어서 바로 합류하지는 못했지만 필요한 인력이나 고객을 끌어오는 등 지원 역할을 적극적으로 했습니다."

Q | 어떤 비전을 공유했나요?

A | 금융의 본질에 대한 고민이요. 돈이 필요한 사람과 투자자를 연결하는, 돈의 융통이 금융인데요. 우리나라 핀테크 회사들은 아직 자산관리, 송금 같은 단순 서비스를 제공하는 데만 머물러 있습니다. 우리는 금융 자체, 즉 돈의 융통에 집중하는 핀테크를 해야겠다고 생각했습니다. 본질에서 기회를 찾는 거죠.

2019년 4월 최영재 대표가 두 번째로 합류했다. 위치 센서를 만드는 스타트업을 운영하다가 성공적으로 EXIT 한 후 바로 옮겨왔다. 이후 2020년 1월 회계사 출신의 권오형 대표와 KT·미래에셋 출신의 이수호 이사가 추가로 합류해 4인 체제가 완성되었다. "각자 시기에 차이가 있을 뿐, 서로의 능력에 대한 신뢰가 있기 때문에 고민을 많이 하지는 않았습니다."

금융, 회계, 서비스 기획, 마케팅, 경영지원 등 각자 경험과 장점에 따라 업무를 분장하고 있다. 애플리케이션 개발과 유지보수를 담당하는 개발총괄본부장은 외부 영입했다. "기존 솔루션을 그대로 가져다 쓰는 업체들이 많은데요. 저희는 시스템 개발을 자체적으로 했습니다. 초기 비용은 많이 들지만, 지속적인 시스템 고도화가 가능해 사용자들의 편의를 높일 수 있다는 이점이 있습니다."

| 자체 평가 모델로 리스크 최소화 |

P2P금융은 투자금 상환 연체 등 손실 위험이 있다. 그 손실은 전체 투자가가 공유하는데, 이런 위험을 최소화하는 게 경쟁력의 핵심이다. 가장 좋은 방법은 우량한 투자 대상만 투자자들에게 소개하는 것이다. 윙크스톤은 자체 심사 평가 모델을 갖췄다. "투자나 대출을 받겠다고 신청하는 기업과 개인이 많은데요. 신청이 오면 사고 예방을 위해 데이터를 활용해서 투자 대상을 심사합니다. 신용 평가 모델을 통해 현금흐름을 분석해 원리금 상환 능력이 있는지 심사하고요. 내부 심의위원회를 열어서 의결을 통과해야 투자 대상으로 등록될 수 있습니다. 꽤 까다로워 심사 후 최종 통과까지 승인율이 10% 이내입니다. 이렇게 등록돼 투자를 받았다가 연체가 발생하면 저희 윙크스

톤이 투자자를 대신해 추심합니다. 아직까지 연체 사례는 없습니다."

윙크스톤은 기업과 개인의 투자 신청을 기다리기만 하지 않고, 적극적으로 대출이나 투자를 받을 만한 곳을 물색하기도 한다. "성장성이 높은 기업들 가운데 자본 지출이 많아 자금 수요가 있는 회사를 찾아 먼저 연락드립니다. 주류, 유통, 렌탈 산업을 관심 있게 보고 있는데요. 이 중 한 맥주 업체는 실제로 대출이 이뤄졌습니다."

Q | 우량한 기업은 대출이나 투자를 받기 위해 기존 은행이나 증권사를 찾아가지 않나요?

A | 대출이나 투자를 빠르게 받을 수 있어서 저희를 찾는 업체들이 있습니다. 저희를 통하면 수십억 원의 자금을 확보하는 데 2~3주면 됩니다. 대출 심사를 거쳐 애플리케이션을 통해 투자자 모집이 완료되기까지 걸리는 시간이죠. 기존 금융회사에서 처음 대출을 받으려면 보증심의 같은 길고 복잡한 절차를 거쳐야 합니다. 업력이 짧은 기업은 대출 승인이 거절되는 경우도 많습니다. 현금흐름이 괜찮아도 업력이 짧다는 이유로 신용대출을 못 받는 거죠. 저희를 통하면 상대적으로 낮은 문턱으로 빠르게 대출받을 수 있어서 우량 기업도 저희를 많이 이용합니다. 이렇게 우량 기업이 많이 등록돼야 저희 투자자들이 연체 없이 안정적이면서 높은 수익률을 거둘 수 있습니다. 연 5~10% 수익률 제공을 목표로 하고 있습니다.

서비스 타깃은 이른바 '대중 부유층'으로 잡고 있다. "금융자산이 3억 원 내외인 분들을 뜻합니다. 보다 높은 수익률에 목마르신 분들인데, 이 정도 금액으론 사모펀드나 은행 PB 서비스는 받기가 어렵습니다. 결국 수익률이 높지 않은 예적금이나 공모펀드를 하게 되죠. 이런 상품을 대체해서, 상대적으로 높은 수익률을 대중 부유층에게 제공하는 걸 목표로 설정하고 있습니다."

| 투자자가 신뢰할 수 있는 플랫폼 |

투자는 회원가입만 하면 누구나 할 수 있다. "부동산 PF(프로젝트 파이낸스) 같은 담보대출에 집중하는 업체들이 많은데요. 저희는 중소기업금융에 더 집중하고 있습니다. 리스크 관리가 상대적으로 까다로운 분야라, 상품의 정형화와 고도화를 통해 차별성을 내고 있습니다. 금융이 진정으로 필요한 분들에게 기여하는 게 저희 목표입니다. 빅데이터를 활용한 소상공인, 개인신용 대출도 다룰 예정입니다."

개인 대출 신청자는 생활자금이나 사업자금 용도로 현재 갖고 있는 주택을 담보로 대출을 신청하는 경우가 많다. 이들이 내는 평균 이자율은 연 8~12% 정도로 제2금융권 대출보다 낮은 편이다. "당분간 부동산 시장을 보수적으로 보고 있어서, 대출 가능액을 내부적으로 제한하고 있습니다."

윙크스톤은 투자자와 대출자 양쪽에서 수수료를 받아 이익을 낸다. 다른 업체와 비교해 투자자에게선 다소 비싸게, 대출자에게선 싸게 받는다. "투자자로부터 제대로 수수료를 받아 좋은 서비스를 해주자는 취지입니다. 반대로 대출자 수수료를 낮게 유지하면, 상대적으로 우량한 대출자를 모집할 수 있습니다. 그러면 연체 사고가 최소화되면서 투자자도 만족하게 됩니다. 대출 잔액이 1천억 원까지 커지면 투자자 수수료만으로 회사 운영이 가능할 것으로 예상합니다. 그러면 남은 대출자 수수료는 이익이 될 수 있습니다."

Q | 안정적인 동업은 어떻게 해야 가능한가요?

A | 4명 이름으로 변호사 입회하에 동업계약서를 썼습니다. 뭘 그렇게 빡빡하게 하냐고 할 수도 있지만 진정한 신뢰관계는 확실한 리스크 차단이 있어야 가능합니다. 불확실성이 없어야 진정으로 서로를 믿을 수 있죠.

Q | 일적인 측면에선요?

A | 서로가 서로에게 '챌린지'하자고 얘기합니다. 의견 충돌을 두려워 말고, 공격받는다 생각하지 말고, 서로 지적하고 받아들이는 거죠. 오히려 의견 합치가 돼서 챌린지하지 않는 것을 경계하고 있습니다. 그래야 건전한 조직이 될 수 있습니다.

Q | 서비스 운영 원칙이 있나요?

A | 기존 금융은 브로커 중심입니다. 브로커들은 고객보다 자기가 돈을 벌기 위해 상품을 소개하죠. 고객이 아닌 상품을 만든 운용사와의 관계를 중요하게 여기기도 합니다. 결국 중개 과정에서 다양한 사고가 터집니다. 반면 저희는 철저하게 투자자 중심으로 가려고 합니다. 10년 전 금융위기 때 금융회사의 역할을 고민할 기회가 있

었습니다. 종사자가 나쁜 마음을 먹거나 이익만 추구하다 보면 결국 큰 피해가 생긴다는 것을 깨달았죠. 내가 돈 버는 깃도 중요하지만 고객 자산을 정직하게 운용하는 게 더 중요합니다.

Q | 벤치마킹하는 곳이 있나요?

A | 25억 달러 규모의 '펀드라이즈'라는 미국 업체가 있습니다. 투자자 관점에서 리츠 등 금융상품을 개발하고 애플리케이션에서 판매해 많은 호응을 얻고 있죠. 다양한 대체 투자 포트폴리오를 만들어서 투자자들과 길게 가는 회사입니다. 이처럼 투자자 관점에서 다양한 서비스를 하고 싶습니다. 투자자가 신뢰할 수 있는 투자 포트폴리오 거래 플랫폼이 되는 겁니다. 개인적으로 주식과 부동산 투자를 하려면 공부를 많이 해야 하는데요. 그런 공부 없이도 누구나 쉽게 안정적이고 높은 수익률을 낼 수 있는 대안이 되고 싶습니다.

Q | 앞으로의 계획은 뭔가요?

A | 다양한 대출채권을 묶어서 투자할 수 있는 상품을 출시할 계획입니다. 여러 채권을 시스템적으로 결합하는 프로그램으로 특허를 출원했습니다. 규모 면에선 2020년 말 1천억 원, 2021년 말 3천억 원까지 대출잔액을 키우는 게 목표입니다. 연체율은 2% 내외에서 관리하고요. 그러면 80억 원 이익이 예상됩니다. 더불어 사회에 좋은 영향을 주는 기업이 되고 싶습니다. 우리가 만든 상품이 고객에게 좋은 가치를 제공하고 있다는 보람을 느끼고 싶습니다.

PART

6

색다른 아이디어로
가격을 파괴한 스타트업

가난한 대학생도
수십 억 아파트에 살 수 있다

코티에이블, 안혜린 대표

세어하우스로 청년들의 주거환경 개선
외국인과 내국인 함께 사는 글로벌 하우스

청년들의 가장 큰 고민 중 하나는 열악한 주거환경이다. 반지하나 지하, 옥탑에 사는 가구가 전국적으로 40만이 넘는다. 세어하우스 '에이블하우스'를 운영하는 스타트업 '코티에이블'은 반지하 월세 가격으로 브랜드 아파트에 살 수 있게 해주는 스타트업이다. 사법시험을 준비하던 안혜린 대표가 창업했다.

| 월 30만 원으로 10억 원 넘는 아파트 거주 |

세어하우스는 여러 사람이 한데 모여 사는 주거형태를 뜻한다. 방 3개짜리 집이면 각 방마다 다른 팀이 살아서, 세 팀이 한 집에 살게 된다. 팀별로 인원은 1명부터 4명까지 다양하다. 각 방은 온전히 각 팀의 것이다. 대신 주방, 거실 등은 공용공간으로 한 집의 모든 거주자, 즉 모든 팀이 공유한다.

최근 셰어하우스가 크게 늘고 있다. 모르는 사람과 함께 사는 불편을 감수하더라도 쾌적한 환경에서 살겠다는 것이다. 혼자선 좋은 집에 살기 어려워도, 여럿이 돈을 모으면 좋은 집에 살 수 있다. 그중에서도 에이블하우스가 차별화되는 건 아파트이기 때문이다. 혼자 대단지 아파트에 사는 건 웬만해선 꿈꾸기 어렵지만, 여러 팀을 모으면 가능해진다. 집값이 저렴한 곳을 찾다 으슥한 골목까지 들어갈 필요 없이, 안전하고 쾌적한 주거 환경이 보장되는 것이다. 아파트는 주방, 거실, 화장실, 발코니 등 개인이 활용할 수 있는 공간이 다른 주거형태보다 크다는 장점도 있다. 다른 사람과 공유한다는 점만 받아들일 수 있으면, 어떤 공간보다 쾌적하게 생활할 수 있다.

에이블하우스는 교통을 고려해 아파트를 선정한다. 지하철역이 가까이 있는 브랜드 아파트를 원칙으로 하고 있다. 관리하고 있는 아파트 중에는 한 채에 10억 원이 넘는 고가 아파트도 있다. 2020년 5월 기준 관리 중인 아파트는 30채가 넘는다.

에어컨, 냉장고, 세탁기, 가스·전자레인지, 개인 침대, 수납장, 옷장, 책상, 의자 등 기본 설비를 모두 갖춰놓는다. 각 팀은 옷과 침구류만 들고 오면 된다. 청소, 정기점검, 방역, 보안 등 기본 관리를 해준다. "요즘 유행하는 '코워킹스페이스'의 주거 버전입니다. 코워킹스페이스는 사무실을 관리할 걱정 없이 일만 하면 된다고 하잖아요. 에이블하우스에 살면 청소나 시설관리 같은 걱정 없이 편하게 쉬기만 하면 됩니다." 애로 사항이 있으면 지역별 담당 매니저와 상담하면 된다.

가격은 1인실 50만 원 내외, 2인실 40만 원 내외, 3~4인실 30만 원 내외다. 보증금은 100만~300만 원 수준이다. 대학가의 원룸 평균 임대료(보증금 1,500만 원 내외, 월세 50만 원 내외)와 비교하면, 비슷하거나 오히려 싼 편이다. 깨끗한 집에서 관리까지 받으며 살면서도, 한 집을 여럿이 공유하는 덕에 주거비 부담이 내려갔다. 6개월 단위로 계약을 하며, 1년 이상 장기 계약을 하면 할인을 받을 수 있다. 친구 동반, 지인 추천, 신입생, 재계약 등 다양한 프로모션을 실시해서 웬만해선 할인받을 수 있도록 하고 있다.

고객은 대부분 지방에서 올라온 학생들인데, 수도권이나 서울에 사는 학생도 있다. 수도권에 살지만 통학거리가 먼 경우다. 그래서 에이블하우스를 '민간 기숙사'라 표현하기도 한다. 요즘 들어 직장인 고객도 많이 찾고 있다.

| 거주 공간을 넘어 하나의 커뮤니티로 |

에이블하우스는 글로벌 셰어하우스를 지향한다. 외국인 유학생을 적극 유치해, 내국인과 외국인이 한 집에 어울려 살 수 있도록 한다. 자연스레 서로의 말과 문화를 배울 수 있다. "한류에 반해 한국에 오는 외국인 학생이 많은데요. 실제 한국인과 친해지기는 쉽지 않습니다. 에이블하우스에 살면 인위적인 노력을 하지 않아도 자연스레 친한 친구를 만들 수 있습니다. 한국 학생들 입장에선 좋은 외국어 선생님이 생기는 거고요."

다양한 인연이 생긴다. "영국인 교환학생과 함께 살다가, 그 학생이 나니던 영국 내학으로 유학 간 경우가 있고요. 베이징대에서 온 교환학생과 친해져서 그 친구가 귀국할 때 중국에 교환학생으로 갔다가, 학기를 마치고 돌아올 때 그 중국인 친구가 다시 따라와서 에이블하우스에 함께 산 경우도 있어요. 나라를 바꿔가며 룸메이트를 유지하는 거죠. 이보다 고급스런 커뮤니티가 또 있을까요? 이처럼 룸메이트가 된다는 건 시간을 공유한다는 것입니다. 진정한 메이트가 되는 거죠."

봄학기를 앞둔 1·2월, 가을학기를 앞둔 7·8월에 입주자를 일괄 모집한다. 홈페이지, 블로그, 페이스북, 셰어하우스 중개 플랫폼 등 다양한 채널을 동원한다. "그래도 최고의 홍보 수단은 이곳에 살아봤거나 살고 있는 학생들이 내는 입소문입니다. 알음알음 소개받고 지원하는 분들이 많습니다." 1·2월은 내국인, 7·8월은 외국인 유학생과 교환학생의 문의가 많다고 한다.

신청한다고 다 들어갈 수 있는 게 아니다. 2019년 1·2월 시즌의 경우 17:1이 넘는 경쟁률을 기록했다. 방 개수는 제한되어 있는데 신청하는 사람이 많아서, 방을 얻기 위해 치열한 경쟁이 펼쳐지는 것이다. 입주 신청을 받은 후 인터뷰를 통해 입주자를 선정한다. 공동생활에 적합한지 심사해 가장 적절한 사람을 입주시키는 것이다. "서로 피해주지 않도록 생활수칙을 두고 있는데, 이를 잘 지킬 수 있는 분인지 심사합니다. 지원자가 계속 늘어나고 있어서 지속적으로 지점을 늘려 수요에 대응할 예정입니다."

기수별로 신규 입주자를 위한 오리엔테이션을 연다. 신규 입주자를 한데 모아 생활수칙 등을 알려주면서 자연스러운 만남의 장을 마련하는 것이다. "수십 개 대학의 학생들이 한자리에 모입니다. 기수를 부여하니 일종의 동기의식 같은 게 생기죠. 한 번 만나게 해주면 이후에는 알아서들 모입니다. 거주 공간을 넘어 커뮤니티로서의 기능을 하는 거죠."

| 건물 관리 서비스도 전개 |

전대차 계약 중심에서 수수료 수취 방식으로 진화하고 있다. "전대차는 전세나 월세로 나온 집을 저희가 임대해서 학생에게 재임대하는 방식인데요. '입주 후 계약 취소에 따른 공실' 같은 리스크가 있을 수 있습니다. 리스크 축소와 사업 확대를 위해, 임대 수익을 원하는 집주인과 학생을 연결한 뒤 각종 관리를 해주고 중간에서 수수료를 받는 중개 방식의 비중을 늘리고 있습니다." 리스크를 안고 직접 임대주던 방식에서, 집주인과 세입자를 연결해주는 플랫폼으로 진화하고 있다.

또 다양한 니즈를 고려해 기존 아파트 중심에서 단독주택·빌라 등으로 서비스 범위를 넓히고, 다가구 건물을 통으로 관리하는 서비스도 하고 있다. "건물주들로부터 의뢰가 많이 와요. 세입자 계약부터 일상 관리, 인테리어, 시설 관리까지 건물 전체에 대한 모든 관리를 맡아 해달라는 거죠. 건물주는 저희에게 관리를 맡기고, 월세 수입을 받아가기만 하면 됩니다."

입주민을 위한 서비스를 강화하기 위해, 입주민 데이터를 분석하고 있다. 지역별로 어떤 주거형태를 선호하는지, 전공이나 라이프스타일에 따라 어떤 서비스를 원하는지 등을 분석하고 통계를 내서 맞춤 서비스를 제공하는 것이다. "데이터를 기반으로 전문성을 강화하고 있습니다. 대학에 합격하면 에이블하우스부터 검색하도록 만들고 싶습니다. 학생과 함께 성장하는 집이 되고 싶습니다."

| 셰어하우스 살던 경험 좋아 운영 시작 |

어려서 변호사가 꿈이었다. 법대에 진학해 사법시험에 도전했으나 뜻대로 되지 않았다. 2010년 꿈을 접고 다른 일을 찾기로 했다. 과외로 생활비를 벌면서 다양한 일을 벌였다. 그중 하나가 셰어하우스였다. 개인적인 경험에서 비롯되었다.

안 대표는 지방 출신으로 서울에 있는 대학에 진학하면서부터 혼자살이를 시작했다. "기숙사, 하숙, 원룸, 오피스텔, 심지어 고시원까지. 학생이 살 수 있는 집은 다 살아본 것 같습니다."

셰어하우스가 가장 좋았다. 같은 돈이지만 쓸 수 있는 공간이 넓고, 환경이 깨끗했다. "무엇보다 욕조가 있는 게 좋았어요. 현관문을 열고 거실을 거쳐, 내 방으로 들어가는 것도 좋았고요. 현관문을 열었을 때 덩그러니 방만 보이는 것과 느낌이 다르죠. 누군가와 집을 셰어해야 하는 단점이 있긴 하지만, 사실 대부분의 학생이 집에서 하는 일이라곤 씻고 자고가 전부잖아요. 셰어하우스는 이걸 가장 쾌적하게 할 수 있는 집이에요. 학생들의 라이프스타일에 잘 맞는 거죠."

'직접 셰어하우스를 해보면 어떨까?' 하는 생각이 들었다. 덜컥 서울대와 한양대 앞에 총 4채의 집을 빌려 12개의 방을 운용했다. "만족스럽게 살아본 경험이 있으니 자신 있었어요." 반응이 괜찮았다.

부동산을 전문적으로 공부해야겠다는 생각이 들었다. 도시계획 전공으로 대학원에 진학했다. 민간 임대, 임대 관리, 캠퍼스 타운 조성, 청년주거 등 다양한 주제로 부동산을 공부했다. 청년주거 관련 단체에서 일할 기회도 생겼다. 국토부, 서울시 등이 주최하는 다양한 청년주거 관련 행사에 참여하면서 청년 주거 개선을 위한 깊은 고민을 할 수 있었다. 다니던 대학의 총학생회에서 주거팀장도 맡았다.

대학원 공부를 마칠 때쯤 세 가지 변화가 눈에 들어왔다. "차량, 집, 업무공간 등을 공유하는 공유경제가 대세로 자리 잡더라고요. 청년창업도 주목받았죠. 사회적으로는 청년들의 열악한 주거환경이 이슈로 부상했습니다. 작게 운영하지 말고, 셰어하우스로 본격적인 청년창업을 해보기로 결심했습니다. 비전을 갖고 스타트업을 제대로 하는 거죠."

| 에이블하우스로 '선택과 집중' |

그렇게 2015년 코티에이블을 창업했다. 셰어하우스를 운영하면서, '하우스앤드'란 이름으로 셰어하우스 중개 플랫폼을 만들었다. 셰어하우스를 운영하는 사람과 세입자를 이어주는 서비스였다.

Q│ 지금도 하는 서비스인가요?

A│ 아뇨. 두 기지를 같이 히려니 역량 분산 문제가 생기더라고요. 사업 초반에는 뭐라도 하나 빠르게 성장시키는 게 중요하니, 임대 사업에 집중하기로 결심했습니다. 당시 시장 상황을 생각하면 하우스앤드가 너무 일찍 나온 것 같기도 합니다. 그때 셰어하우스는 지금보다 생소했거든요. 플랫폼 사업을 하기 위한 IT 지식이 부족한 점도 하우스앤드를 정리한 이유가 됐습니다. 다만 그때 결정이 아프게 다가올 때가 있습니다. 요즘 들어 셰어하우스 중개 플랫폼이 점차 자리 잡고 있거든요.

셰어하우스에 집중하기로 방향을 정한 후 다니던 대학의 총학생회 차원에서 비영리로 셰어하우스 사업을 전개할 기회를 얻었다. 총학생회에서 위탁받는 방식으로 '모두의 하우스'란 이름으로 셰어하우스를 12채 운영했다. 운영비 외에는 이익이 남지 않는 정도의 월세를 책정했더니 인기가 불을 뿜었다. 입소 경쟁률이 4:1을 넘었다.

자신감이 생겼다. 월세를 조금만 높이면, 인기를 유지하면서 수익도 낼 수 있다는 생각이 들었다. 본격적으로 일을 벌여보기로 했다.

Q│ 어떻게 시작했나요?

A│ 서울 신림, 신촌, 안암, 회기, 왕십리 등지에 24채를 임대해 크게 시작했어요. 페이스북 같은 온라인 홍보부터 전단지 배포까지 다양한 방식으로 홍보했죠. 반응이 좋았습니다. 완판 분위기였죠. 신났습니다. 이렇게 열심히 하면 생존은 물론 성장하는 게 당연하단 생

각이 들었습니다. 그런데 아니더라고요. 살아남는다는 것. 알고 보니 정말 어려운 일이었습니다.

계약만 한다고 끝나는 것이 아니었습니다. 이미 계약을 끝낸 학생들이 기숙사에 합격했다며 계약을 취소하는 일이 줄줄이 일어난 겁니다. 다른 사람을 다시 구하면 된다고 생각할 수 있지만, 웬만한 학생은 이미 집을 다 구해가는 시점이었습니다. 입주자를 새로 구하기가 사실상 불가능했죠. 그 당시에는 정말 큰 충격이었습니다. 당장 집주인에게 월세를 줘야 하는데, 그걸 내줄 학생이 없는 겁니다. 결국 비용을 감당하지 못해 집 계약 자체를 취소해야 하는 상황에 직면하고 말았습니다. 중개 수수료 같은 비용 손해가 막심했습니다. 자신감을 갖고 처음부터 과감히 일을 벌였는데 보기 좋게 실패한 거죠.

공실 리스크가 얼마나 위험한지 절감하고, 직접 개별 세입자를 모집하는 B2C 외에, B2B 방식의 운영도 병행하는 것으로 방향을 전환했다. 기업 등에서 의뢰받아 아파트형 기숙사 관리를 대행하는 것이다. 인테리어부터 세입자, 시설, 월세 관리 등 골치 아픈 관리를 모두 대행해주기로 했다. 이는 일단 사람이 모이고 나면 집을 얻는 방식이라 상대적으로 안전하다. B2B를 통해 안정적으로 현금 흐름을 확보하면서, B2C 사업은 차근차근 진행했다. 전략은 적중했다. 이제 B2C가 안정적인 성장 단계를 넘어, 빠른 성장 단계로 접어들고 있다. 공실 리스크를 흡수할 체력을 갖추게 된 것이다. 현재 B2C와 B2B 비중은 절반 정도 된다.

Q | 이제 확실히 궤도에 올라섰네요.

A | 창업 초반엔 사실 소셜벤처를 지향했습니다. 하지만 근본은 생존이고 지속 가능성이었습니다. 기업이라면 일단 돈을 벌어 생존과 성장을 자체적으로 할 수 있어야 하죠. 학생 주거 복지에 도움이 되면서, 기업도 수익을 낼 수 있는 방법을 찾은 것 같아 좋습니다. 다행히 많은 분들이 사업성을 인정해주십니다. 서울대, SK, 한양대, 디캠프 등 다양한 기업과 단체들이 주최한 창업경진대회에서 수상하고, 투자도 받았습니다. 학생을 주 고객으로 하는 '글로벌 하우스' 콘셉트로 확실하게 차별화를 해나가겠습니다.

| 신체적·정신적 체력이 성공 비결 |

Q | 지금까지 잘해온 비결이 있을까요?

A | 체력이요. 일을 많이 해도 육체적으로 크게 지치지 않습니다. 옷장 같은 무거운 짐도 웬만한 건 혼자 들고 옮깁니다. 스스로 부족하다 느끼는 분이라면 롱런을 위해 적극적으로 체력을 관리해야 합니다. 열심히 하는 것은 누구나 할 수 있다고 생각하지만 사실 쉽지 않습니다. 체력은 멘탈적인 회복력도 포함합니다. 어려움에 맞닥뜨릴 때 대하는 태도, 즉 정신적인 체력이죠. 어떤 어려움이 와도 감정적인 소모 없이 참고, 견디고, 딛고 일어날 수 있어야 합니다. 그래야 후일을 도모할 수 있습니다. 초반 성장이 더뎌도 '무조건 살아남는다'는 근성으로 버텨내야 합니다.

Q | 과거의 경험에서 도움받은 게 있나요?

A | 학생 과외 경험이요. 주거비와 생활비를 마련하느라 끊임없이 과외를 했는데요. 100명은 넘게 가르친 것 같습니다. 사실 과외가 단순히 가르치는 것으로만 그치지 않아요. 부모님들에겐 능력을 어필해야 하고, 학생들에겐 동기부여를 해야 합니다. 커뮤니케이션 스킬이 무척 중요하죠. 40대 어머님들과 10대 학생들 사이에서 그 연습이 꾸준히 됐던 것 같습니다.

Q | 사업하면서 가장 큰 애로가 뭐였나요?

A | 코파운더 없이 혼자 한 거요. 조직 관리나 자금 수급 같은 일을 혼자 감당하면 힘듭니다. 동반자와 상호 피드백을 주고받는 것도 중요한데, 이를 할 수 없는 것도 아쉬웠습니다. 이제는 사람 보는 눈이나 시장 분석하는 스킬이 어느 정도 안정화됐지만, 혼자 하나하나 해오면서 갖은 시행착오를 겪어야 해서 힘들었습니다.

Q | 창업을 꿈꾸는 사람들에게 조언 한마디 해주세요.

A | 저는 원래 변호사를 꿈꾸던 사람이었습니다. 고시 공부만 하다 보니 회사 경험을 해본 적이 없어요. 일한다는 것 자체가 얼마나 어려운지 모른 채 사업을 시작했습니다. 어려서부터 진지하게 창업을 고민했다면 회사 경험부터 해봤을 겁니다. 조직과 시장을 알고 사업을 시작했다면 보다 효율적으로 일할 수 있는 방법을 알았을 겁니다. 회사 경험을 소중하게 활용하시기 바랍니다.

대만 사람에게 대만 돈 받고, 한국 사람에게 한국 돈 받으면 되죠

캐시멜로, 윤형운 대표

P2P 방식으로 환전 수수료 낮춰
통화 관계없이 최저 1% 수수료

해외여행할 때 가장 고민되는 것 중 하나가 환전이다. 언제 어디서 바꿔야 할지, 신용카드를 쓰는 게 차라리 나은 건 아닌지, 여러모로 고민이 생긴다. 이런 고민을 한 방에 정리하는 핀테크 스타트업이 있다. 바로 윤형운 대표가 운영하는 '캐시멜로'다.

| 은행보다 환전 수수료 크게 낮춰 |

환전에는 수수료가 붙는다. 잘 통용되지 않는 외화일수록 수수료가 올라간다. 예를 들어 미국 달러를 환전할 때는 수수료로 대략 1.75% 금액을 내면 되지만, 홍콩 달러는 3%대, 대만 달러는 9%를 내야 한다. 다른 동남아 화폐의 환전 수수료는 두 자리를 훌쩍 넘는다.

주거래 은행을 활용한 수수료 우대 혜택은 자주 통용되는 외화일수록 크다. 그래서 미국 달러는 원래 낮은 수수료를 더 낮출 수도 있다. 반면 대만 달러나 동남아 화폐는 우대 혜택이 거의 없어서, 높은 수수료를 낼 수밖에 없다. 동남아 같은 곳에 여행 가는 사람일수록 고민이 깊어진다.

반면 캐시멜로는 파격적이다. 통화를 가리지 않고 최저 1% 수수료로 환전해주고 있다. P2P 방식을 활용한 게 비결이다. 이를테면 대만 사람과 한국 사람이 각자 가진 돈을 교환하는 방식이다. 캐시멜로는 중간에서 매개체 역할만 한다. ① 한국으로 여행 오는 대만인 A가 캐시멜로에 1만 대만달러(1대만달러=35원)를 맡기면, ② 캐시멜로가 대만으로 여행 가는 한국인 B에게 1만 대만달러를 주고, ③ B에게 1만 대만달러에 상응하는 35만 원을 받아서, ④ 대만인 A에게 35만 원을 전해주는 방식이다.

환전 서비스 시연 화면

이때 A와 B는 서로 얼굴을 보지 않는다. 나라별로 있는 캐시멜로 제휴 가맹점에서 각자 돈을 주고받는다. 명동에 있는 개인 환전상 업무를 온라인화한 것이라고 보면 된다. 그 과정에서 캐시멜로는 A와 B에게서 각각 최저 1%의 수수료만 받는다. 대만달러를 기준으로 9%에 달하는 은행 수수료와 비교하면 크게 낮은 수준이다. "시중은행은 전문인력 관리, 외환 배송 등에 많은 비용이 들어요. 거기에 자체 이윤도 많이 붙이면서 수수료가 크게 올라가죠. 반면 우리는 개인끼리 환전을 주선하는 방식이라 비용이 거의 들지 않습니다. 거기에 이윤도 적게 붙여 수수료를 크게 낮췄습니다."

환전 서비스를 이용하려면 우선 캐시멜로 애플리케이션을 깔아야 한다. 이후 환전하고 싶은 금액을 캐시멜로의 지정계좌로 입금하면, 그에 상응하는 '이머니(E-money)'가 내 애플리케이션에 예치된다. 그러면 이를 증명하는 큐알코드를 받아 현지에 도착한 후 캐시멜로 가맹점을 찾아 보여주면 된다. 그러면 직원이 큐알코드를 촬영해 확인한 뒤, 이머니 금액에 상응하는 현지 화폐를 내어준다.

"현지 가맹점을 ATM처럼 활용하는 겁니다. 인출이 큐알코드로 이뤄지니, 가맹점과 복잡하게 의사소통할 필요가 없어요. 또 현지에서 돈을 받는 시스템이라, 많은 돈을 들고 출국해야 하는 불편도 줄일 수 있습니다. 딱 필요한 만큼 환전했다가, 부족하면 현지에서 추가로 신청해도 됩니다. 현지에서 문제가 발생하거나 궁금한 게 생기면 모바일 메신저를 통해 본사에서 직접 해결해드립니다."

| 많은 가맹점 확보가 중요 |

홍콩, 대만, 일본 통화 서비스를 하고 있고, 베트남, 싱가포르, 필리핀 서비스를 준비 중이다. 사업의 관건은 가능한 한 많은 가맹점을 확보하는 것이다. 내국인이 현지에 나가, 또 외국인이 한국에 들어와 돈을 찾을 수 있는 가맹점이 많을수록 편의성이 높아져 많은 고객을 확보할 수 있기 때문이다. 각국 공항, 호텔, 게스트하우스, 환전소, 유명 식당 등으로 가맹점을 늘리고 있다. 가맹점에겐 고객이 내는 환전 수수료 일부를 나눠준다. "꼭 수수료가 아니더라도 환전객을 고객으로 유입시킬 수 있어서 많은 업소들이 가맹점 제의에 응하고 있습니다."

Q | 고객 확보를 위한 마케팅은 어떻게 하고 있나요?

A | 국내외 인플루언서를 활용해 바이럴 마케팅을 진행하고 있어요. 페이스북, 인스타그램, 유튜브 등에서 팔로워를 수십만 명 이상 거느린 인플루언서의 이용 후기를 보고 신규 고객이 진입하는 거죠.

Q | 서비스 확장 계획은 있나요?

A | 모바일 결제 시장에 진출할 계획입니다. 계좌 속 이머니로 결제하는 방식인데요. 가맹점에 비치된 큐알코드를 촬영해 결제하도록 할 예정입니다. 소비자는 수수료를 내지 않아도 됩니다. 소비자 입장에서 수수료가 없으니 이용이 크게 늘 것으로 기대합니다. 관건은 많은 가맹점을 확보하는 것입니다. 저희 가맹점이 되려면 가맹점용 애플리케이션을 다운받기만 하면 되니 간단합니다. 온라인 홍보를 열심히 할 계획입니다.

결제 서비스를 통해서는 가맹점으로부터 매출의 1%를 수수료로 받을 계획이다. 소비자는 수수료를 내지 않아도 된다. 해외에서 신용카드 결제를 하면 각종 수수료가 붙는데, 캐시멜로 결제를 하면 수수료를 내지 않아도 된다는 이점이 생긴다. 나라별로 편의점 등 많은 지점을 갖고 있는 프랜차이즈나 관광지 유명 식당 등을 가맹점으로 확보할 계획이다. 이 밖에 환전 애플리케이션에 각종 광고를 유치해 수익을 올릴 계획도 갖고 있다.

| 멋진 기업가가 되는 꿈 |

대학에서 관광학을 전공하다 1학년 때 휴학하고 창업했다. 지금껏 복학하지 않았다. "어려서 꿈이 정주영 명예회장처럼 멋진 기업가가 되는 거였어요. 성인이 되고 나니 더 이상 기다릴 수 없더라고요."

일단 자영업으로 경험을 쌓기로 했다. 첫 아이템은 카페. 이후 식당, 라이브 카페, 옷 가게 등에 잇따라 도전했다. "10년 정도 자영업을 했습니다. 돈을 꽤 번 적도, 잃은 적도 있죠." 서른이 넘자, 이제 본격적인 사업을 해야겠다는 생각이 들었다. 2014년 무역업을 시작했다. 중국에서 화광석 등 건축 자재를 들여와 국내에 공급하는 사업이었다. 2년간 했지만 신통치 않았다.

사람들이 필요로 하는 일을 해야겠다는 생각이 들었다. 그때 문득 무역업을 하면서 큰 부담이 되었던 환전 수수료를 줄일 수 있는 방법이 떠올랐다. 도전하기로 했다. 2016년 1월 캐시멜로를 창업했다. "캐시와 마시멜로를 합친 말입니다. 캐시는 차갑고 딱딱한 이미지잖아요? 그런데 마시멜로는 말랑말랑하면서 달콤해요. 고객에게 기분 좋은 서비스를 제공하겠다는 뜻을 담았습니다."

사업 시작 후 평소 친분이 있던 에스오일 마케터 출신 안소연 씨가 코파운더로 합류했다. 용이 날개를 단 격이 되었다. 서비스 기획은 윤 대표와 안 대표가 하고, 시스템 개발은 개발자를 채용해 진행했다. 홍콩과 대만 직원은 현지 채용 사이트를 활용해 선발했다. "물론 난관도 많았습니다. 국내외에서 동시 호환되는 시스템을 만들면서 가맹점도 확보해야 했어요. 여기에 현지 라이센스 취득도 필요했고요." 결국 생각보다 꽤 긴 시간이 걸렸다. 창업 후 1년 반이 지난 2017년 9월에서야 서비스 출시에 성공했다.

오래 준비한 보람이 있었다. 신기하고 편리하다는 반응이 쏟아졌다. "되겠다는 느낌이 왔습니다." 사업모델을 인정받아 정부 융자와 지원과제 등에 줄줄이 선정되었다. '런웨이 투 라이즈'라는 아시아에서 가장 큰 스타트업 경연대회에서 우승도 했다. 꿈꾸던 글로벌 기업에 한 발씩 다가서고 있다.

Q | 지금까지 잘 버텨온 비결이 뭘까요?

A | 다양한 창업을 하면서 몸으로 얻은 감각이 있는 것 같아요. 웬만한 난관은 두렵지 않아요. 모두가 어렵다고 하지만, 저 스스로 얼마든지 멋진 기업가가 될 수 있다는 증거가 되고 싶어요. 그 꿈을 위해 하루 17시간씩 일하고 있습니다. 매우 힘들고 지치지만, 그 꿈 때문에 버티고 있는 것 같습니다.

Q | 사업을 시작하는 분들에게 조언 한마디 부탁드려요.

A | 투자를 받는 데 정석이 되는 순서가 있습니다. 초기 시드 투자를

받고, 단계별로 투자 금액을 늘려가는 거죠. 그러면 사업 초기부터 안정적인 경영을 할 수 있어요. 지는 조급했는지 처음부터 큰돈을 받으려고 했어요. 검증도 안 된 기업이 큰 투자에 성공했을 리 없죠. 투자받는 계획을 순서대로 차근차근 세우는 걸 추천합니다. 그렇게 되면 투자자 유치 부담을 크게 줄일 수 있습니다.

반값 어학연수 실현시킨
오픈마켓형 유학원

어브로딘, 강호열 대표

스스로 본인에게 딱 맞는 연수기관 골라
40% 싼 가격으로 차별화된 경험

취업을 위한 가장 중요한 스펙 중 하나, 어학연수. 시간도 문제지만 더 큰 고민은 비용이다. 얼마나 알차게 공부할 수 있을지도 중요하다. 결국 유학원을 통해 연수를 다녀오는 학생이 많지만, 만족하지 못하는 경우가 많다. '어브로딘' 강호열 대표는 기존 유학원과 완전히 다른 방식으로 학생들 고민을 해결하겠다며 '뉴학' 서비스를 출시했다.

| 기존 서비스 판을 바꿔라 |

일반 유학원은 학생이 직접 방문해서 상담을 받은 후 연수기관을 추천받는 방식이다. 입학 절차, 비자, 숙소 등 대부분의 일을 유학원이 해결해준다. 학생은 정보가 부족하니 유학원이 이끄는 대로 따라가게 된다. 문제는 유학원이 소개한 연수기관이 나와 맞지 않을 때 발생한다. 유학원만 믿고 그 멀리까지 연수를 갔는데, 교육 방식 등이 마음에 안 들어 실망하는 일이 많다. 거액의 돈과 시간을 들인 것을 감안하면, 무척 당황스러운 일이다.

남들이 가지 않는 색다른 연수기관을 찾고 싶어도 쉽지 않다. 우리나라 유학원들이 소개하는 연수기관은 전 세계적으로 20곳 정도에 집중되어 있다. 선택의 폭이 매우 좁은 것이다.

뉴학은 기존 방식에서 완전히 벗어났다. "가장 완벽한 방법은 유학원이 상담 학생의 성향을 파악해서 100% 일치하는 곳을 찾아주는 것입니다. 하지만 이는 불가능합니다. 결국 최선은 학생이 스스로 자신에게 맞는 기관을 찾을 수 있도록 돕는 것입니다."

뉴학은 연수기관의 오픈마켓 같다. 뉴학이 오픈마켓 플랫폼, 연수기관은 입점 업체인 셈이다. 600곳 넘는 외국 연수기관이 뉴학의 홈페이지에 등록되어 있다. 그중 맘에 드는 기관을 학생 스스로 고르면 된다. 물론 고르는 게 쉬운 일은 아니다. 600개 넘는 음식이 있는 메뉴판에서 단 한 개를 고르는 것만큼이나 어려운 일이다. 뉴학은 각자에게 맞는 기관을 제대로 선택할 수 있도록 보조한다. 경험 많은 웨이터가 옆에서 메뉴 고르는 걸 도와주는 것과 비슷하다.

우선 회원가입 시 관심사, 원하는 비자 종류, 원하는 나라, 영어 실력 등을 입력하도록 한다. 이를 기반으로 온라인 상담을 통해 1차 정보를 제공한다. "관심 가질 만한 정보를 큐레이션 해서 보내줍니다." 이 사전 정보를 기반으로, 이제 학생이 필요한 정보를 직접 뉴학 사이트에서 찾으면 된다.

사이트에는 각 연수기관별로 비자 정보, 소속된 국가와 도시, 기관 정보, 후기, 학비, 커리큘럼 등 정보가 자세하게 정리되어 있다. "다른 곳을 찾을 필요 없이 대부분의 정보를 저희 사이트 내에서 모두 얻을 수 있습니다." 킬러 아이템은 연수기관의 학원장 등 스태프에게서 듣는 '인터뷰 동영상'이다. 뉴학이 학생을 대신해 궁금한 것을 질문하면 스태프가 답변하는 형태다. 정보는 회원가입을 하지 않아도 볼 수 있는데, 회원가입을 하면 원하는 정보를 빨리 얻을 수 있도록 맞춤형 안내를 제공한다.

모든 정보는 한글로 되어 있다. 스스로 정보를 찾는 데 어려움이 없다. 영어로 된 인터뷰 동영상에도 한글 자막이 달려 있다.

Q | 다른 곳에선 한글 정보를 접할 수 없나요?

A | 저희를 빼면, 연수기관들의 정보를 종합해서 보여주는 사이트 자체가 없습니다. 외국 연수기관 홈페이지를 일일이 찾아다니는 방법밖에 없었던 거죠. 사이트는 당연히 모두 영어로 돼 있어서 제대로 접근하기 어렵습니다. 회원들 설문해보면, 유학 정보를 스스로 알아보려다 포기하는 가장 큰 이유가 영어예요. 영어가 부족해 배우러 가는 건데, 그걸 위한 정보가 영어로 돼 있으니 정보를 찾는 데 어려움이 있는 겁니다.

뉴학은 연수기관 정보뿐 아니라 각 연수기관과의 계약서, 환불 규정 등도 한글화했다. 계약 조항이 어떤지, 문제가 생길 때 어떻게 환불받을 수 있는지를 충분히 숙지한 후 계약할 수 있도록 만든 것이다. 연수기관을 고르다가 의문이 생기면 메신저로 물어보면 된다. 비용, 비자 취득, 준비 절차, 정보 수집 순서 등 물어보는 모든 것을 바로 알려준다. 이렇게 정보를 찾다 보면 마음에 드는 연수기관이 나타나고, 최종적으로 내가 선택해서 뉴학 페이지를 통해 계약을 진행하면 된다. 기존 유학원들은 100명이 오면 100명 모두 비슷한 기관을 추천받는데, 뉴학에선 각자 성향에 맞는 나라와 기관을 스스로 고를 수 있는 것이다.

Q | 다른 유학원에서도 문의만 잘하면 내가 원하는 기관을 고를 수 있지 않나요?

A | 일반 유학원에선 학생 혼자 기관을 알아보는 게 사실상 불가능합니다. 물어봐도 구두로 설명해주는 데 그쳐요. 결국 유학원에 모든 걸 위임하게 됩니다. 반면 우리는 학생 스스로 준비할 수 있도록 돕는 역할에 집중합니다. 학생이 중심이죠.

Q | 유학원이 알아서 다 해주는 걸 선호하는 학생이 많지 않나요?

A | 요즘 대학생들은 스스로 정보를 찾는 데 거부감이 없습니다. 오히려 오프라인 상담을 위해 유학원에 직접 찾아가는 걸 더 귀찮게 여깁니다. 방법만 알려주면 직접 찾는 걸 더 선호하는 거죠. 특히 젊은 학생일수록 남이 아니라 내가 찾은 정보를 신뢰합니다. 남이 설계해준 패키지 여행보다 내가 직접 짠 자유 여행을 좋아하는 것과 일맥상통하죠. 일반 유학원이 패키지 여행 업체라면, 뉴학은 학생 스스로 스케줄을 짤 수 있도록 정보를 제공하는 자유 여행 업체라 할 수 있습니다. '트리바고' 같은 거죠.

은행과 제휴해 카드 결제가 가능한 것도 장점이다. 업계 유일이다. 학생이 카드 결제를 하면 은행이 연수기관에는 유학비를, 뉴학에는 수수료를 보내는 시스템이다. 할부 결제를 통해 부담을 낮출 수 있고, 각종 카드 혜택을 누릴 수도 있다.

| 업계 최초 오픈마켓형 유학원 |

뉴학은 오픈마켓형 유학원답게 학생과 유학원 간 직거래 시스템이 기본이다. 뉴학에 올라오는 연수기관의 정보도 기본적으로 각 기관이 직접 등록한다. 연수기관이 각자 자기 페이지를 운영한다고 생각하면 된다. 다만 기관들이 올린 정보의 한글 번역은 뉴학이 한다.

직거래의 가장 큰 이점은 비용이다. 다른 유학원을 통해 비슷한 지역의 비슷한 기관에 가는 것과 비교해 최대 40% 저렴하다. 다른 유학원은 '학생→유학원→연수기관'으로 연결되면서 비용이 늘어나는데, 뉴학에선 '학생→연수기관'으로 직접 연결되면서 비용이 최소화되는 것이다. "뉴학은 직거래라 커미션이 끼어들 틈이 없습니다. 가격 비교에 민감한 젊은층의 니즈를 잘 맞추고 있죠."

Q | 뉴학은 어떻게 수익을 내죠?

A | 양쪽에서 플랫폼 이용료를 받습니다. 연수기관과 학생에게서 각각 정해진 비율만큼이요. 금액이 정해져 있고 투명하다는 점에서 커미션과는 성격이 다릅니다.

뉴학에 입점한 600곳의 기관은 대부분 국내에 잘 알려지지 않은 곳이다. 기존 유학원과 충돌을 최소화하면서, 학생들의 선택권을 넓혀주기 위한 노력이다. 국가별로는 미국이 가장 많고, 캐나다·호주·아일랜드·뉴질랜드 순이다. "대부분 저희와 '국내 온라인 영업' 독점 계약을 맺었죠. 시장 선점 의의가 있습니다."

제휴 업체를 지속적으로 늘려갈 계획이다. 전 세계 어학 연수기관 중 국내 유학원이 거래하는 곳은 2%도 되지 않는다. "커넥션이 있는 소수의 연수기관들만 국내 유학원과 거래하고, 나머지는 미개척지로 남아 있습니다. 공략할 대상이 무척 많습니다. 새로운 기관이 늘수록 비용을 더 내릴 수 있을 것으로 기대합니다."

Q | 검증되지 않은 기관에는 연수를 가기 싫다면서 꺼리는 학생이 많지 않나요?

A | 그 정도 불안감이 있는 학생이라면 다른 유학원을 이용하겠죠. 뉴학을 통해 유학을 가려는 학생들은 차별화된 경험을 하겠다는 욕구가 큽니다. 그것도 최고 40% 싼 가격으로요.

Q | 앞으로의 목표는 뭔가요?

A | 단기적으로는 회원 1만 명이 목표예요. 주로 유학 계획이 있는 사람이 회원으로 가입할 테니, 회원가입 후 구매율은 최소 3~5%를 예상합니다. 중장기적으론 해외 진출이요. 우리나라 학생을 대상으로 하는 유학 시장은 저출생으로 인해 줄어드는 추세입니다. 진정한 시장은 외국이죠. 글로벌 서비스를 준비하고 있습니다.

1차 해외 진출 모델은 외국에서 한국으로 유학 오는 학생을 대상으로 한다. 한국어 연수와 관련한 정보는 매우 부족한 편이라 정체모를 유학원을 통해 잘못 들어오는 경우가 많다. 서울에서 1시간 거리라는 말을 듣고 선택했는데, 알고 보니 KTX로 1시간 걸리는 지방대 한국어학당인 식이다.

뉴학은 우리나라 100개 대학과 제휴를 맺었다. 그 정보를 외국 학생들에게 객관적으로 제공할 계획이다. 첫 진출국은 베트남과 태국이다. 뉴학 홈페이지에서 우리나라 100개 대학의 각종 정보를 베트남어와 태국어로 제공하고, 현지 학생과 우리나라 대학의 직거래를 이어주는 것이다.

2차 해외 진출 모델은 진출한 국가와 다른 나라 연수기관을 이어주는 것이다. 베트남 학생이 한국뿐 아니라 미국·캐나다 등 연수기관에 지원할 수 있도록 주선할 계획이다. 한국어로 되어 있는 뉴학 페이지를 베트남어로 번역해서 베트남에 서비스하면 되는 일이다. 현지 박람회 등을 통해 홍보하면서 차차 오픈할 계획이다.

| 유학원 경험을 창업으로 연결 |

강호열 대표는 대학에서 신문방송학을 전공했다. 졸업 후 오픈마켓에서 1년을 일했다. 광고대행사로 회사를 옮겨 일하던 중 고객 중 하나로 유학원을 만났다. 1년 정도 관리하다가 유학원으로 옮겨 마케팅을 맡았다. 재밌게 8년을 다녔지만 슬슬 한계가 느껴졌다. 좀 더 학생을 위한 유학원은 없을까? 훨씬 간편하게 프로그램을 짤 수 없을까? 결국 직접 해보기로 했다. 2015년 말 퇴사해 2016년 8월 창업한 게 지금의 뉴학이다.

사이트 개발은 코파운더에게 맡기고, 본인은 연수기관 확보에 주력했다. "학생들에게 선택권을 주려면 국내에 알려져 있지는 않지만, 좋은 프로그램을 제공하는 연수기관을 가급적 많이 찾아야 했어요."

출발은 쉽지 않았다. 오픈마켓형 유학원은 기존에 없던 플랫폼이다. 한국인 청년 혼자 하겠다고 하니, 외국 연수기관들로선 쉽게 믿기 어려웠다. 몇 번이고 찾아가 설득했다. 몇 곳이 응하자, 이후부터 수월해졌다. 다른 기관이 참여하는 것을 보고 따라서 참여한 것이다. 처음 100곳과 제휴하는 데 6개월이 걸렸는데, 100곳을 더 유치하는 건 2개월밖에 걸리지 않았다. 이제는 먼저 입점시켜달라고 연락이 온다. "제휴 업체가 어느 정도 쌓인 후에는 정보 번역 작업에 집중했어요. 일일이 번역하느라 창업 후 사이트 오픈하는 데 1년 반이 걸렸습니다. 그나마 전 직원이 번역에 매달려 2년은 넘기지 않았네요."

Q| 창업 후 본인에게 아쉬움을 느낀 순간이 있나요?

A| 지금 하는 게 두 번째 사업이면 좋겠다는 생각을 가끔 해요. 경험이 부족한 상황에서 일을 시작한 터라 시행착오가 많아요. 다른 창업 경험이 있었다면, 시행착오를 줄여서 빨리 안착할 수 있었을 거예요. 창업을 꿈꾸는 대학생이라면 학생 때 쇼핑몰이라도 한번 운영해볼 것을 추천합니다. 첫 번째 창업에서 바로 승부를 보란 얘기가 아니라, 경험을 쌓으란 거죠.

Q |

A | 자금 문제가 생길 만하면 운 좋게 좋은 투자자가 나타났어요. 곳곳에 씨를 뿌려놓은 결과입니다. 얼굴 들이밀 만한 곳이면 어디든 가리지 않고 나가서 명함을 돌렸어요. 꼭 만나야 할 사람이 있으면 무작정 찾아가서 기다렸다가 만나기도 하고요. 이리저리 다니느라 몸이 피곤한 건 금방 회복하면 됩니다. 그렇게 만난 분들이 시간이 흘러 결국 좋은 투자자가 됐습니다.

사람 만날 때는 철저히 준비했어요. 우리 회사 PT 자료는 50개 버전이 넘습니다. 만날 사람의 성향에 따라 관심 가질 만한 내용으로 다양한 버전을 만들어놓은 거죠. 예를 들어 한 투자자는 인터넷에 강연 영상이 떠 있길래 만나기 전 들어봤더니, 모든 건 숫자로 얘기해야 한다고 강조하시더군요. 그래서 기존 PT에서 텍스트 내용은 다 날리고 숫자로 재구성해서 가져갔죠. 결과요? 10분 미팅하고 그 자리에서 바로 투자받았습니다. 사람 만나는 걸 두려워 마세요. 철저히 준비하시고요. 결국 좋은 결과로 돌아옵니다.

매년 26억 개씩 팔리는 면도기, 반값 공급으로 시장 뒤흔들다

레이지소사이어티, 김정환 대표

면도날 정기배송 시스템
가격과 편리함 두 마리 토끼 잡다

정기적으로 신청한 물건을 보내주는 '정기배송 서비스'가 다양한 분야에서 등장하며 일상에 자리잡고 있다. '레이지소사이어티'는 면도기, 면도날 등 남성용품을 정기배송하는 스타트업이다.

| 귀찮고 비싼 면도날 교체 |

매일 면도를 하면서도 깜빡하거나 귀찮아서 면도날을 제대로 교체하지 않는 남성들이 많다. 가격 문제도 있다. 한 개에 몇천 원 하는 면도날을 며칠 쓰고 버리기 아깝다는 생각이 든다. 레이지소사이어티는 이런 남성들을 위해 면도기 등 다양한 남성용품 정기배송을 서비스한다. "괜찮은 물건을, 괜찮은 가격으로, 때가 되면 자동으로 리필하는 서비스가 있으면 좋을 것 같다는 생각으로 시작했습니다."

회사 이름 레이지소사이어티(Lazy Society)는 'We support your laziness(당신의 게으름을 돕는다)'를 축약한 말이다. 바쁜 일상에서 별 신경을 쓰지 않아도 되는 일엔 게을러도 괜찮을 수 있도록 돕겠다는 뜻이다. "자잘한 데 신경 쓰는 걸 줄이면 자기 일에 더욱 집중할 수 있습니다. 그 동반자가 되겠다는 뜻입니다."

| 유학 중단하고 귀국해 창업 |

김 대표는 미국에서 대학을 다녔다. 경영학을 전공하면서 다양한 회사의 사업모델을 공부했다. "어려서부터 창업을 하고 싶었습니다. 친구들 만나면 사업 아이템 얘기만 했고요. 비즈니스 콘테스트에도 여러 차례 참여했습니다."

마지막 한 학기를 남겨두고 사업 아이템이 떠올랐다. "모두가 말렸지만 당장 하지 않으면 미칠 것 같더라고요. 바로 한국에 들어와 사업자 등록증을 냈습니다. 제가 원래 생각하면 바로 실행에 옮기는 편입니다. 앞뒤 안 가리는 막무가내 스타일이라고 할 수도 있는데요. 새로운 일을 시작하는 게 좋습니다. 이후로 학교에 돌아가지 못하고 있지만 후회는 없습니다."

디자인 프린팅 티셔츠와 디자인 굿즈를 판매하는 회사를 차렸다. "디자인 콘테스트를 열어 디자이너들이 출품하면, 대중이 투표해 우승작을 선정하도록 했어요. 그 디자인으로 티셔츠 등 각종 굿즈를 제작·판매해 작가와 수익을 나누는 방식이었습니다. 이후 일러스트 작품과 작가를 발굴한 뒤 저작권 계약을 맺어 제품을 제작 판매하는 방식으로 전환해 꽤 자리 잡았습니다."

4년을 열심히 했다. 그런데 갈수록 재미가 없어졌다. "심적으로 힘들고 흥미를 점점 잃어갔어요. 사업이 어려운 건 당연한데 단순히 힘든 것 이상으로 왜 이렇게 흥미를 잃어가는지 생각해보니, 제가 좋아하고 잘할 수 있는 아이템이 아니기 때문이더라고요. 일러스트와 티셔츠 모두 제 영역이 아니었던 거죠. 정말 좋아하고 잘할 수 있는 일을 해야 하는데. 사업모델 자체만 보고 뛰어들었던 터라, 해를 거듭할수록 힘들어졌던 것 같아요."

관심 있고 애정을 쏟을 수 있는 아이템을 찾기로 했다. "제가 더러운 걸 정말 못 참아요. 초등학교 땐 학교 화장실에서 일 보는 게 싫어서 점심시간에 집까지 다녀왔고, 수학여행을 갈 때면 베개와 이불을 따로 가져갔어요. 친구들에게 빨래는 어떻게 해야 한다, 설거지는 이렇게 해야 한다, 또 샤워는 그렇게 하면 안 된다, 화장품 보관은 어떻게 해라 등등… 끊임없이 잔소리를 했습니다. 그래서 붙은 제 별명이 '정환맘'입니다. 엄마처럼 잔소리를 한다고요.

친구들이 위생에 신경 쓰지 않거나 청결하지 않게 지내는 모습을 보면 무척 신경이 쓰였습니다. 대부분의 남성이 제 친구들과 비슷할 겁니다. 일이나 공부는 신경 써서 열심히 하는데, 특히 칫솔이나 면도기는 귀찮다는 이유로 교체하지 않고 1년까지 쓰는 경우도 있었습니다. 그 모습을 보고 '잔소리를 사업화해보면 어떨까?' 하는 생각이 들었습니다. 잊을 만하면 바꿔 쓰라고 각종 생활용품을 보내주는 서비스인 거죠. 그렇게 지금의 서비스 아이디어를 떠올렸습니다."

| 무작정 BIC 찾아가 국내 런칭 권리 확보 |

남성들이 위생용품 중에서 가장 귀찮아하면서 부담스러워하는 게 바로 면도날이다. 면도기에 맞는 면도날을 검색까지 해가며, 굳이 정기적으로 교체할 필요를 느끼지 못하는 것이다. 다른 면도날보다 싸게 배송까지 해주면 호응이 있을 거라 판단했다.

함께할 사람이 필요했다. 미국에서 대학을 함께 다니다가 한국에 들어온 친구 3명을 불렀다. "다 멀쩡한 직장에 다니고 있었어요. 자산운용사에서 애널리스트로 일하던 친구는 CFO(재무관리자)로, 광고회사에서 마케터로 일하던 친구는 CMO(마케팅 관리자)로, 무역회사 다니던 친구는 COO(운영책임자)로 합류했습니다. 여기에 브랜딩 총괄을 담당하는 크리에이티브 디렉터와 광고기획자도 추가 영입해 라인업을 꾸렸습니다."

남은 건 면도기 수급. 당장 면도기를 생산할 능력은 없어 좋은 면도기와 면도날을 싸게 공급받을 수 있는 곳을 찾았다. 'BIC'이 떠올랐다. "미국에서 BIC 면도기를 접한 적이 있습니다. 우리나라에는 일회용 라이터나 볼펜 회사로 알려져 있는데요. 알고 보면 세계 3대 면도기 회사입니다. 미국이나 유럽에선 볼펜보다 면도기로 유명하죠. 그만큼 품질이 보증됐다는 뜻입니다."

Q | 어떻게 접촉했나요?

A | 처음엔 연락이 쉽지 않았습니다. 그래도 포기하지 않고 수차례 연락한 끝에 담당자를 만날 수 있었습니다. 최대한 심혈을 기울여 사

업계획서를 만들어 제안했습니다. 이후 일주일 만에 긍정적인 답이 왔고, 동아시아 지부와 아시아 지부를 거쳐 본사와의 6개월간 릴레이 미팅 끝에 제휴 계약을 체결할 수 있었습니다. 국내 런칭 권리를 받은 거죠.

Q | 초반에는 순탄하던가요?

A | 아뇨. BIC은 처음 저희에게 '3중날' 면도기를 제안했습니다. 서양인들과 비교해 수염이 많지 않은 아시안들에게 5중날까지는 필요 없다는 것이었죠. 할 수 없이 3중날로 베타 서비스를 했습니다. 싼 가격 때문이었는지 서비스 첫날부터 가입이 줄을 이었습니다. 하루 1천 명 이상 정기 배송 신청이 들어왔죠. 그런데 2주가 채 지나

지 않아 반품과 해지 신청이 줄을 이었습니다. 제품에 대한 불만으로 환불하겠다는 것이었습니다. 우려했던 대로 타사에 5중날이 있는데 저희 3중날을 쓴다는 것은, 스마트폰이 있는데 피처폰을 쓰는 것과 비슷했습니다. 결국 서비스 런칭 2주 만에 마케팅을 접어야 했습니다. 이 피드백을 모아서 BIC에 전달했고, 이후에야 '5중날' 면도기를 들여올 수 있었습니다.

| 아내와 여자친구가 선물하는 서비스 |

6개월간 5중날 베타 서비스를 거쳐서 2019년 1월 공식 서비스를 시작했다. "크라우드 펀딩 사이트 사전 공개 등을 통해 홍보를 열심히 했습니다. 무척 공을 들였죠." 서비스 런칭 10개월 만에 첫 달의 15배로 매출이 커졌다. 사이트에 들어온 소비자 중 실제 구매한 사람의 비율을 나타내는 구매전환율은 11%로, 이커머스 평균의 5배에 이른다. 아내가 남편을 위해, 여자친구가 남자친구를 위해 구매하는 경우도 많다. 경쟁사 대비 최대 절반 수준으로 낮은 가격이 최고의 판매 비결이다.

Q | 배송 서비스를 하면서도 가격을 낮출 수 있는 비결이 뭔가요?

A | 사실 면도날 제조원가는 판매가의 5% 정도에 지나지 않습니다. 마케팅비, 유통비, 이윤 비중이 크기 때문에 비싸게 팔리는 거죠. 우리는 비용이 많이 들어가는 오프라인 마케팅을 할 필요가 없습니

다. 배송 서비스니까요. 또 직거래 시스템을 통해 중간 유통비를 줄인 것도 비결입니다.

면도기에 머물지 않고 판테놀 성분을 함유한 셰이빙 젤, 로션 등 다양한 제품으로 라인업을 확대하고 있다. 셰이빙 젤은 1만 개 한정 판매 테스트를 했는데 20일 만에 완판되었다.

Q | 앞으로의 비전이 뭔가요?

A | 미국에 '달러셰이브 클럽'이 있습니다. 미국의 면도기 배송 서비스 회사인데요. 회사 가치가 급성장하면서 유니레버에 10억 달러에 매각됐습니다. 편리와 가격을 모두 잡은 배송 서비스에 모두가 공감하면서 높은 평가를 받은 거죠. 미국은 달러셰이브 클럽이 나온 뒤로 면도날 가격이 많이 내려갔습니다. 우리도 그런 회사가 되고 싶습니다. 면도날뿐 아니라 다양한 남성용품에서 가격과 편리함, 모든 방면에서 좋은 가치를 드리는 기업이 되고 싶습니다.

6개월마다 차 바꿔 타세요, 드림카 구독 서비스

더트라이브, 전민수 대표

한 달 70만 원에 벤츠 탄다
차량 점검, 수리 서비스 제공

누구나 갖고 싶은 드림카가 있다. 하지만 새 차는 비싸고, 중고차는 믿음이 안 간다. 리스나 장기 렌트는 이자 부담이 있다. 이런 고민을 해결하는 '자동차 구독 서비스'가 등장했다. '더트라이브' 전민수 대표는 국내 처음으로 중고차 구독 서비스를 시작했다.

| 신문·잡지처럼 드림카 구독 |

더트라이브의 '트라이브' 서비스는 일정 금액을 내면 원하는 차량을 최소 6개월 단위로 바꿔 탈 수 있는 '구독 경제(subscription economy)'의 한 형태다. 신문이나 잡지를 구독하는 것처럼 정기적으로 비용을 지불하고 원하는 차량을 타는 것이다. 6개월이면 차를 바꿀 수 있으니, 질릴 만하면 다른 차로 바꿔 탈 수 있는 셈이다. "사기는 부담스러운데 경험해보고 싶었던 차들을 이용할 수 있습니다."

비용은 벤츠 E클래스 기준 월 70만 원(1년 약정 시) 정도로 저렴하다. 새 차가 아닌 중고차를 구독하는 것이 낮은 비용의 비결이다. 중고차 구입과 비교하면 고장차나 허위 매물 우려, 높은 할부 이자 등을 고민할 필요가 없다. 현대·기아, 포르쉐, 벤츠, BMW, 아우디, 재규어, 렉서스, 랜드로버, 캐딜락, 머스탱 등 다양한 차량 라인업을 갖추고 있다. 이 모든 차량을 홈페이지에서 신청해 주기적으로 내 차처럼 바꿔 탈 수 있다.

Q | 장기 렌터카나 리스와 비교해 뭐가 다른가요?

A | 리스와 장기 렌트는 보통 3년 정도의 계약 기간을 설정합니다. 해당 기간 동안 같은 차만 타야 하죠. 또 번호판에 대여차임을 알리는 표시인 '하' '허' '호'가 붙습니다. 반면 트라이브는 기본 1년 계약이면서, 최소 6개월 단위로 다른 차로 바꿔 탈 수 있습니다. 우리가 소유한 차량을 빌려주는 거라 차량 번호가 일반 번호판과 같습니다. 구독료에 사고 처리나 정비, 세금 등 운용 비용이 포함돼 있습니다. 소비자는 구독료를 내고 차를 타기만 하면 됩니다. 또 중고차는 중간에 해지하면 높은 중도상환수수료를 내야 하는데 트라이브는 6개월만 넘으면 수수료를 받지 않습니다.

중고차 구독 서비스는 미국과 유럽에선 이미 성공적인 모델로 자리 잡았다. "미국에선 2년 전 '페어(Fair)'란 업체가 등장해 이용자가 4만 5천 명을 넘어섰습니다. 영국에서도 '드로버(Drover)'라는 스타

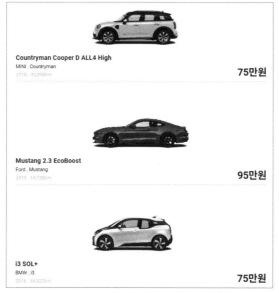

Countryman Cooper D ALL4 High
MINI . Countryman
2018 . 32,098km
75만원

Mustang 2.3 EcoBoost
Ford . Mustang
2019 . 14,128km
95만원

i3 SOL+
BMW . i3
2016 . 34,322km
75만원

트라이브 서비스 화면

트업이 빠르게 성장하고 있죠. 포르쉐나 볼보 등 자동차 회사에서 직접 구독 서비스를 운영하는 곳들도 있습니다."

| 소유도 공유도 싫은 사람들 겨냥 |

전 대표는 미국 오하이오주립대에서 경영학을 전공했다. 졸업 후 국내로 돌아와 광고회사에서 4년간 일했다. 이후 중고차 매매 사이트를 운영하는 인도 회사 '기나소프트'의 한국 지사로 이직했다. 옮긴 지 얼마 되지 않아 폭스바겐이 디젤 배출가스 배출량을 조작한 '디젤 게이트'가 터졌다. 국내뿐 아니라 전 세계적으로 자동차 시장이 얼어붙으면서 기나소프트는 한국 등 해외 시장에서 철수했다.

기나소프드는 진 대표에게 인도 본사 근무를 제인했다. '당신과 계속 함께 일하고 싶으니 인도로 같이 가자'는 제안이었다. 하지만 전 대표는 창업을 결심했다. "비싼 새 차와 믿을 수 없는 중고차 사이에서 제대로 된 차량 구매 모델을 만들고 싶었습니다."

2016년 12월 초기 자본 5천만 원으로 창업했다. 첫 사업 모델은 '온라인 차량 구입 중개 플랫폼'이었다. 애플리케이션을 통해 소비자와 자동차 판매자를 연결해주는 서비스였다.

2018년 4월 지금의 사업모델인 중고차 구독 서비스로 피벗팅했다. "공유 경제가 유행하면서 자동차도 한두 시간씩 짧게 빌려 쓰는 시대가 됐어요. 다만 한국 사람들은 차를 소유해야 한다는 욕구가 강한 편입니다. 그 사이를 파고들 방법이 있지 않을까 고민했습니다. 중고차 구독 서비스는 소유욕을 충족시켜주면서 공유 서비스의 편의성도 느낄 수 있겠다는 생각이 들었고, 바로 피벗을 결정했습니다."

사업모델 설계를 마치고 2019년 11월부터 2020년 1월까지 시범 서비스를 운영했다. 이 기간에만 160명의 신청이 들어왔다. 아무런 광고 없이 시범 서비스를 시작해서 신청자가 있을까 걱정했던 것과 달리 생각보다 많은 사람이 몰려 100명가량 대기자가 발생했다.

시범 서비스를 마치고 2020년 하반기 정식 서비스를 시작한다. "30~40대를 주요 타깃으로 하고 있습니다. 50대 이상은 아무래도 낯설어하실 테고, 그다음으로 경제력이 있는 30~40대의 수입차 소유욕을 겨냥하고 있습니다. 이분들께 수입차를 갖는 데 목돈이 들어가지 않는다는 점을 어필하고 있습니다. 우리나라 중고차 평균 교체

주기가 18개월인데요. 그만큼 짧게 차를 바꿔 타는 분들이 많습니다. 이렇게 영구적인 소유도 싫고, 그렇다고 공유도 싫어하는 분들을 타깃으로 하고 있습니다."

단순히 차를 보내주는 것에만 그치지 않는다. 고객별로 담당자가 매달 한 차례 찾아가 75가지 항목을 점검한다. 고장이 있으면 수리하거나 교체하고, 손 세차까지 해준다. 정수기 코디네이터와 비슷하다. "고객이 원하는 시간과 장소에 방문합니다. 직장으로 찾아가 고객이 일하는 동안 점검을 끝내놓는 식이죠. 퇴근할 때 점검과 세차를 마친 깨끗한 차를 타고 나가면 새 차를 모는 기분을 느낄 수 있습니다."

지속적으로 서비스를 업그레이드하고 있다. 한 신용카드사와 트라이브 구독 서비스 전용 신용카드를 출시해 구독료, 주유 및 보험 할인 등의 혜택을 제공하고 있다.

| 현대차 등에서 투자 |

더트라이브는 잇따라 외부 투자를 유치하며 가능성을 인정받고 있다. 현대자동차에서 1억 원, 중소벤처기업부의 스타트업 창원 지원 프로그램에서 6억 원을 투자받았다. 또 한 엔젤클럽에서 1억 4천만 원, 한국벤처투자협회에서 1억 6천만 원을 투자받았다.

Q | CEO로서 본인의 경쟁력이 뭐라고 생각하세요?

A | 경험이요. 기나소프트에서 일할 때 자동차 업계 사람들과 인맥을

쌓은 덕에 창업이 수월했어요. 광고회사에서 일한 경험으로 광고는 자체적으로 진행하고 있습니다. 창업 전에 여러 경험을 해본 게 유익했습니다.

Q | 직장 다닐 때와 비교해 달라진 건 뭔가요?

A | 규모가 어느 정도 있는 회사에선 정해진 절차에 따라 자기 일만 열심히 하면 됩니다. 반면 스타트업은 적은 인원으로 다양한 일을 해야 하기 때문에 하루하루가 정말 정신 없이 지나갑니다. 회사 운영에 필요한 자금을 조달하고, 필요한 인력을 충원하는 등 대표가 해야 할 일도 많죠. 사업이 잘 진척되지 않을 때 직원들의 사기가 떨어질 수 있는데요. 그럴 때 활력 있는 분위기를 만드는 일도 중요합니다.

Q | 더트라이브의 최종 목표는 뭔가요?

A | 모든 모빌리티 구독 서비스를 지향합니다. 우리 서비스 회원이 되면 승용차부터 기차, 비행기, 렌터카까지 모든 이동수단을 이용할 수 있는 거죠. 우리 고객이 해외 출장을 갈 때 비행기와 렌터카 예약을 우리가 알아서 해주는 식입니다. 성공적인 '통합 모빌리티 구독 서비스' 회사가 되겠습니다.

PART

7

알고 보면 필요했다,
없던 니즈도 만들어내라

세상에서 제일 큰 소속사,
2천 명 인플루언서 관리하는 남자

유커넥, 김대익 대표

인플루언서와 기업 연결 플랫폼
마이크로 인플루언서의 니즈 발견

유튜브, 인스타그램 등에서 자기 채널을 운영하며 트렌드를 주도하는 '인플루언서(influencer)'. 그러나 인플루언서라고 다 같은 인플루언서가 아니다. 팔로워가 수십만, 수백만 명인 인기 인플루언서는 광고 업계에서 연예인 못지않은 몸값을 자랑한다. 반면 팔로워가 수만 명 수준인 '마이크로 인플루언서(micro-influencer)'는 어렵사리 그 위치까지 올라갔음에도 광고 계약 한 건 맺기 어렵다. 팔로워를 수만 명 정도 보유한 인플루언서는 무수히 많기 때문이다. 롯데쇼핑 출신의 김대익 대표가 창업한 '유커넥'은 이런 마이크로 인플루언서들의 고충을 해결해주는 스타트업이다.

유커넥은 인플루언서와 광고주(기업)를 연결하는 플랫폼이다. 기업이 홍보하고 싶은 제품과 영상 콘셉트를 등록하면 관심 있는 인플루언서가 지원하고, 지원자 중에서 기업이 원하는 사람을 선택해 계약하는 방식이다.

| 인플루언서와 광고주 니즈 해결 |

유커넥에 등록된 인플루언서는 유튜브를 기반으로 활동하는 경우가 대부분이며, 평균 6만~7만 명의 팔로워를 갖고 있다. 등록된 인플루언서는 2020년 5월 현재 2천 명을 돌파했고, 광고 계약을 하기 위해 플랫폼에 등록한 기업은 500곳이 넘는다.

Q | 광고는 어떻게 진행되나요?

A | 인플루언서와 기업과 다함께 협의해서 콘셉트를 정한 후 영상을 찍어 인플루언서의 채널에 올리는 겁니다. 유튜브 외에도 인스타그램, 네이버TV 등에도 영상을 올립니다. 많은 곳에 올릴수록 많은 사람이 보게 되니, 여러 채널을 갖고 있을수록 유리합니다.

Q | 광고주가 인플루언서를 찾아 직접 계약하면 되지 않나요?

A | 팔로워 수만 명 수준의 마이크로 인플루언서는 수없이 많기 때문에 본인을 드러내기가 쉽지 않죠. 반면 기업들은 타깃 고객이 즐겨 보는 채널을 찾고 싶어 합니다. 팔로워 자체는 많지 않더라도 충성도가 높은 사람들이 모인 채널이죠. IT기업이라면 IT제품 마니아들이 모인 채널, 스포츠 용품 기업이라면 스포츠 마니아들이 모인 채널을 찾는 식입니다. 그래야 비용 대비 광고 효율이 극대화됩니다. 그런데 이런 채널을 일일이 찾는 건 쉽지 않습니다. 타깃 고객이 모이는 채널을 찾는 기업과, 본인을 어필하고 싶은 인플루언서 사이에서 저희가 가교 역할을 하고 있습니다.

Q | 인플루언서가 광고 영상을 올리면 팔로워들이 거부감을 가지면서, 결과적으로 팔로워가 줄어드는 부작용이 생기지 않나요?

A | 두 가지 조건만 지키면 됩니다. 첫째, 광고라고 확실히 표기합니다. 일반 콘텐츠와 구분하는 거죠. 굳이 광고라고 표기하지 않더라도 광고성 콘텐츠는 구독자들이 단번에 알아봅니다. 어설프게 일반 콘텐츠로 위장했다가는 거부감만 갖게 되죠. 차라리 광고라고 확실히 표기하는 게 낫습니다. 미리 광고란 걸 인지하면 거부감 없이 볼 수 있습니다. 둘째, 재밌어야 합니다. 광고라고 해도 재밌게 전달하면, 광고 효과도 좋고 팔로워들도 거부감을 갖지 않습니다.

퀴즈쇼 애플리케이션 광고 프로젝트가 대표적이다. "한 퀴즈쇼 애플리케이션 업체가 홍보를 고민하다가 저희를 통해 유튜브 방송을 하는 인플루언서 4명과 계약한 프로젝트입니다. 업체와 인플루언서들은 회의를 거친 후 대결 구도로 생방송을 진행했습니다. 4명의 인플루언서가 각자의 팔로워를 대상으로 애플리케이션을 실시간으로 다운받게 해서, 퀴즈 대결을 펼치는 방식이었죠. 팬들끼리 편을 갈라 대결하는 방식이니 정말 흥미진진했습니다. 결과에 따라 벌칙 수행도 하고요."

Q | 생방송을 진행한 게 실적으로 이어졌나요?

A | 방송 후 애플리케이션 접속자가 6배로 늘었습니다. 이후 그 애플리케이션은 퀴즈쇼 애플리케이션 부문에선 1위까지 올랐습니다. 광고주가 대만족한 건 물론이고, 시청자들이 재밌어 했으니 콘텐

츠 측면에서도 가치가 있었습니다. 광고를 위해 영상을 찍었지만 그 지체로 좋은 콘텐츠가 된 거죠. 이렇게 모두가 만족하는 광고 영상이 나올 때마다 정말 뿌듯합니다.

인플루언서와 기업을 매칭하는 단계에서 기업이 제품이나 서비스 콘셉트에 맞는 인플루언서를 찾을 수 있도록 '광고 효과 예측 보고서'를 제공한다. 보고서를 통해 어떤 인플루언서를 찾으면 좋을지 조언해주는 동시에 마케팅 전략을 제안하는 셈이다. 일종의 컨설팅 역할이다.

촬영 단계에선 인플루언서와 기업이 플랫폼을 통해 영상 콘셉트 회의, 수정 의뢰 등 각종 의사소통을 할 수 있게 돕고, 영상 게재 후에는 광고 효율을 측정해 기업에 성과 분석 리포트를 제공한다. "좋아요, 댓글, 공유 횟수 같은 기본적인 반응은 물론, 영상을 통해 얼마나 많은 사람이 광고주 홈페이지에 접속했는지 등의 결과를 분석해 제공합니다. 다음 광고를 진행할 때 참고자료로 활용할 수 있죠."

기업이 원하면 모든 과정을 유커넥이 대행해주기도 한다. "광고주가 의뢰하면 인플루언서 섭외부터 영상 제작 후 게재까지 모든 과정을 저희가 진행해줍니다. 광고주는 저희에게 일을 맡기고 결과물만 받아보면 되죠. 대기업이나 대형 광고대행사들이 이런 방식을 선호합니다."

유튜브 기반의 인플루언서와 기업을 연결하는 플랫폼은 국내에선 유커넥이 처음이다. 아모레퍼시픽 등에서 투자를 받았고, 해외 진출도 추진하고 있다. 각국별로 맞는 유튜버와 기업을 이어줄 계획이다. 인플루언서를 활용한 커머스 사업도 하고 있다. 기업과 인플루언서를 이어주고 판매가 늘어난 만큼 수익을 나누는 방식이다. 인플루언서의 유튜브 채널을 활용해 실시간으로 온라인 홈쇼핑을 하는 등 라이브 커머스도 하고 있다.

| 일곱 가지 사업의 방향성 기준 |

김 대표는 대학에서 경영학을 전공했다. 첫 직장으로 롯데쇼핑에 들어가 롯데슈퍼 마케팅을 담당했다. 이어 축구선수 매니지먼트 회사를 거쳐 MBA 과정까지 마쳤다. 이후 산업용 스마트폰 수출 회사 블루버드에 들어가 글로벌 마케터로 일했다. 모토로라 같은 글로벌 회사들과 경쟁하며 120개국에 제품을 수출했다.

2015년 새로운 도전을 해야겠다는 생각이 들었다. "제 자신을 테스트해보고 싶었어요. 어디까지 성장할 수 있을까 궁금하더라고요. 내가 일군 성과를 온전히 보상받고 싶다는 생각도 들었습니다. 창업밖에 답이 없다 생각했죠."

Q | 창업 전에 어떤 준비를 했나요?

A | 주변에 조언을 구해보니 '사업은 확률'이란 인사이트가 생기더군요. 성공 가능성이 높은 아이템을 잡아서 추진하란 얘기였습니다. 좋은 아이템을 잡으려면 방향성을 잘 잡아야 합니다. 흔히 좋아하거나 잘하는 일에서 힌트를 얻으라고 하는데요. 제 생각은 다릅니다. 내 관심사나 특기와 상관없이, 수익을 낼 수 있고 확장성이 좋

은 일을 찾아야 합니다. 이게 좋은 방향성입니다. 그래야 실패할 확률을 줄일 수 있습니다. 어떤 방향성을 잡아야 하나 고민부터 시작했습니다.

Q | 방향성을 잡은 기준이 있나요?

A | 일곱 가지를 정했습니다. 첫째, 성장하는 산업이어야 합니다. 둘째, 글로벌 진출이 가능해야 합니다. 셋째, 스케일업(scale-up)과 확장이 가능해야 합니다. 넷째, 시장 자체가 대단하게 크지는 않아서 대기업이 진입할 가능성이 낮아야 합니다. 다섯째, 초기 투자비용이 크지 않아야 합니다. 여섯째, 제품과 서비스에 대한 수요자가 확실하게 존재해야 합니다. 일곱째, 기존에 있는 불편함을 해소하거나 새로운 가치를 부여할 수 있어야 합니다.

외국에서 검증된 사업모델 중에서 앞서 말한 일곱 가지 기준에 맞는 아이템을 찾기로 했다. 외국 스타트업 전문 미디어 등을 서치해 200개 넘는 사업모델을 찾았다. 그중 국내에서 통할 만한 모델을 몇 개 추려, 최종적으로 '유튜버-광고주 중개 모델'로 결정했다. "국내에 인스타그램 인플루언서와 광고주를 이어주는 회사는 있었는데, 유튜버와 광고주를 이어주는 회사는 없었어요. '내가 한번 해보자' 생각했죠. 자신 있었습니다. 다니던 회사에서 맡았던 마케팅 업무와 관련도 있으니까요. 못 할 게 없겠더라고요." 2016년 9월 사표를 내고 회사를 차렸다.

마케터로 일하면서 광고주의 니즈는 잘 알고 있었다. 반면 유튜버에 대해서는 몰랐다. 150명이 넘는 유튜버를 1:1로 만나서 설문조사를 하며 애로 사항을 파악했다. 뭘 필요로 하는지 감이 왔다. 6만 명의 팔로워를 가진 유튜버를 직원으로 선발했다. "저희 회사는 지금도 직원들에게 유튜버가 되기를 권장합니다. 회사 차원에서 촬영장비와 조명장비를 구비해 대여해줍니다. 직원들 스스로 유튜브를 운영해봐야 마케팅과 채널에 대한 이해도가 높아지니까요. 저도 작게나마 하고 있습니다."

Q | 플랫폼 사업이라 IT 기술도 중요할 것 같아요. 문과 출신인데 이 부분은 어떻게 극복했나요?

A | 인재 영입으로 해결했습니다. 창업 초기 한 지원 프로그램을 다니면서 카이스트 출신 창업자를 만났는데요. 주말에도 빠짐없이 나와 열심히 일하는 것을 보고 동질감을 느꼈습니다. 그분을 어렵사리 설득해 CTO(최고기술경영자)로 모셨습니다. CTO뿐 아니라 15명 직원 중 절반이 개발팀입니다. 빅데이터, 머신러닝 등 다양한 분야의 전문가들로 구성했죠. 카이스트, 삼성전자 등 화려한 출신과 경력을 자랑합니다. 이들이 수시로 플랫폼을 개선하고 업데이트하고 있습니다.

Q | 앞으로 어떤 회사로 성장하고 싶나요?

A | 업의 본질에 집중하면서 우리와 고객이 함께 만족할 수 있는 회사로 크고 싶습니다. 직원에게 합당한 보상을 주려고 합니다. 그래야 좋은 팀원이 확보되면서 계속 성장하는 선순환이 이뤄지거든요.

모든 팀원이 회사의 가치를 함께 공유하면서 즐겁게 일하도록 하고 싶습니다. 직원들이 커리어를 쌓도록 자기계발비를 지원하고 있습니다. 이익이 생기면 성과급을 주는 것은 물론이고요. 직원 본인을 포함해 3명의 가족에게도 건강검진을 제공하고 있습니다. 이와 함께 인플루언서와 같이 성장하는 회사를 추구하고 있습니다. 인플루언서들이 재밌는 콘텐츠를 만들 수 있도록 주기적으로 교육과 세미나를 제공하고 있고요. 추가로 마케팅 교육을 통해 수익 확대를 돕고, 번역 서비스 등을 제공해 해외 진출도 도울 계획입니다.

Q | 스타트업 CEO로서 본인의 경쟁력이 뭐라고 생각하세요?

A | 실행력과 진정성이요. 일을 찾아서 하고, 미루지 않고 즉각 처리합니다. 제 스스로 진실되지 못하면 상대방도 금세 저를 간파하고 믿지 못하게 됩니다. 직원과 고객에게 최대한 진정성 있게 접근하려고 노력합니다. 회사 다닐 때 저는 스페셜리스트보다 제너럴리스트에 가까웠습니다. 그만큼 많은 일을 해봤다는 걸 뜻하죠. 창업하니까 그 부분이 도움이 많이 되더라고요. 초기 창업자들은 다양한 일을 스스로 처리해야 합니다. 직무 교육이나 사전 교육을 아무리 받아도 직접 해보지 않으면 깨달을 수 없는 노하우가 수두룩합니다. 창업 계획이 있는 직장인이라면 실행 전에 다양한 일을 해보실 것을 추천합니다.

증권사 PB, 아이 밥 먹이기 전쟁하다 아이디어로 발명왕 되다

베이비키스, 이은희 대표

육아 때문에 5년 경력단절
아이 밥 먹이다 보온식판 개발

아이 밥 먹이는 건 전쟁이나 다름없다. '베이비키스' 이은희 대표는 세상 모든 엄마를 행복하게 해줄 무기를 만들었다. 증권회사 출신의 경단녀였다가, 본인에게 필요한 게 무엇인지를 고민하다 보온식판을 개발해 창업했다.

| 일정한 온도로 유지해주는 식판 |

아이가 한 끼 식사를 마치기까지는 지난한 과정이 필요하다. 갖은 정성을 다해 조리를 마쳤다고 끝이 아니다. 반드시 음식의 뜨거운 열기를 식혀야 한다. 어른은 조리한 음식을 바로 먹을 수 있지만, 아이는 뜨거운 음식을 먹지 못하니 알맞은 온도로 식혀줘야 하는 것이다. 이후 음식이 따뜻할 때 빨리 먹으면 좋지만, 아이들은 식사에 집중하지 못해 밥 먹는 시간이 기본 1시간을 넘는다. 결국 절반도 먹지 못하고 음식이 차갑게 식어버린다. 그러면 아이는 맛이 없다고 투정 부리고, 결국 엄마는 전자레인지나 가스레인지로 먹던 음식을 데우는 일을 반복해야 한다. 주방과 밥상을 몇 번이나 왔다 갔다 하다 보면 엄마의 피로도는 극심해지고 밥 먹는 시간은 한없이 길어지게 된다.

증권회사 출신의 전업주부였던 이 대표는 어느 날 문득 이런 생각이 들었다. '음식을 보온해주는 식판이 있으면 얼마나 좋을까? 식사 도중에 번거롭게 음식을 데울 필요도 없어질 텐데….' 그 길로 보온식판을 찾아다녔지만 마땅한 게 없었다. 그래서 직접 만들어보기로 했다.

베이비키스 보온식판은 육아 때문에 경력이 단절되었던 이 대표가 본인의 니즈를 스스로 고민하다 개발한 제품이다. 음식이 식지 않도록 일정한 온도로 유지해준다. 음식을 올리는 식판과 음식을 데우는 열판이 분리되어 있다. 식판에 음식을 차려서 따뜻하게 먹은 뒤, 식판을 분리해 세척하면 된다. 식판은 스테인리스 소재로 만들었다. 전원은 배터리 충전 방식이다.

열판의 온도는 섭씨 40도에서 60도 사이에서 선택할 수 있다. 냉장고에서 꺼낸 차가운 음식을 60도까지 데우거나, 식사하는 동안 음식이 식지 않고 40~50도 사이에서 유지되도록 보온할 수 있다. 일반 보온식판은 아무리 기능이 좋아도 열이 소실되는 것을 피할 수 없어 결국엔 음식이 식게 되지만, 베이비키스 보온식판은 40~50도 사이에서 온도가 유지되도록 지속적으로 열을 가하기 때문에 일정한 온도를 유지할 수 있다. "이렇게 음식의 온도가 유지되면 밥 빨리 먹으

베이비키스 보온식판

라고 재촉하지 않아도 됩니다. '국 식는다' 잔소리할 필요도 없죠."

　온도 조절 버튼으로 세밀하게 온도를 조절할 수 있고, 밥·국·반찬 등으로 나뉜 칸 중에서 원하는 칸만 데울 수도 있다. "데우거나 보온하고 싶은 것만 골라 열을 가하면 됩니다. 샐러드나 나물 같은 건 데우지 않을 수 있어요. 따뜻하게 먹기 좋은 음식만 골라서 원하는 온도로 데우는 거죠. 음식별로 최적의 온도를 유지하면서 식사할 수 있습니다."

　보온식판으로 음식을 데우는 방식은 음식의 수분을 그대로 유지하는 데도 좋다. "차가운 음식을 전자레인지에 돌리거나 가스레인지로 끓이면 수분이 날아가 퍽퍽해집니다. 반면 음식을 데우는 방식은 수분을 그대로 유지하면서 먹기 좋은 온도로 맞춰주는 거라 갓 조리한 것처럼 촉촉하게 음식을 즐길 수 있습니다. 아이뿐 아니라 식사가 불편한 노인이나 환자가 있는 가정에서도 유용하게 쓸 수 있습니다."

| 증권회사 PB 출신 개발자 |

대학에서 경제학을 전공했다. 새로운 걸 만드는 데 관심이 많았다. "어릴 때부터 만드는 게 좋았어요. 특허 내는 데도 관심이 있었고요."

창업동아리 활동을 하면서, 직접 사업을 해야겠다는 생각이 들었다. 1년간 의류 쇼핑몰을 운영했다. 성과가 나쁘지 않았지만 평생 할 일은 아니란 생각이 들었다. "옷에 관심이 많지 않았어요. 그저 사업을 해보고 싶은데 마진이 좋다니 해본 거였죠. 고객들이 저보다 패션 트렌드를 잘 아는 경우가 많았어요. 누구보다 내가 잘 알고 있는 일을 해야 성공할 수 있는데 그게 아니었던 거죠."

곧 쇼핑몰을 접고 취업 준비를 했다. 전공을 살려 증권회사에 들어 갔다. PB(개인 자산관리) 업무를 맡았다. 스트레스가 많은 일이었지만 재밌었고, 잘한다는 소리도 들었다. 그런데 육아가 발목을 잡았다. "친정과 시댁 모두 아이를 봐줄 상황이 되지 않았어요. 남의 손에 맡기기는 싫어서 결국 일을 그만뒀죠."

그렇게 육아에 전념하다 고안한 게 베이비키스 식판이다. "아이템을 떠올린 건 2017년이었어요. 개발까지 난관이 많았어요. 저 혼자 제품을 만드는 건 어려워서 시제품 제작할 곳을 찾아다녔는데 구하지 못했죠. 기술적으로 부족한 점도 많았고요. 그러다 정부 지원으로 전문가 기술 전수, 개발비, 공간 입주 등의 혜택을 받을 수 있는 '청년 창업사관학교'에 선발되면서 2018년 5월 창업에 성공할 수 있었습니다. 육아 때문에 경력이 단절되고 나서 5년 만이었죠."

일을 그만두고 나서야 진정으로 원하는 일을 만난 셈이다. 새로운 일을 하고 싶다는 끼가 드디어 발현된 것이다. 기술과 아이디어는 2018 서울국제발명전시회 대상, 2019 여성발명왕EXPO 여성가족부 장관상, 2019 디캠프 디데이 스마트스터디벤처스상 수상 등으로 검증받았다. 백화점 팝업스토어, 소셜미디어 등을 통해 제품을 적극 알리고 있고, 자체 캐릭터를 응용해 디자인도 다양화하고 있다. 해외 시장도 염두에 두고 있다. 박람회 등에서 제휴 관계를 맺은 바이어들을 통해 해외 판로를 알아보고 있다.

Q | 복제품이 나올 수 있다는 우려는 없나요?

A | 저 혼자 기술을 지키기가 어려울 경우 대형 유통 업체와 제휴하는 방법을 생각하고 있습니다. 기왕이면 유아 전문 브랜드면 좋을 것 같아요. 보온식판을 시작으로 제품 라인업을 계속 늘려가고, 제품별로 탄력적인 유통을 할 계획입니다.

Q | 앞으로의 목표는 뭔가요?

A | 예전엔 부잣집 아이만 '골드키즈'라 불렸지만, 요즘은 출생률 저하로 부모는 물론 조부모, 외조부모까지 육아에 가세하면서 모든 아이가 골드키즈가 됐어요. 그러면서 프리미엄 육아 제품은 오히려 시장이 확대되고 있습니다. 예전에는 낯설었던 젖병소독기가 지금은 필수품이 된 게 대표적이죠. 베이비키스 식판도 그렇게 되리라 믿습니다. 아이가 있는 가정이라면 반드시 구비하는 제품이 되면 좋겠어요. 우리나라뿐 아니라 외국에서도요. 세상의 모든 엄마를 편하게 해주고 싶어요. 아이 밥 먹이는 시간이 전쟁이 아니라 아이

와 엄마 모두 즐거운 시간이 되면 좋겠습니다. 장기적으론 유아용 제품에 국한하지 않을 거예요. 이전에 없던 제품을 만드는 게 재밌습니다. 앞으로 회사가 커지더라도 계속 아이디어 개발자로 남고 싶습니다.

보온식판을 응용해서, 음식의 염도를 측정할 수 있는 식판을 곧 출시할 예정이다. 식판에 음식을 담으면 자동으로 염도가 표시되는 것이다. "고혈압이나 당뇨 환자가 있는 가정에서 유용하게 활용할 수 있습니다. 한국여성발명협회 생활발명코리아 지원 대상에 선정된 제품입니다."

Q | 지금까지 잘해온 비결을 알려주세요.

A | 나만의 아이템을 가졌다는 거요. 그래야 재밌게 오래 할 수 있습니다. 소비자의 니즈를 잘 아는 것도 중요한 것 같습니다. 기존 유아용품들은 주로 남자들이 개발했습니다. 정작 육아를 도맡아 하는 엄마들의 불편은 제대로 이해하지 못한 채 만드는 거죠. 그래서 맘에 쏙 드는 유아용품을 찾기 어렵습니다. 제가 앞으로 성공한다면, 타깃의 불편을 잘 알고 접근했다는 게 가장 큰 비결이 될 거예요. 다른 엄마들도 다양한 분야에서 창업하면 좋겠습니다.

청각장애인의 바른 발음을 위한
발음 교정 서비스

딕션, 전성국 대표

청각장애인의 발음 연습 돕는 애플리케이션 '바름'
외국인의 한국어 공부에도 유용

'딕션'의 전성국 대표는 청각장애인의 발음 연습을 돕는 애플리케이션 '바름'을 서비스한다. 전 대표 역시 청각장애인이다. 스스로 불편한 점을 고민하다 창업까지 이어졌다. 후원에 기대는 사회적 기업이 아니다. 1억 명 시장을 노리는 포부 큰 스타트업이다.

| 소리나는 대로 알아듣는 음성인식 기술 |

청각장애인이 올바르게 발음하지 못하는 건 듣지 못하기 때문이다. 상대는 물론 내 발음도 들을 수 없어서, 올바른 발음이 뭔지 알 수 없다. "비청각장애인은 들리는 대로 발음합니다. '먹었어'를 '머거써'로 발음하는 거죠. 반면 말을 글로 배운 청각장애인은 보이는 대로 발음합니다. '먹었어'를 '먹.었.어'라고 발음하는 겁니다. 일반인이 듣기에

어색할 수밖에 없습니다."

들리는 것과 보이는 것에 치이가 니는 것은 '한글'괴 '한국어'가 완전히 동일한 게 아니기 때문이다. '한글'은 소리나는 대로 옮겨 적을 수 있는 완벽한 소리문자라고 한다. 단 '완벽'이란 표현은 1음절 단어일 때만 유효하다. 밥, 산, 강 등이 대표적이다. 2음절 이상의 단어나 문장이 되면 연음화, 격음화, 자음동화 등 한국어가 가진 특유의 발음 현상이 나타난다. '국물'을 '궁물'로 읽는 식이다. 그러면 들리는 것과 보이는 것에 차이가 발생하고, 한글은 불완전한 소리문자가 된다. 그래서 보이는 대로 읽는 청각장애인의 발음은 한글적으론 맞지만, 한국어적으론 어색해져 비청각장애인들은 편안히 들을 수 없는 것이다.

'바름'은 자체 개발한 음성인식기술로 청각장애인이 올바르게 발음할 수 있도록 도와준다. 애플리케이션에 접속해 연습하고 싶은 문장을 선택하면, 올바른 발음이 표시된다. '밥 맛있게 먹었어'란 문장을 선택하면, '밥 마시께 머거써'란 발음이 표시되고, 이를 그대로 소리내서 읽으면 된다.

이후 애플리케이션은 올바른 발음과 내 발음을 비교해서, 어떤 부분이 틀렸는지 알려준다. 만약 '밥 마시께 머거떠'라고 발음했다면, 전체 문장 중 '떠'의 발음이 틀렸다고 알려주고, '써'라고 올바르게 발음할 때까지 연습을 돕는 것이다. "틀린 부분은 빨간 글씨로 표시됩니다. 빨간 글씨가 사라질 때까지 연습하다 보면, 해당 문장의 올바른 발음을 완성할 수 있습니다."

비교 분석도 해준다. 다른 사용자들과 비교해 내 발음의 정확도가

바름 서비스 화면

얼마나 되는지 알려주고, 내가 더 많이 틀린 발음을 집중적으로 연습할 수 있도록 돕는다. "서비스명 '바름'은 '발음'을 소리나는 대로 표기한 것입니다. 이를 통해 듣지 못하는 사람도 들리는 대로 발음할 수 있도록 돕는 서비스란 것을 나타내고자 했습니다." 한국어 발음을 돕는 서비스이기 때문에 한국어를 배우는 외국인에게도 유용하다. 영문 사용법 등이 포함된 외국인을 겨냥한 버전도 출시할 예정이다.

| 32만 청각장애인 시장을 공략 |

바름은 음성인식 기술을 기반으로 한다. 다만 다른 음성인식 기술과 궤를 완전히 달리한다.

기존 음성인식 기술은 발음이 어떻든 간에 정확한 문장으로 해석해서, 의도한 바를 알아차리고 그대로 실행하는 데 목적이 있다. '복음밥' '보금밥' '보끔밥' '보끔빱' 등 뭐라고 발음하건 '볶음밥'이란 정확한 단어로 알아듣는 것이다. 불명확한 발음을 정확하게 알아들을수록 좋은 기술이 된다. 그래야 뭐라고 발음하건 명령에 따라 볶음밥을 배달시키거나 대신 조리하게 할 수 있다.

반면 '바름'의 음성인식 기술은 발음이 틀리더라도 틀린 그대로 알아듣고 문자로 구현하는 데 목적이 있다. '복음밥' '보금밥' '보끔밥' '보끔빱' 등으로 말하면, 각자 정확하게 '복음밥' '보금밥' '보끔밥' '보끔빱'이라고 문자로 표시하는 것이다. 그래야 사용자의 발음이 어디서 틀리고 맞았는지 알 수 있기 때문이다. 딥러닝을 통해 그 인식률을 높여가고 있다.

Q | 서비스의 시장성은 얼마나 될까요?

A | 우리나라 청각장애인이 32만 명에 이릅니다. 1차 타깃은 그 5%인 1만 6천 명입니다. 청각장애인이 국가에서 받은 바우처를 쓸 수 있는 기업으로 선정되면, 큰 부담 없이 저희 서비스를 이용할 수 있을 겁니다. 이를 위해 열심히 노력하고 있습니다. 또 전 세계에서 한국어를 공부하는 외국인이 1억 명에 이릅니다. 시장 규모는 3조 원에 달하고요. 진짜 시장은 이 외국인들입니다. 차근차근 공략해 나가겠습니다.

| 메신저 음성인식 서비스에서 힌트 |

전 대표는 대학에서 시각디자인을 전공했다. 디자인에 재능이 있었다. 4학년 때 프랑스에서 열린 '칸 국제광고제' 한국 대표로 출전했다. 국내 예선을 우수한 성적으로 통과해야 대표로 뽑힐 수 있는데, 그 문을 뚫을 정도로 실력이 있었던 것이다. 졸업과 함께 당연히 대기업에서 일할 수 있을 것이라 생각했다. 하지만 청각장애인이란 이유로 면접 기회조차 갖지 못했다.

스타트업에서 승부를 보기로 했다. "스타트업이라면 제 능력만 봐줄 거라 생각했습니다." 다행히 스타트업은 그에게 편견을 갖지 않았다. 소셜커머스 '루크리에이티브' 창립멤버로 참여했다. 기업평판 사이트 '잡플래닛'의 황희승 대표가 잡플래닛을 만들기 전 꾸렸던 회사다. 다양한 상품 런칭에 참여하면서, 대표 자리까지 경험했다. 게임회사 '로캣'으로 옮겨 여기서도 대표를 맡아 일하다가, 황희승 대표가 잡플래닛을 차리자 서비스 전략과 기획 담당으로 합류했다.

이후 오프라인 판매 전략이 궁금해서 '편강한방피부과학연구소'로 옮겨 화장품 마케팅을 맡았다. "밑바닥에서 시작해 팀장, 대표까지 맡으며 할 수 있는 경험은 다 한 것 같습니다. 디자인으로 시작해 마케팅, 웹기획 등 다양한 업무도 경험했습니다. 스타트업을 경험한 덕에 창업까지 이어질 수 있었던 것 같습니다. 어떻게 보면 대기업에 가지 못한 게 오히려 기회가 된 셈이죠."

바름은 카카오톡의 음성인식 서비스에서 힌트를 얻었다. 카카오톡 대화창에서 말을 하면 그대로 문자화되어 상대방에게 보낼 수 있다.

운전 중이나 손을 쓸 수 없을 때 유용하다. "발음 연습하기에도 좋았습니다. 내 발음이 정확하지 않으면 제대로 문자화되지 않으니, 문자화될 때까지 연습하는 도구로 활용하는 거죠."

그런데 의외의 복병이 있었다. 어느 순간 내가 틀리게 발음해도 카카오톡이 알아듣기 시작한 것이다. "데이터가 쌓이면서 안 좋은 발음도 알아듣게 되더라고요. 제 발음이 틀려도 올바르게 문자화되는 겁니다. 사실 당연했습니다. 틀린 발음도 알아듣는 게 기존 음성인식 기술 딥러닝의 목표니까요."

카카오톡으로는 더 이상 발음 연습을 못 하게 되었다. 대체 서비스를 찾았지만 마땅한 게 없었다. 내가 잘못 발음한 걸 알아듣는 서비스는 많았지만, 내가 잘못 발음하면 잘못된 그대로 표기하는 서비스는 존재하지 않았다.

순간 절망이 아닌 가능성이 보였다. '나한테 필요하다면 32만 청각장애인 모두에게 필요한 서비스 아닌가. 내가 직접 만들어보자.' 바로 음성인식 기술 공부에 들어갔다. "이것저것 다 뒤져봤지만 발음한 대로 문자화하는 기술은 개발 자체가 되지 않았더라고요. 어려워서가 아니라 필요를 못 느껴서였죠. 시장이 제한돼 있으니 대기업이 관심 가질 만한 기술도 아니었고요. 선점만 하면 경쟁자 없이 내 시장으로 만들 수 있겠다는 생각이 들었습니다."

개발에 성공하기까지 음성인식 기술 전문 업체들로부터 큰 도움을 받았다. "뜻이 좋다며 함께해준 파트너 기업이 많습니다. 무척 감사한 일이죠. 빨리 좋은 기업이 돼서 도움을 모두 갚고 싶습니다."

일상생활에서 가장 많이 쓰이는 문장 30개로 서비스를 시작했다.

이 중에서 골라 연습할 수 있다. 고급 어휘가 들어가는 문어적 표현까지 여러 문장을 확보해가고 있다. 지속적으로 DB를 확대해 연말까지 두꺼운 책 한 권에 해당하는 방대한 양의 문장을 확보할 계획이다. 연습할 수 있는 문장이 그만큼 늘어나는 것이다. 이후 말하고 싶은 모든 문장을 연습할 수 있는 수준까지 애플리케이션을 진화시킬 계획이다.

| 이를수록 좋은 게 타이밍 |

전 대표 스스로가 바름의 최고 충성 고객이다. 매일 바름을 통해 발음 연습을 한다. 덕분에 인터뷰를 하면서도 내내 안정적이고 자연스러운 발음을 유지했다. "아무리 바빠도 단 5분이라도 연습하려고 노력합니다. 예전을 생각하면 이렇게 편할 수 없습니다. 한번은 대학 수업 때 발표할 일이 있었어요. 5분 정도 되는 발표였는데, 저한테는 난관이 많은 일이었죠. 대본을 적어서 계속 연습하는 방법밖에 없었어요. 부모님이나 친구 앞에서 소리내어 읽으면, 틀린 부분을 하나하나 지적받아 고치고 또 고치고…. 발표하기까지 무척 오랜 연습이 필요했습니다. 하지만 지금은 바름 애플리케이션만 있으면 혼자서도 얼마든지 발음 연습을 할 수 있습니다. 많은 분들이 이용하면 좋겠습니다."

Q | 예비 창업자들이 참고할 만한 성공 비결을 하나만 알려주세요.

A | 스타트업에 근무하면서 창업 과정에서 겪을 수 있는 거의 모든 일을 미리 경험해본 게 큰 도움이 됐습니다. 지금은 어떤 일이 생겨

도 어렵다는 생각이 들지 않습니다. 경험 덕이죠. 또 언제나 상의할 수 있는 어드바이저가 있으면 좋습니다. 가급적 모든 일을 경험해본 분이어야 합니다. 그래야 초보 창업자에게 앞으로 어떤 일이 닥칠지 예견하고 도움을 줄 수 있습니다. 중요한 선택의 순간에 길잡이 역할도 해줄 수 있고요. 코파운더 없이 혼자 시작한 분이라면 더욱 필요합니다. 겸연쩍어하지 마세요. 선배 창업가들을 만날 일이 있으면 그냥 얼굴 들이밀고 인사 나누세요. 창업가들이 모인 카톡방에도 끼워달라 하시고요. 그런 커뮤니티에 꾸준히 참여하다 보면 저절로 어드바이저가 생깁니다. 저는 그런 조언을 해주는 분이 3~4명 계셔서 큰 도움을 받고 있습니다.

Q | 창업하고 보니 아쉬운 점이 있나요?

A | 좀 더 빨리 창업했으면 좋았겠다는 생각을 자주 합니다. 저는 딸이 4개월일 때 창업했습니다. 돈이 많이 필요하기 시작할 때 창업한 거죠. 생활비를 마련하느라 아르바이트도 병행했지만, 모아놓은 돈을 다 쓰고 개인대출까지 받았습니다. 창업 초반 경제적으로 무척 힘들었습니다. 생계 부담이 없을 때 창업했다면 일에 훨씬 더 집중할 수 있었을 겁니다. 심리적 부담도 없고요. 어차피 할 창업이라면 하루라도 빨리 하는 게 좋습니다. 늦을수록 부담만 커집니다. 이를수록 좋은 게 타이밍입니다. 팀을 운영하는 기술을 갖춰놓는 것도 중요합니다. 그 기술이 부족하면 일상 경영 업무를 신경쓰느라, 정작 주된 서비스에 제대로 몰입하지 못하는 경우가 있습니다. 저도 얼른 숙달되도록 열심히 노력하고 있습니다.

'생리대 왜 이렇게 비싸?' 생리컵으로 고민 해결

이지앤모어, 안지혜 대표

남편 질문에 떠올린 사업모델
국내 최초 생리컵 판매

말 못 할 고민도 말해야 비로소 해결할 수 있다. '이지앤모어'는 여성의 가장 큰 고민인 '월경'을 감추지 말고 드러내서 해결하자는 목표를 가진 스타트업이다. 생리대 같은 여성용품을 기획해서 자체 쇼핑몰에서 판매하고 있다. 외식 프랜차이즈 대기업의 마케터 출신인 안지혜 대표가 창업했다.

식당과 남편의 질문이 바꾼 인생 경로

원래 안정적인 길만 갈 줄 알았다. 그러나 2014년 '오요리아시아'란 식당을 우연히 방문하면서 인생 경로가 완전히 바뀌었다. 베트남 등 동남아에서 건너온 이주 여성을 고용해서 운영하는 아시아 요리 전문점이었다. "식당을 운영하면서 동시에 이주 여성 고용을 통해 정착과 자립을 돕는 사회적 기업이었어요. 창업을 원하는 이주 여성에겐 집기 세팅 같은 지원도 해줬죠."

이런 기업은 어떻게 운영되는 건지 궁금했다. 마침 오요리 아시아가 직원을 채용한다는 소식을 들었다. 바로 지원해 이직했다.

Q | 대기업에서 중소기업으로 옮긴 셈이네요?

A | 프랜차이즈 대기업에 근무하면서 생계형 점주들의 어려운 사연을 접할 때마다 안타까웠어요. 돕고 싶었지만 제 위치에선 힘들었죠. 회의감이 컸던 상태였습니다. 그런데 오요리아시아에선 모두가 상생할 수 있는 일을 할 수 있겠다는 생각이 들더라고요. 기업의 규모가 작다는 이유로 주저하지 않았습니다.

기획 업무에 배치되었다. 7년 경력자였지만 신입처럼 일했다. "큰 회사에 있을 때와 다르더라고요. 온갖 일을 다 했어요. 가게 간판 거는 일부터 각종 인허가 등등 안 해본 게 없어요. 사회적 기업은 다양한 사람들의 헌신이 가장 중요한 요소더라고요." 일은 크게 늘었지만 연봉은 반으로 줄었다. 그래도 싫지 않았다. 이주 여성이 자립하는 과정을 보는 게 좋았다.

회사를 옮긴 지 1년쯤 되었을 무렵, 남편과 대형마트에 갔다. 생리대 가격을 본 남편이 "생리대가 원래 이렇게 비싸?"라고 물었다. "인터넷에서 사면 좀 싸.""그럼 한꺼번에 인터넷으로 많이 사놓으면 되는 거 아냐? 왜 그때그때 사는 거야?""공간 차지하잖아. 생리대가 얼마나 부피가 큰 물건인데."

대화를 곰곰이 되짚어보니 여성이라면 누구나 느낄 만한 니즈가 발견되었다. '인터넷 최저가 수준으로 매달 생리대를 필요한 만큼만 정기적으로 배송해주면 좋지 않을까?' 이런 아이디어를 떠올리고 나니 가만히 앉아 기다릴 수 없었다. 창업을 하면 소외 여성들에게 더 큰 도움을 줄 수 있을 것도 같았다. 곧 사표를 내고, 생리대 정기배송 업체를 차렸다.

| 지속 가능한 기업을 위한 노력 |

이왕 생리대를 배송하는 김에 여성들이 주기적으로 쓰는 다른 상품도 패키지로 구성해 함께 보내기로 했다. 생리대 외에 마스크팩, 티슈 등의 용품을 하나로 묶었다. "시장조사와 구매층 인터뷰를 통해 매달 정기적으로 보내주면 좋겠다는 물건을 하나로 모았습니다."

'1+1 기부' 방식으로 사회적 기업 정신을 도입했다. 고객이 제품 하나를 구입하면 똑같은 제품 한 상자를 저소득층 아이에게 기부하는 것이다. 뜻이 좋으니 반응이 따라왔다. 인터넷 최저가 수준으로 판매할 수 있도록 관련 대기업이 생리대 등의 물품을 싼값에 공급해줬다. "제품을 그냥 주겠다는 곳도 있었어요. 하지만 그래도 사업인 만큼 공짜 생리대는 받지 않았어요. 기부가 아닌 수익이 밑바탕이 돼야, 지속 가능한 기업이 되거든요."

2016년 4월 첫 판매에 나섰다. 결과는 성공적이었다. 계획한 150박스(270만 원어치)를 전부 팔았고 150명의 아이들에게 기부했다.

Q | 첫 출발이 좋았네요?

A | 첫 판매에 나선 지 얼마 안 돼 '깔창 생리대'기 회제가 됐어요. 어린 학생들이 생리대 살 돈이 없어 신발 깔창이나 휴지 같은 대용품을 쓰는 경우가 많다는 사실이 알려진 거죠. 그런데 그 와중에 한 업체가 심지어 생리대 가격을 올리는 거예요. 그 업체에 집중포화가 쏟아졌죠. 그러면서 자연스레 저희 회사가 부각됐어요. 고객들이 생리대를 한 팩 사면 어려운 학생에게 한 팩 준다는 취지가 큰 지지를 받은 거죠.

다만 이슈가 오래가지는 못했다. 3개월 정도 판매가 잘되다가 이내 한풀 꺾였다. "고객들이 한 번은 사는데 재구매는 별로 하지 않았어요. 지속적으로 기부를 하는 건 부담스러웠나 봐요."

변화가 필요했다. 상품 구성부터 바꿔 생리대 단품만 판매하기 시작했다. 생리대만 사고 싶다는 소비자들의 의견을 반영한 것이었다. 그만큼 구입 부담이 내려갔다.

기부 방식도 바꿨다. 1+1 기부는 정해진 물품만 기부할 수 있다는 제약이 있었다. "기존 기부 방식 대신 제품을 사면 그 금액의 일부를 포인트로 제공했어요. 그리고 그 포인트를 고객이 아니라 후원 대상 아이들에게 줬어요. 그 포인트로 저희 쇼핑몰에서 필요한 물건을 살 수 있게 한 거죠. 보다 많은 아이들에게 그들이 진정 필요한 것을 지원해줄 수 있게 됐습니다."

판매 가격은 인터넷 최저가 수준을 계속 유지했다. 거기에 포인트도 지원하다 보니, 회사 이익이 떨어지는 건 불가피했다. "마진이 줄어드는 건 어쩔 수 없습니다. 아이들 지원이 더 중요합니다."

Q | 지원 대상은 어떻게 선정하나요?

A | 사회공헌단체 등에서 소개를 받은 후 자체 기준에 따라 선정합니다. 저소득층 가정의 아이들 중에서도 엄마의 돌봄을 받기 어려운 조손, 편부 가정의 아이를 주로 돕습니다.

물품 외에 올바른 생리대 사용법 같은 교육도 제공한다. "그날이 오면 학교도 가지 않고 집에 틀어박혀 있던 아이가 기억에 남아요. 지금 그 아이는 그날이 와도 맘껏 학교에 갑니다. 지원 덕분에요. 정말 뿌듯합니다."

| 월경컵으로 성장 2라운드를 열다 |

성장 2라운드는 월경컵에서 왔다. 월경컵은 '종'처럼 생긴 실리콘 컵으로, 인체에 삽입해 여러 번 사용할 수 있어서 경제적이고, 세척할 수 있어서 위생도 담보할 수 있다. "일회용 생리대의 부작용을 호소하는 분들이 많아요. 최근 생리대에서 검출된 라돈 공포도 불거졌고요. 우리나라에선 아직 생소하지만 외국에선 이미 월경팬티와 월경컵이 생리대 대용으로 주목받아왔습니다."

처음 국내 생산 업체를 찾다가, 찾지 못해 미국의 한 업체와 수입 계약을 체결했다. 그걸로 끝이 아니었다. 몸에 직접 닿는 월경컵은

'의약외품'으로 분류되어 있어 식약처 품목 허가가 필요했다. 이게 가장 힘들었다. 외국에선 학술지 등재 사례가 나올 만큼 일반화되었지만, 한국에선 아직 생소해 허가를 받기까지 1년이 걸렸다.

정말 힘들었지만 그렇게 해서 내놓은 보람이 있었다. 초반 회사 매출의 70%가 월경컵에서 나왔다. 가장 큰 비결은 가격이다. 제품 가격을 2만~4만 원 사이에서 책정했다. 월경컵은 우리나라 식약처 평가 기준으로 2년까지 사용 가능한데, 비슷한 제품을 10년까지 사용하는 나라도 있다. "한 달 생리대 구입 비용이 3만 원 정도 됩니다. 연간으로 계산하면 30만 원을 훌쩍 넘죠. 그에 비하면 월경컵은 비교할 수 없게 부담이 작습니다."

찜질팩, 위생팬티 등으로 판매 상품을 계속 다양화하고 있다. "안전성을 제1원칙으로 삼고, 믿을 만한 제품을 계속해서 제휴하고 있습니다. 직접 테스트를 거쳐 안전성 등이 확인되면 판매에 들어갑니다."

자체 개발 및 출시도 한다. "있으면 좋은데 없으면 만드는 거죠. 괜찮은 일회용 팬티라이너를 찾기 어려워 최근 전문 업체와 손잡고 새 제품을 내놨습니다. 이런 식의 콜라보를 계속할 계획입니다."

Q | 창업하는 데 두려움은 없었나요?

A | 여자라면 누구나 안고 있는 문제였어요. 잘할 수 있다는 자신감이 있었죠. 새로 도전하는 데 희열을 느껴요. 식약처 심사를 통과할 때도 난관이 많았지만 그 과정을 즐기려고 노력했어요. 도중에 포기했다면 월경컵 출시는 불가능했겠죠. 관문이 어려울수록 통과할

때 기쁨도 커집니다. 직장인일 때는 여기저기 아픈 곳이 많았어요. 지금은 그때보다 훨씬 많이 일하는데도 아픈 곳이 없어요. 365일 일해도 좋고, 내일이 오는 게 좋아요. 여자들의 문제를 해결해보자는 목표도 열심히 일할 수 있는 동력 중 하나예요.

Q | 창업하기 전 어떤 경험이 도움이 되던가요?

A | 프랜차이즈 기업에 있으면서 창업부터 폐업까지 흐름을 지켜봤던 거요. 내가 직접 하지는 않았지만 간접 경험은 충분히 한 거죠.

Q | 창업하고 보니 아쉬운 점이 있나요?

A | 내가 하는 일에 대한 지식이요. 전공자 수준의 화학 지식을 갖추지 못한 게 아쉽습니다. '의약외품'을 다루려면 수입 관리, 심사 통과 등을 위한 화학 지식이 필요합니다. 지식이 충분했다면 월경컵을 좀 더 빨리 출시할 수 있었을 텐데, 뒤늦게 공부해서 따라가려니 시간이 많이 걸렸습니다.

Q | 창업하는 분들께 조언할 부분이 있나요?

A | 다양한 모임을 적극 활용해보세요. 자기 일만 열심히 하면 된다고 생각했는데 지나고 보니 아니더라고요. 비슷한 사람과 네트워킹하면 얻는 게 분명 생겨요. 저도 처음부터 다양한 모임에 활발히 참여했다면 도움을 많이 받았을 거예요.

세상에서 가장 쉬운
회계 애플리케이션

머니핀, 김홍락 대표

혼자 할 수 있는 세무회계 서비스 출시
세무사 비용 연 199만 원 절감 효과

'머니핀'은 세무회계 분야에 특화된 '핀테크' 스타트업이다. IT 기술로 기업의 금융 관련 업무를 혁신해, 회계 담당자들의 고민을 해결하고 있다. 20년 회계사 경력의 김홍락 대표가 창업했다.

| 입력만 하면 실시간 재무제표가 눈앞에 |

머니핀은 스몰 비즈니스(small business)와 스타트업들을 위해 '하루 1분 모바일 회계관리' 애플리케이션을 서비스한다. "세무회계는 전문가의 영역으로, 어렵고 복잡하다는 인식이 지배적인데요. 머니핀은 누구나 쉽게 접근할 수 있는 세무회계 서비스를 지향하고 있습니다."

단순 매출 관리나 세무대리 수준을 넘어선다. "애플리케이션에 매출, 비용 등 내역을 입력하면 시스템이 자동으로 거래를 확인해 성격에 따라 분류해줍니다. 이후 분류된 거래를 바탕으로 회계장부, 재무상태표, 손익계산서 등 각종 리포트를 실시간으로 작성해 보여주고, 자동으로 세금 계산 같은 회계 처리를 수행합니다. 사용자는 애플리케이션을 열어 숫자를 입력하고 나오는 결과만 받아보면 됩니다. 추가로 실시간 양방향 세무대리도 제공합니다. 의문점이 있으면 저희 센터로 연락해 전문가의 조언을 들을 수 있습니다."

| 애플리케이션 개발하는 회계사 |

김 대표는 회계사 시험 합격 후 KPMG 삼정회계법인에서 회계사 업무를 시작했다. 이후 진로발렌타인즈로 옮겨 회계팀장을 맡았다. "진로발렌타인즈가 외국계 기업이라, 본사에 글로벌 리포팅할 일이 많았습니다. 그 과정에서 다양한 회계 프로그램들을 다뤄볼 수 있었습니다. 지금 하는 서비스를 위한 기초 공부를 그때 한 셈이죠."

회계팀장 경력이 어느 정도 쌓이자 창업 대열에 뛰어들었다. "내 일을 하고 싶다는 꿈을 실현하기로 했습니다."

알던 회계사 동료들과 회계법인을 차려 대표 회계사를 맡으면서, 개인적으로 신규 창업자를 위한 서비스를 개발해 출시했다. "창업해서 법인을 설립하는 데 어려움을 겪는 분들이 많은데요. 온라인으로 비용을 들이지 않고 쉽게 법인을 설립할 수 있는 '법인설립 마법사' 서비스를 개발했습니다. 회계사무소 영업에 도움이 될까 해서 만든 건데요. 입소문을 타면서 생각 외로 많은 분이 이용해주셨습니다."

당시 네이버 '키워드 마케팅'을 적극 활용했다. '법인 설립 방법' 같은 관련 검색어를 입력하면 '법인설립 마법사'기 뜨도록 한 것이다. "2009년 기준 우리나라 신설 법인의 3.3%가 저희 서비스를 거쳐 설립됐습니다. 정말 뿌듯했습니다. 일종의 소명의식까지 생기더라고요. 곧 '내 서비스를 이렇게 많이 이용해주는구나. 무척 재미있네? 나와 잘 맞는다. 이 길로 계속 가보자.' 하는 생각이 들었습니다. 본격적인 스타트업을 해보기로 결심한 거죠."

창업자들의 고민을 해결하는 서비스를 하고 싶어 창업자들의 가장 큰 고민이 뭘까 생각했다. "법인설립 마법사를 통해 막 창업한 사업주들에게 물었더니, 법인 설립하고 나면 사무실 구하는 것과 회계 처리하는 게 가장 큰 고민이라고 하더라고요. 세무회계는 제 전문이잖아요? 그래서 쉬운 세무회계 관리 시스템을 개발하기로 했습니다."

Q | 창업자들은 회계적으로 어떤 리스크를 안고 있나요?

A | 통장 잔고만 보면서 사업하는 분이 많습니다. 그러면 생각지도 못한 부분에서 비용이 줄줄 새는 걸 알아차리지 못하게 됩니다. 가랑비에 옷 젖는 줄 모르는 거죠. 비용 처리를 제대로 하지 못하면 실제 이상으로 소득이 잡히면서 과도한 소득세를 내는 경우도 나오죠. 이걸 막으려면 은행계좌, 홈택스, 세금계산서, 카드사용내역 등을 따로따로 보면서 하나하나 확인하고 관리해야 합니다. 하지만 회사를 운영하며 다른 신경 쓸 일도 많은데, 회계까지 일일이 챙기기 어렵죠. 그 관리를 누군가 해주면 좋지만 담당하는 직원이 없으면 어렵습니다.

Q | 세무사에게 맡기면 되지 않나요?

A | 세무사가 회사의 일상 관리까지 챙길 수는 없습니다. 주기적으로 세금 계산해주는 것 이상의 서비스를 기대하기 어렵죠. 차선책으로 세무회계 소프트웨어를 쓰면 되지만 내용이 너무 어려워요. 결국 담당 직원을 두지 않으면 일상 관리는 어렵습니다.

| 쉬운 서비스 고민하다 철인3종경기 출전 |

'누구나 쓸 수 있는 쉬운 프로그램'을 만드는 것은 말처럼 쉽지 않았다. "이 분야를 통달하고 완벽히 이해하고 있어야 누구나 쉽게 쓸 수 있는 쉬운 프로그램을 만들 수 있습니다. 어떻게 만들어야 할지 정말 고민을 많이 했습니다. 저는 몸을 움직여야 생각이 잘 정리되는 스타일입니다. 한강을 걸으면서 고민하다가, 어느새 마라톤을 하더니 철인3종경기까지 하는 지경에 이르렀습니다. 수영 3.8km, 사이클 180km, 마라톤 42.195km를 뛰는 철인3종경기를 우리나라에서 3,823번째로 완주했습니다. 그만큼 고민을 오래 했다는 방증이겠죠."

오랜 고민 끝에 어렵고 복잡한 회계 로직은 모두 숨기기로 했다. 모바일 환경에 맞춰 단순하게 직관화하면서, 어려운 입력창과 메뉴는 가급적 넣지 않기로 했다. "외국에 이미 나와 있는 서비스도 참고했습니다. 이용자는 거래 내역 입력만 하면 됩니다. 남은 회계 관리는 애플리케이션이 자동으로 처리합니다. 사실 사용자는 각종 계산 과정을 알 필요가 없어요. '내가 얼마의 매출을 내서 얼마를 비용처리

머니핀으로 실시간 재무제표를 확인하는 모습

받아 얼마의 세금을 내면 되는지'만 실시간으로 확인하면 되는 겁니다. 그러면 회계관리를 위해 전담 인원을 두거나 따로 교육받을 필요가 없습니다. 소규모 사업자에게 가장 적절한 방식이죠."

실시간 재무제표 확인, 세액 계산 같은 일반 서비스는 애플리케이션에 가입만 하면 무료로 이용할 수 있다. 세금 신고 대행 같은 세무 대리는 월 4만 원(법인 6만 원)이면 서비스받을 수 있다. "일반 회계사나 세무사와 비교해 훨씬 저렴합니다. 연간 199만 원의 비용 절감 효과가 있는 것으로 추산하고 있습니다."

출시 2년 만인 2019년 말 가입자가 1만 명을 넘어섰다. "가입자 80%가 1인 기업입니다. 출시 전 타깃으로 했던 고객군이 그대로 적중한 겁니다." 2019년 말 기준 300만 건, 7천억 원 규모의 회계 처리가 진행되었고, 유료 서비스인 '부가세 신고 대행'의 재구매율은 90%가 넘는다. "내 사업의 재무제표가 생겼다는 것만으로 행복해하시는 분이 많습니다. 이제는 다른 서비스로 갈아타려 해도 못 하게 됐다고 말씀해주시는 분도 많습니다. 저희더러 '제발 사업 번창하셔서 서비스 중단되지 않게 해달라'고 부탁을 하시더군요. 세무사의 일 처리가 답답해서 직접 회계를 공부해볼까 생각하다가 저희 서비스 접하고 나서 안심하게 됐다는 분도 계세요. 이런 얘기 들을 때마다 너무 뿌듯하고 기분이 좋습니다."

| 세무회계 분야 유니콘이 목표 |

Q | 창업자들에게 회계관리와 관련한 조언을 해주세요.

A | 세무회계는 어렵고 복잡해서 '전문가가 해주는 것'이라고 생각하는 창업자들이 많은데요. 세무회계 관리는 대표 본인이 직접 해야 합니다. 사업의 내용을 누구보다 잘 알고 있기 때문인데요. 세무사는 숫자 취합만 해줄 수 있을 뿐, 숫자를 통해 사업적 인사이트를 제공할 수는 없습니다. 대표가 일일이 숫자를 넣고 취합하란 얘기가 아닙니다. 전문가의 도움을 받아 그 내용을 직접 분석하란 거죠. 대표 스스로 세무회계 관리를 하다 보면 숫자에서 새로운 인사이트를 뽑아낼 수 있습니다. '어떤 분야에서 과도한 비용이 발생하니 그 부분을 줄이고 다른 수단을 강구하자.' 식의 인사이트죠.

공유오피스 '하우투비즈센터' 사업도 운영한다. "초기 창업자를 위한 종합 서비스를 구축하는 게 꿈입니다. 법인 설립부터 회계, 사무공간 마련까지 창업을 위한 모든 서비스를 제공해드리는 거죠."

Q | 앞으로의 비전은 무엇인가요?

A | 회계는 기업의 활동을 표현하는 언어입니다. 저희 서비스를 통해 회계가 사업자들에게 일상이 되면 좋겠습니다. 사업자들이 자연스럽게 회계 전문가가 될 수 있도록 서비스를 업그레이드해나가겠습니다. 페이스북이나 블로그에 일상을 기록하는 것처럼 저희 애플리케이션에 매출 일상을 기록하고 정리하면서 사업에 도움을 받으시면 좋겠습니다. 고객과 함께 크는 서비스가 되겠습니다.

Q | 어떤 가치의 기업을 지향하나요?

A | 북미와 유럽 등 회계 선진국을 보면, 저희 머니핀 같은 소규모 사업자를 대상으로 하는 '간편 회계 소프트웨어'가 활성화되어 있습니다. 웹이나 모바일로 서비스에 접속해 실시간으로 세무회계를 처리하는 거죠. 단순·반복 작업이 자동으로 처리되니, 회계사들은 본연의 전문 영역인 컨설팅에 집중할 수 있습니다. 북미와 유럽은 사업자의 45%가 소프트웨어로 세무관리를 한다는 통계가 있습니다. 덕분에 북미나 유럽에는 유니콘이 된 간편 회계 서비스 업체가 많습니다. 한국에선 저희가 그 자리를 차지하고 싶습니다. 꼭 업계 선두가 되겠습니다. 그러면 우리나라 회계사들도 컨설팅에 집중하게 되면서 건강한 세무회계 생태계가 조성될 수 있을 겁니다.

기술을
돈으로 바꿔라

엑스레이로 미세먼지 없는
깨끗한 세상을 만드는 교수님

어썸레이, 김세훈 대표

탄소나노 튜브 활용해 엑스레이 튜브 세계 첫 개발
아이디어로만 22억 원 투자 유치

누구나 부러워하는 삼성장학생 자리를 박차고 나와, 한성과학고와 서울대 공대 출신을 모아 창업에 나선 사람이 있다. 일본 수출 규제에 맞서는 국산화 기업인으로도 주목받고 있다. 기술력에 반해 아이디어만으로 22억 원을 투자받았다. 엑스레이를 이용해 '미세먼지 제로'에 도전하는 '어썸레이' 김세훈 대표 이야기다.

| 엑스레이 방출 전구 혁신 |

어썸레이는 우리가 신체 속을 볼 때 활용하는 '엑스레이'를 방출하는 장비를 만드는 업체다. 엑스레이 방출은 전구가 빛을 내는 것과 원리가 같다. 일반 전구가 가시광선으로 내 주변을 환하게 밝히는 것처럼, 엑스레이 튜브(전구)는 엑스레이를 방출한다. 전구는 종류마다 빛의

밝기와 파장이 다른데, 스마트 LED 전구는 하나의 전구로 다양한 밝기와 파장을 낼 수 있다. 어썸레이가 개발한 것이 바로 스마트 LED 전구 같은 '스마트 튜브'다. 엑스레이도 그 종류가 다양한데, 어썸레이의 스마트 튜브는 하나의 튜브로 다양한 파장의 엑스레이를 방출할 수 있다.

크기와 효율도 혁신적이다. 엑스레이 튜브로 엑스레이를 방출하려면 매우 높은 전압이 필요해서, 가동하는 과정에서 일반 전구와 비교할 수 없을 정도의 고온이 발생한다. 그래서 열을 식힐 수 있는 냉각기가 반드시 필요하고, 어쩔 수 없이 튜브의 부피가 커지게 된다. 반면 낮은 전압과 온도에서 다량의 엑스레이를 낼 수 있으면, 사용 효율이 높아지고 냉각기가 필요 없어져 부피를 줄일 수 있다.

어썸레이는 이 모든 것이 가능한 소재를 찾아냈다. 바로 '탄소나노 튜브'라는 것이다. 어썸레이는 이 소재를 활용한 엑스레이 튜브를 세계 최초로 개발했다. 기존 엑스레이 튜브는 가장 작은 게 팔뚝만 한 데 반해, 어썸레이의 엑스레이 튜브는 냉각기가 없으니 새끼손가락 한 마디 크기면 충분하다. 그만큼 전기도 적게 들어 효율이 매우 높다.

이 엑스레이 튜브 개발 과정에서 의외의 수확이 생겼다. 일본의 수출 규제에 맞서 소재·부품 국산화 기업으로 주목받은 것이다. 품질 좋은 철강 자재는 판 전체의 두께가 균일해야 한다. 갓 나온 뜨거운 철강 자재는 일반 장비로는 그 두께를 재기 어렵기 때문에 엑스레이를 사용해 잰다. 엑스레이가 자재를 통과하는 찰나의 시간에 두께를 측정하는 것이다. 이 엑스레이 측정 장비는 지속적으로 뜨거운 열에 노출되면 파손될 위험이 있다. 이를 막기 위해 보호 부품을 덧대는데, 생산이 까다로워 일본 도시바에서 개당 400만 원에 전량 수입해오곤 했다. 포스코 광양 라인에서만 연간 100개 이상 수입해 썼다. 어썸레이는 엑스레이 튜브 개발에 필요한 부품을 만들다가 이 보호 부품을 만드는 기술을 확보한 것이다. 이후 일본의 수출 규제를 계기로 포스코 협력 업체로 등록되어, 도시바 제품보다 100만 원이 더 싼 300만 원에 부품을 공급하게 되었다. 자체적으로 필요한 기술을 개발하다가 부가 수입이 발생한 셈이다.

| 대형 공기청정기에 첫 응용 |

어썸레이는 엑스레이를 방출하는 소재를 찾아 튜브를 생산한 뒤 응용 제품까지 제작하는 일관생산체제를 갖췄다. 엑스레이 장비를 만드는 업체에서 엑스레이 튜브 공급 의뢰가 들어오지만 모두 거절하고 있다. 단순 튜브 공급 회사에 머물지 않고, 최종 제품 생산 업체까지 도약하는 게 목표이기 때문이다. 첫 번째 내놓을 제품은 공기청정기다.

원자는 +극의 원자핵과 −극의 전자로 구분된다. 엑스레이선은 이 전자와 반응한다. 전자의 밀도가 매우 높은 곳에 엑스레이를 쏘면 팅겨 나가는 반면 전자 밀도가 낮은 곳은 그대로 통과한다. 우리 몸 중에 전자 밀도가 높은 곳이 뼈이기 때문에 엑스레이를 쏘면 팅겨 나와 하얗게 표시되는 것이다. 반면 살은 엑스레이가 그대로 통과해 까맣

게 표시된다. 뼈 외에 몸 속 이물질도 전자 밀도가 높아서 하얗게 표시된다. 이러한 원리로 엑스레이로 몸을 찍어보면 어디가 이상한지 알아챌 수 있는 것이다. 의료 분야 외에 공항의 보안검색 장치 등에도 엑스레이가 쓰인다. 금속물질같이 전자 밀도가 높은 물건은 선명하게 표시되기 때문에 위험한 물건을 찾아낼 수 있다.

어썸레이는 엑스레이가 전자와 반응하는 성질을 이용해 공기청정기를 개발했다. 대형 공기청정기가 더러운 공기를 빨아들이는 부분에 약한 엑스레이를 지속적으로 쏘면, 엑스레이가 미세먼지의 전자와 반응해 정전기가 발생한다. 그러면 미세먼지가 어디엔가 달라붙으려 하는데, 이 단계에 집진판을 설치해놓으면 먼지가 그곳에 달라붙어서 떨어지지 않는다. 그렇게 관을 통과하고 남은 깨끗한 공기를 바깥으로 배출하는 게 엑스레이를 활용한 공기청정기의 원리다.

Q | 공기청정기에서 엑스레이선이 새어 나가 사람에게 피해를 줄 가능성은 없나요?

A | 전혀요. 아크릴판도 뚫지 못하는 아주 약한 엑스레이선을 이용합니다. 선량계로 측정조차 안 되는 수준이죠. 그마저도 보호 소재로 꽁꽁 둘러싸서 피폭 위험이 전혀 없도록 했습니다.

일반 공기청정기는 오존이 발생하거나 여러 장의 필터를 써야 하는 등의 단점이 있다. 엑스레이 청정기는 필터를 쓸 필요가 없고 오존 문제도 없다. 집진 효율도 기존 제품과 비교할 수 없을 정도로 좋다. 일반 공기청정기는 더러운 공기를 한 번 통과시키는 정도로는 오

어썸레이의 공기청정기 시제품

염물질을 10% 정도만 제거할 수 있기 때문에, 공기가 수차례 공기청정기를 드나들어야 비로소 깨끗해진다. 반면 엑스레이 공기청정기는 한 번 통과시키는 것만으로도 오염물질을 50~75% 제거한다.

가정용보다는 기업이나 정부, 공공기관에 공급하는 대형 제품 위주로 생산할 계획이다. "대형 공기청정기는 가격이 대당 2,500만 원 정도로 가정용보다 수익률이 훨씬 높아서 이 시장부터 공략할 계획입니다." 지하철 역사, 버스 정류장, 공공흡연구역 등이 대표적이다. 미세먼지 등의 오염물질 관리 기준이 강화됨에 따라 효율 높은 대형 공기청정기에 대한 공공 수요가 계속 커지고 있어서 기대감이 크다.

코트라(KOTRA) 지원을 받아 해외 진출도 준비하고 있다. "중국 등의 나라들과 관련 협상을 하고 있습니다. 실증 데이터가 확보되는 대로 본격적으로 공급할 계획입니다." 공기청정기 외에도 엑스레이 튜브를 활용한 제품을 지속적으로 내놓을 예정이다. "여러 기업들과 조인트 벤처(joint venture) 형태로 추진할 계획입니다."

| 삼성 장학생 박차고 창업 |

김 대표는 한성과학고를 나와 서울대 재료공학과에 입학했다. 전공 공부가 재밌어 같은 학교에서 '삼성전자 산학장학생' 신분으로 박사 과정까지 마쳤다. 졸업 후 삼성전자에서 일하는 조건으로 학비 전액 과 생활비를 지원받았다.

그런데 누구나 부러워할 자리를 졸업 전에 스스로 박차고 나왔다. "안 맞더라고요." 입사 전 사전 설명회 때 들은 말이 그 이유였다. '전 공과 다른 일을 할 수도 있다'는 이야기였다. "다른 일을 할 각오가 돼 있었어요. 공대생치고는 사회성이 좋은 편이라 기술영업 쪽에도 관심이 있었죠. 그런데 대놓고 '다른 일을 할 수도 있다'는 말을 들으 니 '내 전공을 평생 살리지 못할 수도 있겠다'는 생각이 들더라고요. 미련 없이 관두기로 했습니다."

그동안 삼성전자에서 지원받았던 5천만 원을 모두 토해내고, 1인 기업을 차렸다. 기업 의뢰를 받아 재료 분석 등을 해주는 일이었다. 어렵지 않게 억대 연매출을 올렸다. 따로 돈이 더 필요하면 주말에 학원 아르바이트를 했다. "혼자 먹고사는 건 문제 없겠더라고요. 하 지만 스케일업에 한계를 느꼈습니다."

고민하던 차에 함께 한성과학고를 거쳐 서울대를 나온 동기 3명 이 제안한 사업에 합류했다. AI 기반 맞춤형 수학 교육 플랫폼이었다. 고교생이 모의고사 결과를 입력하면 약점을 찾아 최적화된 문제를 보내주는 솔루션이었다. 열심히 공부하는 학생이 평생 푸는 수학 문 제가 3천 개가 안 된다고 한다. 그런데 서버에 5만 개의 문제를 확보해두었다. 토익 등 다른 과목으로 확대하고 참고서도 출시하면서 꽤 자리를 잡았다.

하지만 마음 한 켠에 있는 아쉬움이 사라지지 않았다. "전공이 정말 좋아서 박사까지 땄어요. 그런데 교육 플랫폼은 제 전공을 활용한 일이 아니었어요. 전공을 살릴 수 있는 다른 아이템을 찾고자 회사를 나왔습니다."

학교에서 연구를 하면서 엑스레이 장비를 자주 썼던 생각이 났다. "기계나 전자 공학 전공자에게 기존 장비에 대한 아쉬움을 많이 전해 들었어요. 효율이 좋지 않다는 거죠." 그 말을 듣고 '소재를 바꾸면 될 텐데…' 생각을 했던 기억이 났다. 소재를 전공한 사람이라서 할 수 있는 생각이었다. 실행에 옮겨보기로 했다.

2018년 1월 혼자 개발에 들어가 몇 번의 시행착오를 거쳐 시제품 개발에 성공했다. 기존 튜브와 다른 소재를 써서, 낮은 온도에서도 다량의 엑스레이를 낼 수 있는 엑스레이 튜브 개발에 성공한 것이다. 상품성에 확신을 갖고 대학 연구실에서 함께 공부한 후배와 동창을 모아, 그해 7월 사업자를 냈다. 이후 애널리스트로 일하던 친구가 CFO로 합류했고, 부산에서 30년 이상 엑스레이 튜브 만드는 일만 했던 전문가도 시제품만 보고 합류했다.

투자자도 줄을 섰다. 카카오와 서울대가 7억 원을 냈고, 신용보증기금 설비 자금, 팁스(TIPS) 지원도 받았다. 그렇게 시제품 단계에서 투자받은 것만 총 22억 원이다. 완제품이 나오지 않았는데도 투자가 줄을 이은 것이다. 다른 기업에는 여럿 붙는 투자 조건이 김 대표에게는 붙지 않았다. 딴 생각 말고 회사 일에 매진하란 말만 들었다.

| 기술이 세계 최고의 자부심 |

Q | 창업 전 도움이 된 경험이 있나요?

A | 서울대에서 학생들을 상대로 기술사업화 강의를 5년째 하고 있습니다. 박사학위를 딸 때 지도해주신 교수님의 강의를 일임받은 겁니다. 가르치는 일이지만, 역으로 제가 큰 도움을 받고 있습니다. 창업에 필요한 특허, 소송, 투자유치 등의 전문가를 일일강사로 모시는 경우가 많았거든요. 강의 실적도 좋았습니다. 수업을 들었던 학생들 가운데 3개 팀이 실제로 창업하기도 했고요. 제 회사에 합류해 있는 제자도 있습니다.

Q | 지금까지 잘해온 비결이 있나요?

A | 사전에 치밀하게 준비한 거요. 본격적으로 사업자를 내기 전에, 코파운더로 합류할 3명의 친구를 제가 맡고 있는 수업에 조별 멘토로 2년간 넣은 적이 있습니다. 조를 짜서 사업계획서를 만들어 발표하는 과정 등에 참여시켜 창업 연습을 시킨 거죠. 또 법인 설립 전부터 매주 회의를 하면서 개발과 마케팅을 위한 브레인스토밍도 했습니다. 그런 준비가 사전 시행착오를 많이 줄여준 것 같습니다. 한 가지 덧붙이자면 서비스 아이디어만 갖고 하는 창업은 그렇게 좋아 보이지 않습니다. 반드시 원천기술이 있어야 합니다. 저는 제가 하는 분야만큼은 세계 최고라고 자부합니다. 어딜 가든 안 밀릴 자신이 있습니다. 제 전공이 연구로 끝나지 않고 사업화돼서 실제로도 쓰이는 걸 보는 게 너무 즐겁습니다.

Q | 더 좋은 경영자가 되기 위해 갖추고 싶은 능력이 있나요?

A | 장기 전략을 짜는 능력이 부족한 것 같습니다. 어떤 걸 먼저 사업화할지, 특정 기술을 파는 게 나을지 아니면 들고 있는 게 맞을지 등등 이런 전략적 판단을 해야 할 때 부족함을 느낍니다. 이 부분은 앞으로 전문가를 모셔 맡길 예정입니다.

Q | 앞으로의 계획은 뭔가요?

A | 2023년 상장이 목표입니다. 코파운더들이 각자 사업을 하나씩 맡아서 M&A(기업의 인수 및 합병)를 해나가 회사를 키우자는 계획도 갖고 있습니다.

Q | 스타트업계에 바라는 것이 있나요?

A | 스타트업 시장에 전체적으로 돈이 많이 풀려 있습니다. 한편에서는 거품이 있다는 우려가 많은데요. 기술이 바탕이 돼 있으면 이러한 거품을 줄일 수 있습니다. 기술 기업이 많이 나오면 좋겠습니다. 특허 보유 및 이전 등 대학의 역할이 확대되는 것도 중요한 것 같습니다.

따라 하기 지겨워 현대차 나왔다, 벤츠·BMW가 반한 기술창업

MH기술개발, 유진호 대표

전기차 냉각수 관로 혁신
기존에 없던 파이프 제작 기술

창업하기 가장 어려운 분야 중 하나가 자동차 산업이다. 규모가 워낙 큰 데다 신기술을 적용하는 데 오랜 시간이 걸려 스타트업이 성과를 내기가 쉽지 않기 때문이다. 'MH기술개발'의 유진호 대표는 현대자동차 연구원 출신으로, 10년 이상 야전에서 갈고닦은 기술을 바탕으로 자동차 분야 기술창업에 성공했다.

| 글로벌 대기업이 주목하는 기술 |

MH기술개발은 전기차의 열을 식히는 공정을 담당한다. 배터리, 반도체 등 전기차를 움직이는 주요 부품은 고열이 발생하는 태생적인 한계를 갖고 있다. 휴대폰을 오래 사용하면 열이 발생해 뜨거워지는 것과 비슷하다. 전기차 열 관리에 실패하면 차량 운행이 중단되거나 심할 경우 화재가 발생할 수도 있다.

전기차의 열을 식히는 역할은 냉각수 관로가 담당한다. 배터리, 반도체 등 주요 부품별로 냉각수가 흐르는 관을 설치해 열을 식히는 것이다. 소재는 주로 알루미늄이다. 알루미늄은 열 전도율이 좋아서 뜨거운 열을 금방 흡수하면서 냉각수의 차가운 온도를 전기차 부품에 전달해 온도를 낮춘다.

MH는 이 냉각수 관로를 혁신했다. 기존 관로는 반원 모양의 상판과 나머지 반원 모양의 하판을 접합하는 방식이다. 그러면 둥근 파이프 모양이 나와서 냉각수가 흐를 수 있다. 그런데 이는 완벽한 방식이 아니다. 조립에 많은 부품이 들어가고 접합한 틈 사이로 냉각수가 샐 위험도 있기 때문이다.

MH는 처음부터 둥근 파이프 모양을 뽑아내는 기술을 개발했다. 그러면 굳이 상판과 하판을 따로 만들어 접합할 필요가 없고, 일체형이니 냉각수가 샐 위험도 없다. 기존 기술로는 만들지 못했다. 알루미늄 소재를 사용해 균일한 크기로 견고한 관로를 뽑아내는 게 쉽지 않기 때문이다. 일체형 관을 뽑아내려고 시도하면 곳곳에서 모양이 찌그러지는 등 난관이 많다.

MH는 일단 둥근 관 모양을 만든 뒤 빈 공간에 강한 압력으로 특수 충전재를 꽉 채워서 관을 단단하게 만들었다. 이후 특수 충전재를 빼내면 균일하고 견고한 관로가 만들어진다. 기존에 없던, 세상에 처음 나온 기술이다. 이 기술과 관련해서 지금까지 확보한 특허 등 지적재산권이 81건이다.

이 기술이 개발되자 많은 완성차 업체와 전기 배터리 제조 업체들이 주목했다. 이미 국내 전기차 관련 대기업 2곳과 기술용역 계약을 체결했다. 양산 개발이 완료되는 대로 납품된다. 2020년 4분기부터 매출이 발생할 것으로 기대된다. 해외에선 벤츠, BMW 등 독일 완성차 3사와 2019년 1월 기술용역 계약을 체결했다. 아직 제대로 선보이지 않았는데도 나타난 성과다. 본격적인 마케팅을 하면 보다 많은 제휴가 이뤄질 것으로 보인다.

2020년 말쯤에서야 양산되는 이 기술을 가지고 창업한 지도 벌써 4년이 지났다. 연구·개발에 들어가 양산에 이르기까지 5년 정도 시간이 필요했던 것이다.

Q | 매출이 나기까지 너무 오랜 시간이 걸리는 것 아닌가요?

A | 자동차 업계에서 기존에 없던 기술을 개발해 모델에 적용하기까지 보통 10년이 걸립니다. 저희는 4년 전 개발을 시작해 이제 양산 적용을 앞두고 있으니 비교적 빠른 편입니다.

2020년까지 매출이 발생하지 않지만 들어가는 비용은 많다. 시드투자, 국가 기술 사업비 지원, 국가 보증 저리 대출 등으로 개발비와 운영비, 공장건설비 등을 충당했다. 기술력을 인정받아 지원 자금의 절반은 상환할 필요 없는 순수 지원금이다. "국가가 든든한 후원자가 돼준 셈입니다. 좋은 기업이 돼서 사회에 진 빚을 갚아야죠."

MH기술개발의 투자자들은 대기업들과 맺은 계약에 주목하고 있다. MH기술개발의 매출 목표는 2025년 1천억 원이다. 이야기된 계약만 진행되어도 충분히 달성 가능한 매출이란 게 유 대표의 설명이

MH기술개발 유진호 대표

다. "지켜보십시오. 우리나라에서도 독자 기술에 기반한 제대로 된 부품 업체 하나가 나오는 겁니다."

| '내 것 해야겠다'며 현대차 나와 |

대학에서 전자공학을 전공하고 1993년 현대자동차 엔지니어로 들어가 자동변속기 개발 등에 참여했다. 보람이 느껴지지 않았다. "당시만 해도 현대차의 기업 수준이 선진 기술을 들여와 우리 입맛에 맞게 국산화하는 정도에 그쳤습니다. 그냥 앞선 회사들을 따라가는 일밖에 안 된 거죠. 어느 순간 절망감까지 들었습니다. 저는 사실 '내 기술을 개발해서 수출도 하고 싶다'는 꿈이 있었거든요. 꿈을 이루기 위해 사업을 해야겠다 결심했습니다."

일딘 마케팅을 배워야겠다고 생각했다. 좋은 기술도 잘 팔려야 빛을 보기 때문이다. 마침 한 외국계 회사에서 엔지니어링 세일즈 담당으로 영입 제안이 왔다. 주저하지 않고 사표를 내고 회사를 옮겼다.

기술에 대한 지식을 기반으로 제품 판매를 늘리는 일을 맡았다. 재밌었다. 생각보다 긴 시간 동안 세일즈 일을 했다. 10년 이상 텍사스 인스트루먼트, 인피니온코리아, 마그나 등 글로벌 기업을 옮겨 다니며 일했다.

Q | 창업을 결심하고 너무 오랜 시간을 그냥 흘려보낸 것 아닌가요?

A | 자동차 산업은 규모가 장대하고 기술 교체 주기가 무척 길다는 특성이 있습니다. 기술 하나 자리 잡는 데 대규모 투자와 오랜 개발 시간이 필요하죠. 신규 창업자가 그걸 감당하는 건 무척 어렵습니다. 일단 주어진 일에 충실하면서 패러다임 전환 시점을 살폈습니다. 그때 작은 기업도 경쟁을 해볼 수 있는 기회의 문이 열리거든요.

2014년 드디어 때가 왔다는 생각이 들었다. 테슬라가 히트를 치면서 전기차 시대가 본격적으로 개막한 것이다. "사실 전기차가 최근에 개발된 게 아닙니다. 150년 전에 개발됐죠. 다만 내연기관 차와 비교해 효율이 좋지 못해 오랜 기간 사장됐을 뿐입니다. 하지만 꾸준한 기술 개발로 효율이 많이 개선됐고, 환경 이슈까지 겹치면서 자동차 업계 주인공으로 부상하고 있습니다. 거기에 자율주행이란 빅 이슈까지 등장했죠. 전기차에 자율주행까지, 자동차 업계가 대변혁 과정에 들어선 겁니다. 그 흐름에 올라타야겠다고 생각했습니다."

패러다임 변화기엔 완성차 업체들이 적극적으로 협력 업체를 찾는다. 모든 기술 변화 트렌드에 자체적으로 대응하기 어렵기 때문이다. 독자 기술이 있으면 작은 기업도 시장 경쟁력을 가질 수 있다. 그 작지만 강한 기업이 되겠다는 게 유 대표의 목표였다.

| 무작정 찾아가 기술계약 체결 |

일단 아이템부터 찾기로 했다. 다니던 외국계 회사를 나와 한 업체의 고문을 맡으면서, 1년간 전기차와 자율주행 기술을 갖고 있는 해외 강소기업을 1천 곳 넘게 찾아 명단을 만들었다. "인터넷 서칭도 하고요. 논문도 찾아 보며 다양하게 명단을 만들었습니다." 그중 기술력과 사업성이 가장 좋아 보이는 업체 10곳을 골라 사업 제안을 했다. 그 회사 제품의 한국 내 판매를 도와주겠다는 제안이었다. 대신 기술 개발에 참여시켜달라고 했다. "창업을 위한 기술 확보 차원의 제안이었죠. 해당 업체는 영업 기반을 넓히고요. 서로 윈윈하자는 제안이었습니다."

반응이 좋았다. 10곳 중 8곳에서 만나자는 답변이 왔다. 그중 3곳과 구체적인 협의를 진행해 최종적으로 1곳과 국내 영업 계약을 맺었다. 바로 이 회사가 파이프에 특수 충전재를 넣는 기술을 확보하고 있었다. 생산 제품의 국내 판매를 대행하면서, 해당 업체의 기술을 활용해 전기차용 냉각수 관로를 공동 개발하자고 제안했다. 그런데 이건에 대한 반응은 좋지 않았다. "당시 규모에서 기업을 키울 생각이 없다고 하더라고요. 그럼 나 혼자라도 해야겠다 결심했습니다."

Q | 개발 과정에서 가장 큰 난관이 뭐였나요?

A | 기술적 백그라운드가 있고 영업 마케팅 경력을 오래 쌓았는데도 막상 창업하니 난관이 한두 개가 아니었습니다. 회사 다닐 때와 비교해 완전히 다른 새로운 세상이었습니다. 인력 확보, 자금 마련, 뭐 하나 쉬운 일이 없더군요. 그중에서 우리나라 자동차 부품 업체들이 새로운 기술을 개발하는 데 익숙지 않은 게 가장 힘들었습니다. 기술 개발을 저 혼자 오롯이 하는 건 어려워 좋은 파트너가 될 수 있는 부품 업체를 찾아야 했는데요. '재밌을 것 같기는 한데 여력이 없다.' '돈이 안 될 것 같다.' 식으로 거절하는 업체들이 많았습니다. 완성차 업체들이 넘겨주는 대로 찍어내거나, 외국에서 기술을 들여와 부품 만드는 데 익숙한 업체들이 대부분이다 보니, 기술 개발이 낯설어 선뜻 응하지 못한 거죠. 사실 부품 업체들만의 탓은 아닙니다. 평소 원가 압박이 심하다 보니 기술 개발이 어려운 태생적 한계가 있거든요. 그래서 몇 번이나 그만둘까 고민하고, 국내에서 개발을 중단하고 해외에서 찾을까 생각도 했습니다. 결국엔 오랜 시간이 걸려 좋은 국내 협력 업체를 찾긴 했지만 정말 길고 험난했습니다.

그렇게 몇 번의 고비를 지나 기술 개발을 완료하고, 지금은 대량 양산의 목전에 있다.

Q | 지금까지 버텨온 비결이 뭔가요?

A | 테슬라 창업자 엘론 머스크(Elon Musk)의 창업기를 보면, 초기 2년 간 원룸을 빌려서 먹고 자는 시간 빼고 하루 종일 일했다고 합니 다. 그러면서 숱하게 사업모델을 바꿉니다. 미친듯 일하며 다양한 시도를 해보는 거죠. 이러한 방법에 전적으로 동의합니다. 창업 초 반 작은 실패들이 큰 도움이 됐습니다. 기술 개발에 성공하기까지 숱하게 공정과 방법을 바꿔야 했죠. 그렇게 바꾸고 또 바꾸다 보니 성공에 가까워졌습니다. 사업모델의 피벗은 없었지만, 개발 공정 상의 피벗은 여러 번 한 셈입니다. 절대 포기하면 안 됩니다. 초반 실패는 약입니다. 버티면 곧 성공의 길이 보입니다.

| 사업은 네트워크 게임 |

Q | 기존에 하던 일과 연관된 아이템으로 창업하면 이점이 뭔가요?

A | 사업은 네트워크 게임입니다. 인내의 게임이고 설득의 게임이기도 하죠. 이를 모두 갖추려면 최소 10년 이상 관련 분야 내공이 필요 합니다. 창업 전에 회사를 다니며 경험을 쌓아야 하는 거죠. 호기 로운 시작도 좋지만, 대개는 자신의 부족함만 절감하고 실패하게 됩니다. 이후 조직으로 가서 부족한 부분을 보완하고 다듬어서 좀 더 절실하게 다시 도전해서 성공한 분이 많습니다. 이때 성공의 확 률은 네트워크의 깊이가 올려줍니다. 저도 많은 어려움이 있었지 만 선배들의 도움이 있어서 여기까지 왔습니다. 회사 다니며 쌓은

내공과 네트워크가 연관 창업의 최고 자산인 것 같습니다.

Q | 늦은 창업의 어려움이 있다면요?

A | 체력이요. 체력이 많이 부족한 상태에서 출발했습니다. 그래서 초반에 고생을 많이 했습니다. 결국 아침 운동을 시작했습니다. 매일 헬스장 가서 운동하고 사우나를 합니다. 일주일에 세 번은 수영도 합니다. 컨디션 조절에 많은 도움을 받고 있습니다. 술도 끊었습니다. 사업하면서 가장 좋은 것 중 하나가 원치 않는 술은 안 먹어도 된다는 것입니다. 기술창업의 장점이죠. 기술과 본질로 승부하면 술 안 먹어도 얼마든지 마케팅할 수 있습니다. 창업자는 체력이 가장 중요합니다. 사실 직원들 생각하면 쓰러질 자격도 없습니다. 집이건 회사건 어디서나 24시간 계속 일할 수 있도록 체력이 받쳐주려면 꾸준히 관리해야 합니다.

Q | 보완하고 싶은 능력이 있나요?

A | 소통 능력을 좀 더 개발하고 싶습니다. 언어는 나를 전달하는 매개체입니다. 어떻게 사용하느냐가 참 중요한데, 수많은 사람을 만나 영업도 해야 하고 투자 유치도 해야 하죠. 내가 하는 일을 잘 설명하고 설득할 수 있어야 합니다. 대내 소통도 중요합니다. 계속 개선해나가야 할 과제입니다. 대화법이나 소통법을 다루는 책을 꾸준히 읽고, 매일 아침 전 직원이 모여 차를 마시면서 최소 30분 이상 얘기 나누는 자리를 가지려 노력합니다. 지속적으로 학습하고 실천하는 방법밖에 없습니다.

10분이면 갓 구운 호텔 빵,
에어프라이어에서 힌트 얻어 히트 쳤죠

유로베이크, 레고 출신 3인방

연 매출 400억 원 제빵 기업
발효 기술로 만든 에어프라이어 전용 빵 히트

정말 좋아하는 사람과는 동업하지 말란 말이 있다. 자칫 좋은 친구를 잃는 일만 될 수 있다는 뜻이다. '유로베이크'는 2명도 아닌 3명이서 오랜 기간 동업해 연 매출 400억 원 제빵 회사로 성장한 기업이다. 세 사람이 함께한 세월이 26년이다.

| 대형마트, 호텔 빵 만드는 회사 |

유로베이크는 복진영 대표, 김동준 이사, 류광식 이사가 공동창업한 기업이다. 2020년 현재 임직원 120명으로, 2019년에는 400억 원 넘는 매출을 올렸다.

오븐에서 구우면 빵이 되는 생지(굽기 전의 빵 반죽)가 주력 상품이다. '코스트코' 등 대형마트 베이커리 코너에서 팔리는 빵 가운데 유로베이크 제품이 많다. 유로베이크가 공급한 생지를 대형마트가 오븐에 구워 손님에게 내는 것이다. "흔히 대형마트 빵으로 알고 있는 제품이 알고 보면 저희 거예요."

이디야, 엔제리너스 등 프랜차이즈 카페들도 유로베이크 생지를 쓴다. "롯데, 쉐라톤, 인터콘티넨탈, 신라 등 고급 호텔도 저희 고객입니다. 우리 생지를 빵으로 구워 뷔페 식당 등에 내놓고 있습니다."

3명의 창업자 모두 블록장난감 기업 '레고코리아' 출신이다. 레고코리아 영업기획부에서 처음 만났다. 복진영 대표가 영업기획부로 발령나면서 최고의 부서를 만들겠다며 사내에서 일 잘하기로 소문난 김동준, 류광식 이사를 데려왔다. "빼내오는 부서에서 멱살잡이까지 당해가며 어렵게 팀을 구성했습니다. 일해보니 정말 최고였고, 아주 잘 맞았습니다."

'내 사업을 하겠다'는 꿈이 있던 복 대표가 2000년에 먼저 회사를 나왔다. 입사 11년 만이었다. 운 좋게 '스테프핫도그' 국내 영업권을 가져올 수 있었다. 국내 프랜차이즈 운영권을 취득한 것이다. 곧 김동준, 류광식 이사가 합류해 스테프핫도그 국내 법인을 출범시켰다.

결과는 괜찮았다. 지점이 금세 130개까지 확대되었다. 그런데 별로 재미가 없었다. 마케팅 비용이 많이 들었고, 주주들 배당 요구를 들어주면 남는 게 없었다.

다른 일을 할까 고민하던 2006년, 스테프핫도그에 빵을 대주던 덴마크 '란트만넨'에서 국내 공급 사업 제안이 왔다. "란트만넨사에서 냉동빵을 수입해서, 국내 납품처를 찾아 공급하는 일이었죠. 새로운 기회가 되겠다는 생각이 들었습니다."

빵을 공급할 만한 곳의 리스트를 모두 뽑아 빠짐없이 문을 두드렸다. "일단 메일부터 보내고, 답변이 오면 끈질기게 찾아가 만났습니다. 처음엔 쉽지 않았습니다. '내 목 자를 물건 가져온 놈'이라면서 호텔 제과장에게 봉변당한 일도 있었습니다." 포기하지 않았다. 곧 롯데리아 포켓샌드위치 납품을 시작으로 줄줄이 공급 계약을 맺으면서 급성장했다. 냉동 생지의 간편함이 설득력을 얻으면서 고객이 계속 늘었다.

2015년 경기도 용인에 공장을 지으면서 수입 기업에서 제빵 기업으로 전환했다. "공장을 짓고 얼마 안 됐을 때는 생산효율을 내는 게 쉽지 않았습니다. 직원 간 소통 체계를 만들고 컨베이어 시스템으로 공정을 개선하니, 생산량이 2배로 늘더군요. 직원들이 미리 준비된 환경에서 작업할 수 있게 하고, 공정을 단순화하는 등 부가적인 노력도 했습니다. 지금은 주문량을 충분히 맞출 정도로 효율화됐습니다."

Q | 제조를 하게 된 계기는 무엇인가요?

A | 납품 거래를 하다 보니 생지 외에 추가 공정이 들어가는 제품 주문도 오더라고요. 초반엔 제조 시설이 없어서 외주를 줬는데요. 품질관리를 위해 직접 제조하기로 결정하고 공장을 지었습니다. 허니브레드나 크로크무슈가 대표적인데요. 베이스가 되는 빵에 각각 꿀, 햄, 치즈 등을 입히는 공정이 필요합니다. 그 과정까지 마친 반제품을 수요처에 납품하고 있습니다. 해동만 하면 바로 손님에게 낼 수 있죠. 최근 샌드위치 반제품 생산도 시작했습니다. 카페들 반응이 좋습니다.

| 제2의 도약대 된 에어프라이어 전용 빵 |

공장 건설은 B2C 시장 진입의 발판이 되었다. 대형마트, 호텔, 카페 등 업소뿐 아니라 각 가정에 직접 냉동빵을 판매하는 것이다. "B2C 시장 진출을 예전에 시도한 적이 있습니다. 가정용 오븐에 적합한 생지를 수입해서 출시한 거죠. 결과적으로 잘 안됐습니다. 우리나라 사람들이 오븐 사용에 익숙지 않기 때문인 것 같습니다. 오븐은 한 번 쓰려면 7~8분 동안 예열을 해야 하고 조리 시간도 오래 걸립니다. 성격이 급한 우리나라 사람들 성향에 맞지 않는 거죠. 결국 거의 안 팔렸습니다."

이후 한동안 B2C는 생각하지 않다가, 공장 건설을 계기로 '에어프라이어(기름 없이 뜨거운 공기로 요리하는 가정용 튀김기)를 활용하면 어떨까?' 하는 생각이 떠올랐다. "한때 품귀 현상이 생길 정도로 에어프라이어가 히트를 친 적이 있는데요. 지금은 시들해졌습니다. 몇 번 요리해보고는 사용하지 않고 애물단지가 된 거죠. 여기에 딱 맞는 생지를 내놓으면 좋겠다는 생각이 들었습니다. '에어프라이어로 굽는 빵'이라고 하면 사람들의 호기심을 자극할 수 있겠더라고요. '에어프라이어 괜히 샀다고 생각하고 있었는데, 이걸로 빵이나 만들어 먹어볼까?' 하는 호기심이요."

발효된 생지를 약간 가공해 에어프라이어에 돌려봤다. 들어갈 때는 하얀 밀가루 반죽이었는데, 꺼내보니 샛노란 빵이 되었다. "오븐에서 갓 구워낸 빵 맛이 나더라고요. '이거 되겠다!' 하는 느낌이 왔습니다. 곧바로 '에어프라이어 전용 빵' 개발에 들어갔습니다."

생지를 발효시켜 냉동 포장한 게 에어프라이어 전용 빵이다. 파이, 크루아상 등 다양한 형태로 출시하고 있다. 제품의 핵심은 '발효'다. 발효되지 않은 생지는 빵으로 만들 수 없다. 발효 과정이 어려운 건 아니다. 50분에서 1시간 정도 공기에 노출시키기만 하면 된다. 그러면 생지 속 이스트가 발효되면서, 빵으로 구울 수 있는 생지가 된다. 하지만 집에서 빵 하나 먹자고 1시간 가까이 기다리는 건 무척 귀찮은 일이다.

유로베이크는 에어프라이어에 딱 맞게 발효된 빵을 개발했다. 공장에서 미리 발효를 시켜 포장하니, 가정에서는 번거로운 발효 과정을 거치지 않아도 되는 것이다. 포장을 뜯어 바로 에어프라이어에 돌리기만 하면 갓 구운 빵이 된다. "생지는 굽는 과정에서 30~40% 커져야 가장 맛있는 빵이 되는데요. 발효가 부족하면 빵이 별로 부풀지 않으면서 맛과 부드러움이 떨어지고요. 발효가 과하면 빵이 너무 크게 부풀면서 맛이 떨어집니다. 그래서 저희는 에어프라이어에 딱 적당한 발효 수준을 찾아냈습니다. 자체 공장과 연구소가 있어서 가능했습니다."

오픈마켓 등에 제품을 내놓자 곧 소비자들의 반응이 왔다. 한 온라인 쇼핑몰에선 하루 1억 2천만 원의 매출을 올리기도 했다. "빵 중에선 유례 없는 매출이라 하더라고요. 해당 쇼핑몰이 깜짝 놀랐죠. 곧 여러 온라인 쇼핑몰에서 입점 요청이 왔습니다." 반복 구매하는 고객이 많다. "갓 구운 빵은 한번 맛보면 잊을 수 없습니다. 제과점 가득 쌓여 있는 차가운 빵에는 손이 안 가게 되죠. 그 맛을 집에서 매일 즐길 수 있다면서 계속 구입하는 분이 많습니다."

Q | 대형 제빵 기업이 에어프라이어용 생지 시장에 뛰어들 위험이 있지 않을까요?

A | 생지를 별도 공간에서 발효시켜 포장하는 일은 무척 번거롭습니다. 인력도 많이 필요한 일이죠. 저희는 이 작업을 위한 별도의 공정 라인을 구축했습니다. 원료가 라인을 흐르면서 생지로 만들어지는 동안 가장 적절한 수준으로 발효되도록 한 거죠. 발효 공간을 따로 마련할 필요가 없습니다. 다른 제빵 기업이 기존 설비를 들어내고 저희와 같은 라인을 넣으려면 300억~500억 원의 투자비용이 필요합니다. 이 업계에서 이 정도면 쉽게 결정하기 어려운 수준입니다.

| 26년 우정의 3인방, '레고식 사고'가 큰 자산 |

3명의 창업자들은 레고 회사에서 일하던 시절을 포함해 26년을 함께했다. 눈빛과 표정만 봐도 무슨 생각을 하고 있는지 알 수 있다. 의견 충돌이 있으면 서로 양보하는 게 습관이 되었다. "셋이 역할 분담이 잘됐던 것 같습니다. 생산 이사는 산업공학 전문가, 영업 이사는 마케팅 전문가, 저(복 대표)는 기획 전문가. 합이 잘 맞았습니다. 모든 다툼은 조금씩 양보하면 금세 해결됩니다. 아무리 화가 나더라도 나갈 때 문 쾅 닫지 않기, 큰 소리 내지 않기 같은 기본적인 예의를 한 번도 어긴 적이 없습니다. 사소한 오해가 크게 확대되지 않게 하는 비결입니다."

유로베이크 창업 3인방

1997년과 2008년 환율이 폭등할 때 위기를 겪었다. "환율이 최고 2배로 오르면서 원료 수입 부담이 커졌죠. 결국에는 제품의 힘으로 승부할 수밖에 없었습니다. 제품 가격을 올려도 계속 시장에 살아남을 수 있는 제품력이 저희의 핵심 경쟁력입니다."

레고에서 일했던 경험이 일하는 데 큰 자산이 되고 있다. "레고 블록은 정형화돼 있지만, 그걸 어떻게 쌓아가느냐에 따라 무한대의 모형이 만들어집니다. 하나의 블록으로 집도 차도 만들 수 있죠. 정답에 얽매이지 않고 다양하게 연구하는 걸 저희는 '레고식 사고'라고 부릅니다. 정해진 그림을 만들기 위해 정해진 조각을 끼워 맞추는 '퍼즐식 사고'와 차원이 다르죠. 레고식 사고를 통해 제한된 자원으로 다양한 결과를 만들어낼 수 있도록 늘 노력하고 있습니다."

Q | 앞으로의 계획을 알려주세요.

A | 생지 라인업 확대에 집중하고 있습니다. 파운드케익, 머핀 등으로 종류를 다양화하고 있습니다. 각 가정 외에 개인이 운영하는 동네 카페들을 집중 공략할 계획입니다. 저희 생지만 있으면, 비싼 오븐 없이 에어프라이어만 있어도 갓 구운 빵을 판매할 수 있습니다. 자체 연구소를 통해 다른 가공기술도 다양하게 연구하고 있습니다. 장기적으로 유지류, 마가린 같은 제과제빵의 원재료 생산도 계획하고 있습니다. 글로벌 종합 제과제빵 기업이 되겠습니다.

공부만 해도 유튜브 스타,
화상 솔루션 기술이 이끈 캠스터디 열풍

구루미, 이랑혁 대표

영상으로 함께 공부하는 '캠스터디'
세계에서 제일 큰 온라인 독서실을 만드는 게 목표

요즘 수험생들 사이에선 '캠스터디(카메라+스터디)'가 유행이다. 노트북이나 스마트폰으로 자기 모습을 공유하면서 함께 공부하는 것이다. 그 캠스터디 열풍의 중심에 있는 스타트업이 '구루미'다.

| 누구나 방 만들고 참여 |

구루미 홈페이지에 들어가면 온라인상에 수많은 공부방이 개설되어 있는 것을 볼 수 있다. 공부방마다 9~16명이 정원이며, 화면은 정원에 맞춰 분할되어 있다. 그중 하나가 본인, 나머지는 다른 멤버들이다. 화면 속 모습은 각자 보고 있는 책을 위에서 찍고 있는 게 가장 많다. 정면 또는 측면에서 공부하는 모습을 내보내는 경우도 있다. 주로 스마트폰이나 노트북에 달린 카메라로 찍는다.

Q | 왜 공부하는 모습을 서로 공유하는 건가요?

A | 가장 많이 받는 질문이네요. 지금 젊은 세대는 영상이 일상입니다. 영상으로 남의 일상을 보거나, 내 일상을 보여주는 것에 거부감이 없죠. 오프라인에서 만나기보다, 온라인 영상으로 만나는 걸 편하게 여깁니다. 집에서 혼자 공부하면 금세 눕고 싶어지죠? TV나 게임 같은 유혹도 많습니다. 그럴 때 기성세대는 독서실이나 도서관에 갔습니다. 반면 지금 세대는 각자 하는 개인 방송을 통해 그런 자극을 받습니다. 영상 속 남들이 공부하는 모습에서 경쟁심을 느끼고, 다른 사람들에게 내 모습을 보여주면서 '부끄러운 모습을 보일 수 없다'며 스스로를 다잡는 거죠. 기성세대 시각에선 오프라인 독서실이나 도서관이 온라인으로 들어왔다고 생각하면 됩니다. 익숙해지면 이점이 많습니다. 영상은 공유하지만 소리는 끌 수 있으니 소음 같은 걸 걱정할 필요가 없죠.

구루미에선 아무나 방을 만들 수 있다. 'www.gooroomee.com'에 들어가 회원가입 후 원하는 이름을 쓰면 바로 개설된다. '토익'이라고 입력하면 토익 이름의 방(www.gooroomee.com/토익)이 만들어지는 식이다. 방을 만든 사람이 방장이 된다. 이후 다른 사람이 각자 노트북이나 스마트폰의 인터넷창에 이 주소를 입력하면 해당 방에 들어갈 수 있다. "초대하고 싶은 사람에게 공부방의 주소를 공유해주면 됩니다. 인터넷 카페 같은 곳에 주소를 공개하되, 방에 비밀번호를 걸어놓고 초대하고 싶은 사람에게만 비밀번호를 알려주는 방법도 있습니다. 각종 시험을 준비하는 사람들이 모이는 인터넷 카페에 가보면

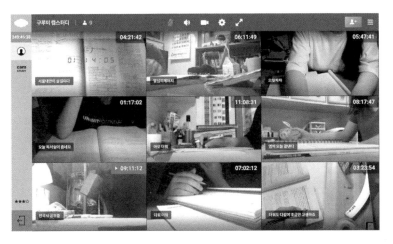

구루미 캠스터디 멤버를 모집하는 글을 많이 볼 수 있습니다. 주소나 비밀번호를 공유하기 위한 글이죠. 내가 들어가고 싶은 방의 정원이 다 찼을 때는 기존 멤버가 나오길 기다렸다가 들어가면 됩니다."

굳이 카페 글을 찾아다니지 않아도, 포털에 공개된 구루미 주소나 비밀번호를 찾아 입장해도 된다. 포털에서 'www.gooroomee.com/공부방11'이란 주소가 검색되었다면, 해당 주소를 입력해 그 방에 입장하는 것이다. 그것도 귀찮다면 구루미 페이지에 주제별로 올라와 있는 방을 선택해서 들어가도 된다. "마음껏 방을 만들고 참여할 수 있다는 게 이용자 입장에서 가장 큰 장점인 것 같습니다. 간편한 웹사이트 형태이기 때문에 인터넷만 연결된다면 PC, 노트북, 태블릿 PC, 스마트폰 등 단말기 종류에 구애받지 않고 접속할 수 있는 것도 장점이죠."

대입 수능을 준비하는 고교생부터 토익 공부를 하는 취업준비생,

고시생 등 이용자는 다양하다. 이용자들의 하루 평균 이용시간은 5시간이다. 어떤 모습을 보여줄지는 각자의 자유다. 카메라로 책만 비춰도 되고, 책상 전체, 얼굴, 내 모습을 전부 보여줘도 된다.

유튜브와 연계해 스타가 된 경우도 있다. 세무사 시험을 준비하는 '내 옆자리 남자'란 이름의 이용자는 공부 화면을 유튜브로 중계해 수만 명의 구독자를 끌어모았다. "유명세를 타면서 TV 프로그램 출연까지 했어요. 이렇게 유튜브로 연계하는 사람이 계속 늘고 있는 추세입니다. 공부하면서 유명세도 얻는 일석이조를 노리는 거죠."

| 얻어 걸린(?) 캠스터디 |

구루미의의 본래 목적은 화상회의, 동영상 강의 같은 화상 서비스를 제공하는 것이었다. 지금도 구루미 페이지에서 화상 솔루션을 이용할 수 있다. 개인 이용자는 무료지만 기업에게선 돈을 받는다. 회사 수익의 대부분은 여전히 화상회의나 동영상 강의 같은 솔루션 이용료에서 나온다.

캠스터디는 일종의 '얻어 걸린' 모델이다. 수험생들이 스스로 화상회의 솔루션을 캠스터디로 활용하기 시작한 것이다. "어느 날 모니터링을 하는데, 사람들이 아무 말도 하지 않고 각자 책만 보는 방이 있는 거예요. 직원에게 저게 뭐냐고 물었더니 '캠스터디'라더군요."

알고 보니 이는 한국에서만 보이는 현상이 아니었다. 유튜브에 '스터디 위드 미(study with me)'를 검색했더니 3천만 개 넘는 영상이 나오는 것을 보고, 이게 곧 주류 문화 중 하나가 되겠다는 생각이 들었다. 그래서 서둘러 기존에 제공되고 있는 화상회의 솔루션에 내가 공부한 시간, 시험까지 남은 날짜 표시 등 몇 가지 기능을 추가로 부가해 캠스터디 전용 솔루션을 출시했다. 서서히 입소문을 타면서 2018년 초 사용자가 크게 늘기 시작했다. 사용자 설문 등을 통해 서비스를 계속 업그레이드했고, 2020년 현재 누적 이용자가 100만 명에 육박한다.

Q | 캠스터디 서비스는 다른 업체도 얼마든지 제공할 수 있지 않나요?

A | 구루미는 화상 컨퍼런스를 기반으로 하고 있어서, 한 화면에 여러 명이 공부하는 모습을 구현할 수 있는 게 특징입니다. 유튜브로는 남이 공부하는 모습을 보거나, 내가 공부하는 모습을 남에게 보여주는 것만 가능한데, 구루미에선 나를 포함해 여러 명이 한꺼번에 공부하는 모습을 서로 보고 보여줄 수 있는 거죠. 다른 화상 솔루션 업체와 비교하면, 캠스터디에 특화된 서비스를 제공하는 곳은 아직까지 저희밖에 없습니다. 서비스 환경이 안정적이어서 화면 끊김도 없고요. 사용자가 한번 모인 플랫폼은 계속해서 사용자가 모이는 선점 효과가 생기잖아요? 후발 주자가 넘보기 어려운 확실한 시장 우위를 조기에 가져가려고 합니다.

Q | 앞으로의 전략을 알려주세요.

A | 서비스 편의성을 계속 높여가야 합니다. 인터넷 카페 기능을 넣거나, 프리미엄 서비스를 출시해 일정액의 요금을 부과할 계획도 있습니다. 또 서비스 이용자와 학원이나 강좌를 매칭해보려고 합니

다. 학원이나 강좌가 구루미를 통해 모객할 수 있도록 하는 거죠. 공부하는 사람들이 모이는 곳이라, 매칭 효율이 높을 것으로 기대합니다. 학원에서 일정 수수료를 받아 수익을 낼 계획입니다.

| 서비스부터 내놓고 사업모델 탐색 |

이 대표는 대학에서 천문학을 전공했다. 별이 좋아 천문학과를 갔지만 컴퓨터 프로그래밍에 관심이 갔다. 프로그래밍을 배워 졸업 후 프로그래머로 일했다. 이런저런 아이디어가 떠올라 사업을 해야겠다고 결심했다. 먼저 경영을 배워야겠다는 생각이 들어 경영학으로 석사과정을 마쳤다. 그래도 여전히 부족하단 느낌이 들어 컴퓨터공학 박사과정에 들어갔다. 기술적으로 완성도를 갖추고 싶었기 때문이다.

Q | 사업을 결심해놓고 공부만 열심히 했네요?

A | 그렇게 보일 수도 있는데요. 경영적으로나 기술적으로나 이론적인 기초를 완성해놓고 시작하고 싶었습니다. 사업을 시작하면 여러 개발자와 소통하면서 직원 통솔도 해야 하는데, 이론적 완성도가 높아야 소통이 수월해지니까요. 실제로 공부했던 것에서 많은 도움을 받고 있습니다.

Q | 학부, 석사, 박사 전공이 모두 달라 공부하는 게 힘들지 않았나요?

A | 왜 힘들지 않았겠어요. 수업을 따라가는 모든 과정이 버거웠죠. 하

지만 즐겼어요. 전 겁이 없고 긍정적입니다. 필요하면 그냥 합니다. 일을 할 때도 일이 생겨서 하는 게 아니라 만들어서 합니다. 깨지더라도 그런 경험이 쌓여야 실력이 늡니다.

박사과정 후 화상 솔루션 회사에 잠깐 다니다가 2015년 9월 창업했다. 머뭇거릴 게 없었다. 얼마 되지 않아 2016년 초 서비스를 오픈했다.

Q | 서비스 오픈 때 사업 목표가 확실했나요?

A | 아뇨. 사실 에어비앤비처럼 확실한 모델을 갖고 출발하는 스타트업은 거의 없습니다. 시장이 좁은 한국에선 더욱 그렇죠. 이때 조바심을 내면 안 됩니다. 전 2년에서 3년 정도는 사업모델을 찾는 데 써도 좋다고 생각했습니다. 일단 서비스를 시작하고 나서 이용자들의 반응을 관찰해 사업모델을 만드는 거죠. 무조건 고민만 한다고 새로운 게 나오지 않습니다. 긴 호흡을 갖고 관찰하는 노력도 필요합니다.

Q | 그렇게 해서 나온 게 캠스터디군요?

A | 네. 사실 본격적으로 캠스터디 서비스를 시작할 때 일부 직원들은 반대하기도 했습니다. 화상교육이나 화상컨퍼런스 등 B2B 사업에 집중하자고요. 마침 여러 공공기관 사업 수주가 되면서 막 뻗어나가던 시점이었거든요. 하지만 전 달랐습니다. B2C 시장을 개척할 수 있는 기회라고 판단했습니다. 사업을 크게 키우려면 B2C를 해

야 한다는 고집을 꺾지 않았고, 직원들을 설득해서 추진한 끝에 여기까지 왔습니다. 리더라면 평소에는 직원들의 말을 경청하되, 자기 목소리를 낼 때는 확실히 내야 한다고 생각합니다.

| 세계에서 제일 큰 온라인 독서실이 목표 |

Q | 지금까지 잘해온 비결이 뭔가요?

A | 인내심이요. 제가 주식을 하면 잃지 않아요. 반토막이 나도 긴장하지 않고 길게 봅니다. 다양한 사람이 모인 조직이 깨지지 않으려면, 대표가 인내심을 갖고 조율하는 게 중요합니다. 직원들 사이에서 희생을 많이 해야 하죠. 그렇다고 한없이 들어주기만 해서도 안되고요. 확신을 갖는 사안이라면 이른바 '꼰대질'을 해서라도 뜻을 관철할 수 있어야 합니다. 그래야 직원들이 말을 듣고 조직이 원활하게 돌아갑니다.

Q | 창업할 때 가장 큰 걸림돌이 뭐였나요?

A | 가족이요. 당장 생계가 어려워지니까요. 그래서 가정이 있는 사람은 창업하기 어렵습니다. 저는 운이 좋았습니다. 아내가 선뜻 허락해줬거든요. 통장 잔고 마이너스 3억 6천만 원까진 참아주겠다고요. "하고 싶은 거 해보다가 마이너스 3억 6천만 원이 되면 접어라. 몇 년 재밌게 논 걸로 치겠다." 하더군요. 덕분에 긴 호흡을 유지할 수 있었습니다. 실제로는 마이너스 2억 5천만 원까지 갔습니다.

Q | 사업하면서 아쉬운 점이 있나요?

A | 자금적인 여유가 있으면 좋죠. 사업 초기에 자금을 마련하느라 이런저런 아르바이트를 많이 했습니다. 사업 본질과 관련 없는 프로그래밍 납품 수주라든가, 정부지원사업 같은 거요. 저는 시니어 창업에 가까웠지만 반면 청년 창업은 좀 수월한 측면이 있어요. 굳이 각종 수주를 하지 않아도 이런저런 정부 지원이 많거든요. 지원 자격을 나이로 제한하는 분야가 많아서 아쉬워요. 정부가 저 같은 장년 창업에도 관심을 가져주면 좋겠습니다.

Q | 구루미가 항구적으로 추구하는 방향성은 뭔가요?

A | 세계에서 제일 큰 온라인 독서실이요. 기업이니까 돈 버는 게 목적인 건 분명하지만, 궁극적으론 저희 직원과 고객 모두 각자 꿈을 이루는 플랫폼이 되고 싶습니다. 각자 이루고 싶은 꿈이 있으니까 공부하는 거잖아요? 여러 사람들의 꿈이 모여 커질수록 구루미의 꿈도 커집니다. 고객과 기업이 함께 꿈을 실현할 수 있는, 다함께 크는 플랫폼이 되겠습니다.

33살 퇴직금 2천만 원으로…
대학 포기한 '기능한국인'의 기적

에스앤디이엔지, 어재동 대표

폴리텍 나와 퇴직금 2천만 원으로 기술창업
141번째 기능한국인 선정

대학이 인생의 목표일 필요는 없다. 어재동 '에스앤디이엔지' 대표
는 일찍 기술인을 선택해 최연소 기능장이 되고, LG전자와 거래하
는 부품 기업 창업에도 성공했다. 폴리텍 출신 어 대표는 20살 때
만든 20년짜리 인생계획표가 그 성공 비결이라고 말한다.

| LG전자 A9 청소기에 부품 공급 |

에스앤디이엔지는 알루미늄이나 스테인리스 소재로 된, 가전제품의
내외장재와 정밀가공 부품을 주로 생산한다. 도면대로 금형을 설계
해서 여기에 액체 금속을 주입해 원하는 모양을 뽑아낸 뒤, 정밀 가
공을 거쳐 각종 부품을 만들어낸다.

　LG전자의 프리미엄 무선청소기 A9에 장착된 알루미늄 소재 필터

가 에스앤디이엔지의 제품이다. LG 시그니처TV에 달린 스피커 외장재, 정수기의 외장재 패널, 아이리버 MP3 플레이어 외장재 등도 이 회사에서 만든다. 주로 프리미엄급 제품에 들어가는 부품을 생산하면서 기술력을 인정받고 있다. 금속으로 가공하는 내외장재 부품은 대부분 만들 수 있다.

매출 다변화를 위해 최종 소비재 개발도 진행하고 있다. "100년 기업이 되려면 자기 제품이 있어야 한다는 생각이 들었습니다. 차량용 스마트폰 거치대, 알루미늄 케이스 방향제 등을 개발하고 있습니다. 아직 시제품 단계인데, 2020년 중 판매를 목표로 하고 있습니다."

| 대학 포기하고 폴리텍 통한 기술자 선택 |

어려서부터 엔지니어가 꿈이었다. 새총, 나무칼 같은 장난감을 직접 만들어서 갖고 놀았다. 인문계고를 졸업하고, 대학 대신 빨리 기술자가 될 수 있는 길을 택했다. 교육 1년, 현장 1년으로 구성된 폴리텍대 2년 과정에 금형 전공으로 입학했다. "원래는 대학에 가고 싶다는 생각도 있었는데 '기술 배우는 데 시간이 얼마나 걸릴까' 고민이 되더라고요. 마침 사촌형이 전문대를 나와 폴리텍에 가는 걸 봤습니다. 기업 경력을 토대로 기술사 시험도 붙더군요. 기술을 배우면서 빠르게 현장 경험을 할 수 있는 폴리텍이 낫겠다고 판단했습니다."

폴리텍에서 2년간 공부하면서 자격증을 3개 취득하고 알루미늄 소재를 생산하는 회사에 들어갔다. "1년간 열심히 일하고 나서, 회사

에스앤디이엔지 제품 생산 모습

에 야간대학에 다니고 싶다고 얘기했습니다. 근무태도가 좋았는지 허락해주더군요."

주경야독의 목표는 기능장 자격증 취득이었다. 산업기사를 갖고 있는 사람이 4년 이상 기업에서 일한 경력이 있으면 도전할 수 있다. 동시에 병역도 해결했다. "열심히 도전해서 만 24살, 당시로선 최연소로 기능장 자격증을 땄습니다. 회사를 다니면서 기술 병역특례 자격을 얻을 수 있었습니다. 결과적으로 돈 벌면서, 야간대에서 학위를 따고, 자격증 공부를 하면서, 병역도 해결했습니다. 첫 직장에서 네 가지 일을 한 번에 한 셈입니다."

회사를 두 번 옮기며 총 13년간 기술자로 일했다. 주로 연구·개발을 맡아 기술자이자 엔지니어로 일했다.

33살 되던 해, 내 일을 해야겠다는 생각이 들었다. 사표를 내고 퇴직금 2천만 원으로 정밀가공 부품 업체를 창업했다. 그럴듯한 납품처가 없어 초반에는 맨땅에 헤딩하는 것 같았다. "어렵사리 고객을 찾아 그곳에서 오더 주는 일이라면 뭐든지 했습니다. 가능성 검토, 도면 제작, 설계, 소재 개발 등등 닥치는 대로 했습니다. 그러다 보니 조금씩 일감이 늘더군요."

LG전자와의 거래는 2010년에 시작했다. 처음에는 작은 일을 가져오다 부품 개발 등으로 확대되었고, 4년 전부터는 TV, 청소기 부품 등 대량 납품을 하고 있다. 회사 매출은 2019년 60억 원을 기록했다.

| 대한민국명장에 도전 |

어 대표는 연구·개발을 가장 중요하게 여긴다. 창업 3년 차에 기업 부설 연구소를 열었다. "길게 보기로 했습니다. 경쟁사보다 조금이라도 나아지려면 계속 실력을 쌓아둬야 하니까요. 매출의 5% 이상을 R&D에 투자하고 있습니다."

Q | 연구소에선 어떤 일을 하나요?

A | 가공 정밀도를 높이는 연구를 하고요. 다양한 노하우를 쌓으면서, 고객이 만들어달라고 도면을 보내오면 "이렇게 수정해서 만들면 어떨까요?"라고 역제안을 하기도 합니다. 고객사들이 좋아합니다. '심미디자인 표면가공 시스템' 같은 특허도 여럿 취득했습니다.

기능 자격증은 기능사, 산업기사, 기능장 순으로 등급이 올라간다. 기술 자격증은 산업기사, 기사, 기술사 순으로 등급이 올라간다. 어 대표는 기능사 2개, 산업기사 1개, 기능장 1개, 기술사 1개를 갖고 있다. 여기에 직업교사 자격증 1개, 기술지도사 1개, 우수숙련기술자 1개까지 갖고 있다.

2019년 대한민국 기능한국인 141호로 선정되었다. 인간문화재처럼 정부가 기술인을 선정해 인증하는 제도인데, 정밀가공 분야 기술을 인정받아 141번째 기능한국인이 된 것이다. 마지막 남은 게 자격의 최고봉인 '대한민국명장'이다. 기능장 중에서 우수숙련기술자를 취득한 사람이 도전할 수 있다.

어 대표는 박사학위 취득을 위한 논문 제출 단계에 있다. 다른 임직원에게도 공부를 권한다. "직원들이 처음 회사에 들어왔을 때는 대부분 고등학교나 전문대졸 학력이었습니다. 이제 임원들은 모두 석사학위를 갖고 있습니다. 밤에 무조건 공부하도록 했거든요. 다른 직원들도 모두 공부 중입니다. 그랬더니 이직하는 사람도 거의 없습니다. 공부하느라 다른 생각 못 하거든요."

Q | 중소기업이 직원 교육에 신경 쓰기 쉽지 않을 텐데요?

A | 일은 사람이 합니다. 공정 개선도 사람이 합니다. 사람이 재산이죠. 중소기업도 경영자만 뜻이 있으면 얼마든지 대기업처럼 직원 교육을 할 수 있습니다.

Q | 앞으로의 경영 환경은 어떻게 전망하세요?

A | 다들 어려워질 거라고 얘기합니다. 어려울 때일수록 미리 준비하고 계획을 세워서 실천할 수 있는 치밀한 대응이 필요합니다. 한편

부품 소재를 국산화하기 위해 정부 차원에서도 많은 지원을 해주고 있습니다. 이 기회를 잘 활용하려고 생각하고 있습니다.

Q | 지금까지 잘 살아온 비결이 뭔가요?

A | 평생 목표를 세우고 살아왔습니다. 제게는 20살 때 처음 짠 인생계획표가 있습니다. 일과 관련된 것만 넣은 게 아닙니다. 몇 살에 결혼해서, 몇 살 터울로 몇 명의 자녀를 낳겠다, 몇 살에 무슨 차를 타고 집은 몇 평짜리를 사겠다 등등 인생에 관한 거의 모든 내용을 넣었습니다. 살아가는 데 확실한 동기부여가 됩니다. 계획들을 모두 이루려면 더 열심히 준비하고 실행해야 하거든요. 지난 계획표를 꺼내 보면 소름이 돋을 정도로 많이 이뤘습니다. 계획표에는 교수를 해야겠다는 내용도 들어 있는데요. 2년 전 한국산업기술대 겸임교수로 임용돼서, 현재 대학원에서 전공과목을 가르치고 있습니다. 이러한 목표들을 계속 세워나가고 있습니다. 향후 20년치 내용으로 계획표를 계속 갱신하는 거죠. 수시로 꺼내 보고 다듬습니다. 그렇게 항상 끼고 다녀야 진정한 인생계획표가 됩니다.

Q | 남은 최고 인생계획이 뭔가요?

A | 올해로 25년째 기술인으로 살고 있습니다. 제가 공부하고 경험한 것을 후배들에게 더 많이 알려주고 싶습니다. 사람들에게 '엔지니어를 하니 좋은 인생을 살 수 있다'는 것을 보여주고 싶습니다. 똑똑한 후배들이 엔지니어를 더 많이 지망하면서 우리나라의 기술도 계속 발전하면 좋겠습니다.

나는 아이디어 하나로 사업을 시작했다

초판 1쇄 발행 2020년 7월 30일
초판 4쇄 발행 2021년 9월 1일

지은이 | 박유연
펴낸곳 | 원앤원북스
펴낸이 | 오운영
경영총괄 | 박종명
편집 | 최윤정 이광민 김상화
디자인 | 윤지예
마케팅 | 송만석 문준영 이지은
등록번호 | 제2018-000146호(2018년 1월 23일)
주소 | 04091 서울시 마포구 토정로 222 한국출판콘텐츠센터 319호(신수동)
전화 | (02)719-7735   팩스 | (02)719-7736
이메일 | onobooks2018@naver.com   블로그 | blog.naver.com/onobooks2018
값 | 17,000원
ISBN 979-11-7043-108-4 03320

이 도서의 국립중앙도서관 출판예정도서목록(CIP)은 서지정보유통지원시스템 홈페이지(http://
seoji.nl.go.kr)와 국가자료종합목록 구축시스템(http://kolis-net.nl.go.kr)에서 이용하실 수 있습
니다. (CIP제어번호 : CIP2020025322)